増補改訂

総説
現代社会政策

成瀬龍夫《著》

桜井書店

初版まえがき

　1980年代以降，社会政策の諸分野ではそれ以前とはいちじるしく性格の異なる改革が進められてきた。社会政策の変貌を目にして，その存在意義と政策効果をあらためて再評価する必要性を強く感じたことが，本書の執筆の動機である。

　社会政策の変貌の背景には，一方で少子・高齢化社会の進展，高度情報化，グローバリゼーションといった社会経済構造の変化があるが，他方でソ連・東欧圏の社会主義体制が崩壊し，「福祉国家」体制の見直しが進められるようになったこと，それにともなって国家政策全般において市場原理主義と規制緩和の強まりという政治・政策パラダイムの転換が推進されてきたことがあげられる。

　社会政策は，元来，市場経済の限界や市場経済が生み出す弊害から，労働者を保護し，国民生活のリスクを社会的に軽減，防止する目的で発達してきたので，1980年代以降の市場原理主義と規制緩和への政策パラダイムの転換は，社会政策の歴史的な後退，変質という印象さえ与えてきた。しかし，市場原理主義と規制緩和は，従来の社会政策の原理や公準に取って代われるほどの政策効果をあげているかといえば，必ずしもそうとは思われない。むしろ，これまで社会政策によって規制を受けていた市場経済の限界と弊害を増幅し，労働者保護や国民の生活リスク防止を弱体化させている側面がはるかに強いといわざるをえない。

　現在は，21世紀に入って間もない時期であり，社会政策の過去と現状，そして将来を展望するのに良い時期である。本書における社会政策の再評価も，政策の過去と現状にとどまらず，21世紀の課題を見据えて論じている。

　以下，本書の各章の特徴的な内容，論点を簡単に説明しておこう。

　第1章は，社会政策とは何かについて説明している。このことは，社会政策の定義，その経済的必然性と社会的必然性をめぐって本質論争があるほど，決して簡単な説明ですむものではない。本書は，社会政策について簡単には「福

祉の向上を直接目的とする公共部門の政策」，より詳しくは「市場経済では達成されない労働と生活の福祉を，公共的なルールの設定とサービスの提供を通じて向上させることを目的とする公共部門の政策」と定義した。市場原理重視の風潮が強いなかで，社会政策の必然性と役割を市場原理との関係において説明する必要を感じたからである。

第2章は，社会政策の公準として，①憲法に規定された社会権，②ILOによって設定される国際労働基準，③ナショナル・ミニマムとソーシャル・オプティマム，④機会の平等と結果の平等，⑤ノーマライゼーション，の5つを取り上げて説明している。社会政策の分野は，長い年月にわたって積み上げられた社会的な価値規範とルールを土台にして政策の法制的根拠や基準が形成されている。本章では，社会政策に固有の価値規範や基準を再確認する意味で，それらを社会政策の公準としてまとめた。

第3章は，社会政策の歴史を，初期資本主義の労働市場政策から産業革命期の原生的労働関係に対応した近代的社会政策の発展，20世紀の両大戦を経ての「福祉国家」体制の成立，1970年代以降の「福祉国家」体制の動揺までを跡づけている。そして最後に，社会政策の歴史的教訓について考察している。

第4章は，労働時間に関する理論的法制的仕組みを説明し，とくに労働時間が短縮されてきた歴史的要因と日本がなぜヨーロッパ諸国に比べて労働時間短縮の後進国から脱却できないのか，近年アメリカがなぜ長時間労働の国になったのかといった問題を検討している。また，労働時間に関する近年の政策動向として変形労働時間制，裁量労働制の問題点を取り上げ，余暇生活のあり方とゆとり社会への転換についても論じている。

第5章は，賃金決定に国家が介入する必要性や日本における最低賃金制の仕組みと問題点を振り返っている。日本の場合，最低賃金が女性のパートタイム賃金と連動し，それが男女賃金格差問題にも連なっていることから，ペイ・エクイティ法の国際的動向をふまえて，日本においても同法を制定する必要性を強調している。

第6章は，労働市場の仕組みと戦後日本の雇用対策の歴史的展開を検討し，また近年の失業率の上昇への対応としてトピックスとなっている解雇法制とワークシェアリングの政策効果をめぐる論点を考察している。日本では，

1990年代以降企業によるリストラ解雇が嵐のように吹き荒れてきたが，雇用の国民的公共性の再認識や長期雇用保障のメリットを評価する視点から雇用政策の新たな方向を探っている．

第7章は，社会保障制度の仕組みおよび日本の現状を説明し，1990年代以降推進されている社会保障構造改革の特徴と問題点を検討している．とくにこれまでの改革が社会保険主義に偏り過ぎているので，あらためて社会保障の本来の理念と役割をふまえた再構築がもとめられていることを重視している．

第8章は，人口構造の少子・高齢化が国際的な共通現象として進行している状況を分析し，その経済的影響と社会保障の国民負担の問題を考察している．社会保障をめぐる国民負担の増大とそれの経済的影響については，長期にわたって政府の政策の基調とされてきた国民負担率の抑制に合理的根拠がないことを検討し，高齢社会に適合した資源配分のあり方が必要なことを提起している．

第9章は，1970年代以降，なぜ国際的に「福祉国家」から「福祉社会」への転換が叫ばれるようになったか，福祉国家の歴史的な意義と限界，今後の行方，福祉多元主義をめぐる評価，福祉社会における多元的福祉構造のあり方，中央・地方の政府間関係などを考察している．

最後の第10章は，21世紀の「持続可能な社会」の構築に向けて社会政策もまた新たな課題を担わなければならないことを論じている．21世紀は20世紀にもまして環境保全や人権擁護，貧困撲滅などを目標にグローバルなルール，スタンダード，ガバナンスが必要とされている．本章では，UNDP（国連開発計画）とILOの提起している課題を中心に，21世紀の社会政策のグローバルな方向性を提起した．

本書の性格についてもふれておきたい．

本書は，筆者が大学で社会政策を講義している関係から，大学における教科書としての利用を念頭において構想し執筆したものである．したがって，社会政策の理論，歴史，各分野の現状と課題を一通り概観できる構成となっているが，決して概説書にとどまっているわけではない．社会政策の今日的課題については，近年の研究動向が把握できるようにし，場合によっては筆者自身の評価や見解も積極的につけくわえている．そのために，教科書としてはかなり難易度の高いものとなっており，今日の社会政策の専門的研究にとりかかる入門

書としての性格をもつものになっている。そうした意味において，大学で社会政策を学ぶ学生だけでなく，大学院生の専門研究，さらに社会政策関連の職業や活動に従事する社会人の方々にも参考に資すると考えている。

　最後に，本書の出版では，社会科学のより良き専門書づくりをめざしておられる桜井書店の店主，桜井香氏に大変お世話になった。この場で，深甚謝意を表したい。

　　　　2002年9月

　　　　　　　　　　　　　　　　　　　　　　　　　　　　成　瀬　龍　夫

増補改訂版の刊行にあたって

　本書の初版が刊行（2002年）されたから10年近くを経たが，21世紀に入ってから世界と日本の社会経済情勢は大きく変貌した。
　残念ながら，20世紀末にあわせて国連，ILO等から21世紀の課題として提起された平和，環境，人権，貧困撲滅，雇用保障などは世界的にそれほど成果をあげていない。日本を見ると，勤労者の雇用不安と所得水準の低下，年金制度や医療制度の改革の遅れと老後不安の強まり，子育て問題の深刻化などが顕著となり，「貧困」という言葉がすっかり定着した感がある。
　しかし，前世紀の80年代以降世界をリードしてきたグローバリズムや市場原理主義，規制緩和の路線は，各国の国民の生活に安定をもたらさず，弱肉強食の生存競争と格差，不平等を強めるものとして，さまざまな批判と見直しを招いている。
　本書のテーマである社会政策の役割は，国際的にも国内でもますます重要になっている。とりわけ国民生活の不安を解消し質を向上させる社会政策の位置づけについて，経済政策との連携あるいは補完するものという従来型理解から脱し，さらに進んで経済政策を主導する位置にあるものとしなければならないことを強く感じている。
　このたびの本書の改訂の内容についてふれておこう。
　社会政策の原理をのべた第1章は手を加えていない。第2章は，日本が批准したILO条約の一覧表を更新した。社会政策の歴史を概略した第3章は，最後に「21世紀と社会政策の新たな展開」という短い節を加えた。労働時間に関する第4章，賃金に関する第5章，労働市場に関する第6章，社会保障に関する第7章，少子高齢化社会に関する第8章，福祉国家を総括した第9章，21世紀の社会政策を展望する第10章などでは，統計的なデータをできるだけ近年のものに更新し，それにあわせて記述を訂正した。さらに，この間に社会政策のトピックスになっている「長期雇用保障と正規労働市場の再確立」「ワーク・ライフ・バランス」「ベーシック・インカム」について，関連する章で項目を加えた。

今回も，桜井書店の店主桜井香氏に大変お世話になった。厚くお礼を申し上げる。

　　20011 年 3 月

　　　　　　　　　　　　　　　　　　　　　　　　　　　成 瀬 龍 夫

目　次

初版まえがき　3
増補改訂版の刊行にあたって　7

第1章　社会政策の原理　15

第1節　社会政策とは　15
第2節　市場の限界と社会政策　17
　1　市場原理とその限界　17
　2　社会の編成原理——協同・共同・市場　20
第3節　社会政策の種類と対象領域　22
　1　社会政策の主体と種類　22
　2　社会政策の対象領域と主な内容　23
第4節　経済政策と社会政策　25
　1　分配政策か生産政策か　25
　2　経済政策と社会政策の関連性　27

第2章　社会政策の公準　29

第1節　憲法に規定された社会権　29
第2節　ILOの国際労働基準　34
第3節　ナショナル・ミニマムとソーシャル・オプティマム　38
第4節　機会の平等と結果の平等　41
第5節　ノーマライゼーション　44

第3章　社会政策の歴史　47
　　——初期立法から福祉国家体制まで——

第1節　初期資本主義の社会政策　47
第2節　原生的労働関係と近代社会政策　49
　1　産業革命と原生的労働関係の発生　49

2　近代社会政策の政策系列　50
　　第3節　資本主義の独占段階と社会政策 …………………………………… 53
        1　労働運動の高揚と社会保険制度・最低賃金制度　53
        2　救貧法から公的扶助へ　54
　　第4節　両大戦間期の社会政策 ………………………………………………… 55
　　第5節　戦後福祉国家体制の成立と動揺 …………………………………… 57
　　第6節　日本における社会政策の展開 ……………………………………… 59
        1　原生的労働関係の温存と近代社会政策の未発達　59
        2　戦後の民主化と社会政策の展開　62
　　第7節　21世紀と社会政策の新たな展開 …………………………………… 64
　　第8節　社会政策の歴史的教訓 ………………………………………………… 65

第4章　労働時間と社会政策 …………………………………………………… 69
　　第1節　時間は人間発達の場 …………………………………………………… 69
　　第2節　労働時間の単位と法定労働時間 …………………………………… 71
　　第3節　労働時間の限度と時間短縮の要因 ………………………………… 73
        1　労働時間の最長限度と最短限度　73
        2　労働時間短縮の背景的要因　75
　　第4節　世界と日本の労働時間の現状 ……………………………………… 77
        1　欧米およびアジア諸国の現状　77
        2　日本の労働時間の現状　80
　　第5節　労働時間をめぐる近年の政策動向 ………………………………… 85
        1　変形労働時間制をめぐる問題　85
        2　裁量労働制をめぐる問題　86
        3　勤務形態と労働時間管理の多様化　87
　　第6節　余暇生活とゆとり社会への転換 …………………………………… 89

第5章　賃金と社会政策 ………………………………………………………… 93
　　第1節　最低賃金制度の意義 …………………………………………………… 93
        1　賃金決定への国家介入の理由　93

2　国際労働基準と最低賃金制度　94
　第2節　最低賃金の設定方法 ……………………………………… 95
　　1　最低賃金の決定方式　95
　　2　日本の最低賃金制度と賃金決定方法　97
　第3節　最低賃金制度のあり方と課題 …………………………… 99
　　1　最低賃金の水準　99
　　2　わが国の最低賃金制度の改革　101
　　3　最低賃金制度の雇用におよぼす影響　104
　第4節　賃金の男女平等原則の実現 ……………………………… 104
　　1　日本の男女賃金格差とその原因　104
　　2　ペイ・エクイティ実現の課題　107

第6章　労働市場と社会政策 …………………………………… 111

　第1節　労働力人口と労働市場 …………………………………… 112
　　1　労働力人口と労働力率　112
　　2　労働市場とその類型　115
　第2節　雇用・失業対策の仕組みと変遷 ………………………… 118
　　1　戦後日本の労働市場政策の変遷　118
　　2　失業保険・職業紹介・職業訓練　122
　第3節　労働市場の変化と失業問題 ……………………………… 124
　　1　大量失業時代の到来　124
　　2　非正規労働者の労働市場の拡大　125
　　3　外国人労働者問題　129
　　4　転換期にある日本の労働市場と雇用慣行　130
　第4節　雇用・失業対策の新たな動向と課題 …………………… 132
　　1　「雇用のミスマッチ」論への疑問　132
　　2　解雇法制をめぐる問題　134
　　3　ワーク・シェアリング　138
　　4　長期雇用保障と正規労働市場の再確立　141

第7章　社会保障の原理と制度 …………………………… 143

第1節　社会保障制度の仕組み …………………………… 143
1　社会保障の対象と方法　143
2　社会保険から社会保障へ　144

第2節　社会保険と公的扶助 …………………………… 146
1　社会保険の原理と特徴　146
2　公的扶助の原理と仕組み　148

第3節　日本の社会保障の特質と現状 …………………………… 150
1　社会保険制度　151
2　生活保護制度　156
3　社会福祉の制度　157

第4節　社会保障と地方自治 …………………………… 158
第5節　わが国の社会保障制度改革の動向 …………………………… 160
第6節　社会保障の再構築 …………………………… 164
1　社会保険主義の限界　164
2　社会保険方式か公費負担方式か　164

第8章　少子・高齢社会と社会政策 …………………………… 167

第1節　少子・高齢化のインパクト …………………………… 167
1　人口構造の少子・高齢化　167
2　少子・高齢化の影響　169

第2節　高齢社会と福祉政策の枠組み …………………………… 171
1　「高齢化危機」論の問題点　171
2　社会保障と世代間の公平問題　172
3　年金制度のサスティナビリティ　174

第3節　少子化の原因と対策 …………………………… 175
1　少子化の原因と背景　175
2　少子化問題の政策課題　177
3　ワーク・ライフ・バランス　178

第4節　高齢社会と国民負担の増大 …………………………… 179

第 9 章　福祉国家と福祉社会 …………………………………… 183

第 1 節　福祉国家の意味したもの …………………………………… 183
1　「福祉国家」の多義性　183
2　福祉国家の歴史的意義　185

第 2 節　福祉国家の限界と見直し …………………………………… 186
1　福祉国家に対する批判　186
2　福祉国家の行方　190
3　ベーシック・インカムの構想　193

第 3 節　福祉社会と福祉多元主義 …………………………………… 196
1　福祉社会の意味　196
2　福祉多元主義　197

第 4 節　中央・地方の政府間関係 …………………………………… 200
1　福祉社会における集権・分権　200
2　中央・地方の新しい関係　202

第10章　21世紀の社会政策 …………………………………… 205

第 1 節　持続可能な社会の構築 …………………………………… 205

第 2 節　社会政策のグローバル・ガバナンス …………………………………… 207
1　グローバリズムとグローバル・スタンダード　207
2　労働と生活のグローバル・ガバナンス　210

第 3 節　21世紀社会政策のグローバルな課題 …………………………………… 212
1　UNDP：人権と人間開発　213
2　ILO：ディーセント・ワーク　215
3　日本の人権と人間開発　216

第 4 節　持続可能な社会の構築と社会政策 …………………………………… 221
1　経済成長と社会政策　222
2　社会政策と環境政策　224

参考文献　227

事項索引　231

第1章　社会政策の原理

第1節　社会政策とは

　従来，社会政策にはさまざまな定義が与えられてきた。しかし振り返ってみると，これが社会政策の定義の決定版だといえるものはないといってよい。

　一般に国家の政策には，必ず時代的な背景があり，何らかの社会目標や国家目標の実現が意図されている。また，政策は少なからず社会的な利害対立を伴うことがある。そのために，政策の推進者と批判者，受益者と非受益者とでは，政策の本質に理解の違いが生じ，定義が分かれることになる。とくに社会政策は一般に労使関係をはじめとして利害対立を伴う社会問題を対象にするので，政策の本質や影響などについて異なった見方が生じやすい。

　時代背景が違えば社会政策の理解が異なる例をあげると，明治時代の中期に日本にドイツの社会政策が紹介されたとき，社会政策の本質は経済政策に属する生産政策の一種であると理解されていた。これは，当時の日本の富国強兵という国家目標を背景とするものであった。しかし，日本資本主義が走り出し，大正時代に入って労働問題が社会問題として大きく登場するようになると，社会政策の本質は労働問題の解決にあり，経済政策といっても生産政策よりはむしろ分配政策に属するものであると強調されるようになった。社会政策をめぐるこの生産政策的理解と分配政策的理解とは，その後も繰り返され，ある面では対立し，ある面では融合的に理解されて現代に至っている。

　また，社会政策には国によって思想的な流れがあり，政策の守備範囲の理解にも違いがある。よくあげられるのは Sozialpolitik と social policy の違いである。

　ドイツでは1870年代におけるドイツ社会政策学会の創設とビスマルクが主導したプロイセン官僚国家体制の政策展開を契機に，現実の政策としての社会政策（Sozialpolitik als Politik）と学問としての社会政策（Sozialpolitik als Wissenschaft）とが急速に発展し，Sozialpolitik という言葉が一般に用いられるようになった。そこでは，労働問題を社会問題の軸におき，社会政策の役割は社会改良にもとめられ，労働組合の結成による労働者の保護と分配政策による階級対立の緩和が重視された。このドイツ流の社会政策概念がヨーロッパ諸国や日本に強い影響を及ぼした。日本語の「社会政策」という言葉は，1891 年（明治 24 年）に金井延がドイツ語の Sozialpolitik を邦訳したものである。他方，イギリスでは，20 世紀に入ってからフェビアン社会主義の影響下で福祉問題を重視する政府の政策が一般に social policy と称されるようになった。1930 年代に，国際労働機関（International Labour Organization, ILO）が social policy を公用語としたことから，この語が国際的に普及するようになった。このように，社会政策には，労働問題重視型のドイツ的概念と，福祉問題重視型のイギリス的概念という 2 つの国際的潮流が見られる[1]。

以上のように，あらゆる時代あらゆる国に対してそのまま通用する社会政策の定義を行うことは難しい。日本では，第 2 次世界大戦後の 10 年間ほど，社会政策の本質とは何か，社会政策をどう定義するかでいわゆる社会政策本質論

1）『社会政策——20 世紀英国における』の著者 T・H・マーシャルによれば，社会政策の言葉は多くの場合，慣用的に「目的に至る手段」の意味で使われているが，重要なのは政策の目標対象であるとし，「20 世紀の社会政策の明らかな目標は福祉」であるとしている。ただし，福祉は，社会政策に限らずすべての政策の最終目標であるので，社会政策と経済政策の違いに関して，社会政策は福祉の目標とそのプログラムがより直接的な関係にあり，かつまた個人の福祉，権利・要求にかかわるものであり，経済政策は目標とプログラムがそうした直接的関係になく，また個人よりも公共の福祉にかかわるものであるとしている。(T. H. Marshall, *Social Policy in the Twentieth Century*, 1975. 岡田藤太郎訳，相川書房，1981 年，序説，を参照。）

イギリスの社会政策の概念的特徴については，石田忠・小川喜一編『社会政策』青林書院新社，1978 年，第 1 章。ドイツについては，大河内一男の『独逸社会政策思想史』（1936 年）に始まる戦前戦後の一連の研究，服部英太郎『社会政策総論』未来社，1967 年。木村毅『社会政策論史』御茶の水書房，1977 年，などを参照してほしい。

また，社会福祉とは何か，社会福祉と社会政策の関係をどうとらえるのかについては，成瀬龍夫「社会福祉の本質と対象規定」『総合福祉問題研究』（総合社会福祉研究所）創刊号，1989 年 12 月，を参照されたい。

争が繰り広げられたが，このようなことは他の学問分野には見られない現象である。これは，最初にのべたように，社会政策が一般に国民の利害対立を伴う社会問題を対象とすることと無縁ではないといってよいであろう。

　本書では，社会政策が歴史上さまざまに定義され解釈されてきたことを念頭におきつつも，あまりそれらに拘泥しないようにしたい。現代の経済社会は，一方で，社会的価値観が多様化し，政策目標の形成および合意のために社会的経済的規範がますます重要になっている。また他方で，社会構造と問題が複雑・高度化しており，政策科学的な視点と枠組みをいっそう発展させることがもとめられている。社会政策とは何かについても，さしあたりそうした規範と政策科学的な視点・枠組みを考えるうえで必要最小限のものとして「福祉の向上を直接目的とする公共部門の政策」と定義し，より厳密には次に説明するように，「市場経済では達成されない労働と生活の福祉を，公共的なルールの設定とサービスの提供を通じて向上させることを目的とする公共部門の政策」としておこう。

第2節　市場の限界と社会政策

1　市場原理とその限界

　さきにのべた社会政策の定義を説明しよう。

　われわれは，商品経済が最高度に発展した資本主義社会に住んでいる。われわれの日常生活に必要な衣食住その他の生活手段は全面的に商品化しており，さらに人間の労働力も商品化している。大半の人々は，自らの労働力を労働市場で商品として販売し，販売と引き換えに手に入れた貨幣で生活手段を消費市場で購入して自分や家族の生活を成り立たせている。

　市場で商品交換がなされる際のメカニズムを支配する原理が市場原理であり，市場での需要と供給の関係を通じて，社会の諸必要に適合した資源配分がなされる。生活手段も労働力も全面的に商品化している資本主義は，こうした市場原理が最も発達している経済社会である。

　そこから，われわれの社会では，市場原理が社会におけるのぞましい資源配分を達成する原理である限り，公共部門は市場原理の働きを円滑にすることに

意を用いるべきで，それを妨げるような社会的な規制やサービスは基本的に避けるべきであるという主張がなされることになる。しかし，市場原理はそれほど理想的であろうか。市場原理には限界は存在しないのであろうか。あるいは，われわれの社会には，市場原理以外に生活の原理はないのであろうか。

　実は，市場は必ずしも人間生活のあらゆる分野においてのぞましい資源配分をもたらすわけではない。市場原理が働かないか，もしくは働きにくい分野がある。あるいは市場原理まかせの資源配分が社会的な弊害を伴う場合がある。決して，市場原理は万能ではない。また，市場原理は，社会で最も支配的な経済原理であっても，それ以外にも人間社会を編成する原理は存在する。こうした事情が，公共部門による社会政策を必要とする理由なのである。

　その点を，整理してのべてみよう。

　まず第1に，われわれの生活には市場原理が働かないか，働きにくい分野があって，そのことが社会的公共的な対策を必要とする。

　例としては，労働能力を失ったり，稼得能力が低下した老人や障害者，長期の疾病者などがあげられる。資本主義経済のもとでは，財産収入など特別な条件のない大半の人々は自らの労働力を販売し賃金を得て生計を営む。しかし，加齢や病気・事故によって働けなくなった人々はそうしたかたちで生計を営むことができない。そうした人々が，では稼ぎ手のいる自分の家族の経済的な世話になれるかというと，稼ぎ手の得る賃金には，通常そんな余裕はない。労働力商品の価格である賃金の平均的な水準は労働力の再生産費をまかなう水準で決まっており，老人等の非労働力の再生産費まで含んでいないからである。家族内の非労働力でも子どもの場合は，未来の労働力を生産する費用として含まれる。これが賃金原理，すなわち市場原理が労働力商品に適用された場合の原理なのである。したがって，老人や障害者などの生存的権利を否定しない限り，公的年金や生活保護といった社会的な扶助の制度が必要となる。

　第2に，市場原理にまかせるだけでは社会的なコンフリクトが発生するので，社会的な規制やルール設定を必要とする問題がある。

　ここでは，代表的な例として，労働条件の問題を取り上げてみよう。労働時間については，今日すべての国が標準的な労働時間の日単位，週単位の長さを法律で決めている。なぜ，こうした労働時間の国家法制が必要なのであろうか。

これは，もし法律によって守られるべき労働時間の長さが存在しないと，労働力商品の購入者と販売者とのあいだに対立が生じるからである。購入者である雇い主は，自分の購入した労働力の処分権を主張し，労働者に対してできるだけ長時間の労働を要求しようとする。他方，販売者である労働者にとってみれば，自分は明日もあさっても労働力を売って生きていかなければならないので，それが不可能になるほどの長時間労働で自分の労働力を消耗させられてはかなわない。したがって，彼は，雇い主に対して自分の日々の労働力再生産が可能な範囲での労働時間の長さを要求する。これは，労働力商品の購入者と販売者のどちらにも言い分のある権利主張である。これを決するには，国家の法律しかない[2]。労働条件に関する社会的な規制は，以上のような必要から導入されている。また労使関係に関する制度は，雇う側と雇われる側との取引交渉が円滑になされるようなルール設定をねらいとしている。

　第3に，社会的には必要とされるのに，市場にゆだねるだけでは十分に供給されない生活手段が存在する。それらは公共部門によって提供されなければならない。

　資本主義の経済社会では，利潤目的で生産がなされるので，利潤が見込めなかったり採算性が低かったりすると，社会的需要が大きいにもかかわらず，それを充足する商品やサービスが企業によって提供されないことがある。また，地域社会の共同的な生活基盤として，公共的に整備，充足すべき性格をもったサービスや施設がある。保育所，義務教育の学校，図書館，病院，公衆衛生施設，美術館，公園，道路，上下水道，電気，交通・通信施設などがあげられる。それらのなかには，公共部門の直営でなく民間にまかせてもよいものもあるが，公共性が高いので，安全性や施設要件等の基準を定めた公共的な品質の管理などが必要とされる[3]。

　第4に，市場原理にもとづく経済活動から発生する弊害や被害を公共部門が

---

2) これは，カール・マルクス（Karl Marx）によって『資本論』（*Das Kapital*）第1巻の労働日に関する章で説明のなされた，労働力商品をめぐる購買者（＝資本家）と販売者（＝労働者）とのあいだの「権利対権利」の関係である。「同等な権利と権利とのあいだでは力がことを決する」ほかはない。すなわち，労働時間の長さをめぐる労資間の階級闘争が展開され，その決着は国家の法律にゆだねられることになる。

介入して抑制したり，除去したりするものがある。

　身近な例としては，職場での労働安全対策，有害な商品に関する消費者被害の防止・救済対策，さらには大気や水の汚染，騒音，混雑といった環境破壊を防止する対策があげられる。市場原理にもとづく企業の営利活動は，利潤追求の極大化をめざすあまり，職場での労働安全や製造物の安全の検査に関する人員や費用を節減したり，工場外へ汚染物資を排出しないための設備投資を怠ったりするおそれがある。市場原理は，経済学で「外部不経済」といわれるこのような財の生産段階や流通段階，使用段階でのマイナス要因を織り込んだ経済原理ではない。自動車がわかりやすい例であろう。自動車のメーカーは，乗り心地の良い，燃費効率に優れた自動車の生産には熱心であるが，その排気ガスや騒音，交通混雑がいかに環境を悪化させるのか，道路の舗装整備や交通安全施設，交通事故によってどれだけ社会的な負担が発生するのかについては直接には責任をもたない。

　以上に見たように，市場原理は決して理想的ではない。市場原理は，それが機能しない人間の生活領域が存在しているし，社会が公共的なルールを設定しないとのぞましいかたちで機能しないという問題がある。また市場原理は，外部不経済（および外部経済）の発生という内在的な欠陥をもった原理でもあり，環境破壊の問題などは「市場の失敗」といわれている。社会政策は，このような市場原理の限界とかかわって，公共部門が国民の福祉を向上させるために取り組む政策である。

2　社会の編成原理——協同・共同・市場

　人間生活には，原理的に3つの営みの方法が存在している。協同，共同，市場である。

3）　資本主義の「ゆたかさ」のもとで，私的商品消費の発達に対して社会的共同消費の発達が立ち遅れる傾向があることを，消費の「社会的アンバランス」として指摘したのは，ガルブレイス（J. K. Galbraith, *The Affluent Society*. 鈴木哲太郎訳『ゆたかな社会』岩波書店，1960年）である。また，社会的共同消費に関する研究については，宮本憲一『社会資本論』有斐閣，1967年，成瀬龍夫『生活様式の経済理論』御茶の水書房，1988年，を参照してほしい。

協同とは，集団的な相互扶助によって生活を営むことである。「人間が社会関係の中に存在しているということは，その根底には常に協同関係＝相互扶助の関係がある」[4]ともいわれる。現代の社会では，協同組合やNPO（Non Profit Organization，民間非営利組織）などが，協同の原理にもとづく組織の典型である。

共同は，社会全体におよぶ利害のある問題，すべての住民に共通する利益を「公のもの」として全体で処理，解決することである。人間社会には，その根底にこうした共同的な生活関係が存在している。近代社会になる前は，血縁の共同体や地縁の共同体が「公のもの」を担い，同時にそれらの共同体は階級的な国家の基盤ともなったので，国家が公的な存在となった。近代社会では，血縁・地縁の共同体が崩壊し，市民社会の議会制度を柱にして政府や自治体が成立した。現代社会では，主権者である国民や地域住民から信託を受けた政府や自治体が，「公のもの」を統括する公共部門として，社会全体の利害の調整や利益確保を行うための政治・行政に携わっている。

市場は，個人が私的な契約と交換によって生活の必要を満たすものである。近代社会以前の農業社会では，自給自足が支配的で，市場の役割は部分的であった。近代資本主義が発展してくると，企業が市場の担い手となって財やサービスを商品として供給し，市場は人々の必要を幅広く満たす存在になった。市場原理とは，すでにのべたように，人々の需要と供給が商品の価格の変動を通じて均衡するように調整され，社会全体としてのぞましい資源配分がなされるという原理である。

以上のような協同・共同・市場のほかに自助があげられるかもしれない。しかし，個人の完全な自助というのはロビンソン・クルーソー物語の世界であって，実際の人間社会では，他の原理によって支えられなければ成立しないといってよい。自助は，他の原理に支えられて，自立という意味になる。

要するに，人間社会の編成原理は，市場原理以外にも協同の原理や共同の原

4）　大内力「経済社会における協同の価値と機能」生協総合研究所編『協同組合の新世紀』コープ出版，1992年，29ページ。また，社会の編成原理と公共性の概念をめぐる問題に関しては，成瀬龍夫『くらしの公共性と地方自治』自治体研究社，1994年，を参照してほしい。

理が存在している。どれか1つだけが絶対的な原理というわけではなく，さまざまな原理の組み合わせで生活が営まれている。さきに，社会政策を公共部門の政策であると定義したが，公共部門は社会全体の利害の調整や利益確保という位置を占めているので，社会政策の担い手になるのである。逆に，問題に公共性，「公のもの」としての性格がなければ，公共部門は政策的介入をなしえない。

第3節　社会政策の種類と対象領域

1　社会政策の主体と種類

　社会政策の種類は，大きくは国内社会政策と国際社会政策とに分けられる。

　国内社会政策を行う主体は政府や地方自治体といった公共機関である。政府は，国民経済的な見地から労働分野での基準づくりや労使関係のルール設定を行い，福祉分野では社会保障の制度設計と財源措置などを行う。地方自治体は，それを受けて地域社会での制度運営や独自の地域福祉施策などを行う。日本の政府組織の中では，厚生省と労働省（西暦2000年からは厚生労働省）が社会政策の主な担当機関であり，地方自治体も都道府県では労働部や民生部といったセクションを設けている。

　社会政策は一国内にとどまるものではない。地球上には，人・モノ・カネが移動する世界市場が成立しており，市場原理は国際的に作用している。とりわけ資本と労働力の移動や流出入に伴い，各国間の労働基準や労使関係，社会保障制度の調整をはかる，いわゆるグローバル・ガバナンスの必要が生じる。これを放置すれば，ある国にとっては有利，ある国にとっては不利といった国際的な経済秩序の混乱や不公平が発生するからである。国際社会政策は，19世紀にドイツとフランスの国境を流れるライン川を往来する船舶の船員たちの労働条件を両国間で協定することから始まったといわれるが，こうした国家間の調整の必要が国際社会政策を成立させる基本的な理由である。国際社会政策の主体には，2国家間，「社会憲章」を制定している今日の欧州連合（European Union, EU）に見られるような多国家間，さらには世界の183ヵ国（2009年5月現在）が加入している国際労働機関（International Labour Organization, ILO）のような超国家間の主体が存在する。

2 社会政策の対象領域と主な内容

さきほど市場原理の限界とのかかわりで社会政策の定義を説明したが，現代において市場原理に限界がある問題はすべて社会政策の対象領域かといえば，そうではない。

ドイツ社会政策学会が活動した時代や，戦前の日本では，労働問題や福祉問題だけでなく，中小企業問題，農業問題，都市問題など広範な分野が社会政策の対象領域とされていた。しかし，現代では，以下のような理由で社会政策の主な対象領域はかなり限定されていると考えてよいであろう。

第1は，国家の政策が体系的に整備されるとともに，政策の専門的細分化がなされるようになっていることである。かつては社会政策の領域と見なされていた問題も，現代では独自の政策領域として公共部門が専門的体系的に取り組むようになっている。

都市問題を例にあげよう。産業革命によって誕生した工業都市をはじめとして，資本主義の近代都市は労働貧民が密集し，失業，貧困，住宅難，不衛生，疾病，犯罪，交通混雑などが渦巻き，労働争議や住民の暴動が多発するなど，資本主義の貧困と社会不安を象徴する場であった。こうした問題を解決するために社会政策的な観点から公衆衛生行政の整備，都市計画，公共住宅の大量建設，生活貧困者のための救済施設の整備などがはかられた。それらを通じて多くの問題が解消あるいは緩和され，次第に都市問題は社会政策の一般的な対象領域ではなく，専門的体系的な都市政策の対象とされるようになった。今日では，都市は住民にとってより快適で安全な生活空間であることをめざして，文化や環境，防災などの面から政策が行われている。とはいっても，かつての問題がまったく解決されたわけではないので，今日の社会政策は，都市政策と協調しあいながら重点的に問題にかかわっているといってよい。

第2に，社会政策は社会権と関連をもった政策である。世界のほとんどの国は，今日では憲法レベルで生存権に関する規定をはじめとする社会権の条項をもっているが，こうした社会権に関する法制が公共部門が社会政策を進める土台となっている。

資本主義社会は，19世紀前半までは「レッセフェール」＝自由放任主義の立場から自由な商品交換を行うこと，人間の生活は個人責任を原則とすることを

法的な基礎とし，労働組合が禁止されたり，労働保護法の制定が疑問視されていた。市場原理がそのまま法的な基礎になっていたともいえる。しかし，その後，社会的強者としての雇い主と社会的弱者としての労働者という階級関係の実態が認識されてくると，人間生活の社会権を認めるべきであるとする主張が発展するようになった。国家が個人の生存に必要な諸条件の確保に責任を負うこと，国民がそれを国家に請求しうることが国民の権利である，と主張されるようになった。

1919年のドイツのワイマール憲法は，「経済生活の秩序は，すべての者に人間に値する生存を保障する目的をもつ正義の原則に適合しなければならない」(151条) と定め，生存権規定の先駆をなした。現行の日本国憲法では，生存権 (25条)，教育を受ける権利 (26条)，勤労の権利 (27条)，および労働基本権 (28条) が社会権である。

社会権思想の登場の背景には，社会政策の歴史的な発展があったが，現代の社会政策は社会権の法制度化によってより確固とした政策の基礎をもち，その上で展開されている。

さて，以上の点を踏まえて，社会政策の対象領域と主な内容をどのように考えるべきであろうか。

T・H・マーシャルは，イギリスにおける社会政策の主要な範囲を構成するものとして社会保障 (所得保障)，保健医療，社会福祉 (ないし対個人的社会サービス)，住宅サービス，コミュニティ・サービスの5つをあげている[5]。しかし，この見解では，社会政策が福祉領域に狭く限定され，労働に関する領域が欠落している。やはりここではドイツやその影響を受けてきた日本の伝統的な考え方に従い，労働に関する問題領域と労働以外の福祉に関する問題領域の全体を社会政策の対象領域と考えるべきである。本書では，そうした立場から，社会政策の主な内容 (( ) 内は主要な事項) として以下の点をあげておきたい。

〔労働に関する領域〕

　・労働条件 (労働時間，労働休暇，最低賃金)

　・労働安全衛生 (労働災害，職業病)

---

5) T・H・マーシャル，邦訳，前掲注1)，参照。

- 女性労働および児童労働（母性保護，児童労働の制限）
- 労使関係（労働基本権，労働組合，労働協約，利益分配，労働裁判）
- 雇用・失業（解雇および就業，職業教育・再教育，職業案内，男女雇用機会均等）
- 国際労働移動（外国人労働者）

〔福祉に関する領域〕
- 社会保障（医療・年金・介護・失業等の社会保険，生活保護，児童手当・子ども手当）
- 社会福祉（保育サービス，障害者福祉サービス，高齢者保健福祉サービス）
- 公衆衛生（保健サービス）
- 住生活環境（公共住宅，地域生活環境）
- 所得保障（累進課税，福祉税制，公共料金）
- 消費者保護（物価，消費者の権利，協同組合）

第4節　経済政策と社会政策

1　分配政策か生産政策か

　国家の政策体系の中で，経済秩序の管理と経済資源の配分・分配に直接にかかわる政策は経済政策と社会政策である。経済政策は，市場原理にもとづいて効率的な経済秩序の管理と経済資源の配分を行うことを目的とする生産・流通・分配・信用等の政策である。これに対して，社会政策は，すでにのべたように，市場原理の働かない分野や市場経済が生み出す社会的な矛盾，問題を対象にそれらを緩和，解決することを目的とする政策である。

　社会政策は経済政策とどのような関係にあるであろうか。

　この点は，社会政策の本質にかかわる重要な点であるので，すでにふれた社会政策本質論争の基本的な争点の1つにもなってきた。ある論者は，経済政策を生産政策・流通政策・分配政策に分け，社会政策は分配政策に属するものとした。他の論者は，生産過程の不可欠な要素である労働力を対象とする社会政策は生産政策と解すべきであるとした。いずれも，社会政策は経済政策の一定

分野を補完的に担う政策であるという理解である。

　ただし，分配に影響をおよぼす政策はすべて社会政策であるかというとそういうわけではない。なかにはその性格上社会政策とはいえないものがある。所得形成や価格形成のあり方は富の分配構造に影響をおよぼすが，それらに独占的な要素があれば，不公正な分配が生じる。その場合，公正な分配の視点から政府が介入して独占を排除する規制が行われるが，こうした政策は必ずしも社会政策とはいえない場合がある。かつて，アメリカなどでは労働組合が労働力の価格形成の公正さを妨げる独占的要素とみなされ，独占禁止法（シャーマン反トラスト法）の対象とされたこともあった。分配政策のうち，社会政策としての性格が明瞭なのは所得分配の不平等を是正する再分配政策であり，応能主義を導入した累進課税制度や社会保障制度による所得再分配などがその典型である。

　社会政策を生産政策の一種とする理解にも問題がある。社会政策は，労働力だけを対象とするものではなく，老人や障害者といった労働能力を失ったりそれに限りのある人々も対象にしている。労働力が対象の場合には，生産力の一部である労働力の積極的な確保，育成あるいは保全の意味合いでは生産政策的な色彩が濃い。たとえば，失業対策の軸となっている失業保険は，失業者が失業期間中に労働能力をそう失してしまわないように，その生活費を支給する制度であり，労働力の保全が制度に課せられた重要な機能である。したがって，失業保険制度は通常失業手当を受給する期間中は公共職業安定所（ハローワーク）に通って仕事探しを行うことや職業訓練を義務づけることとセットになっている。

　しかし，こうした失業対策は，景気変動に伴う失業の発生とその解消を前提とした短期的な政策である。失業が大量慢性的な状況となり，働く意欲と能力のある人が長期にわたって就業できなかったり，失業は人間を雇用から排除して働く権利を奪う問題であるとする社会認識がひろがるようになると，失業対策は失業保険の範囲にとどまらず，労働時間の短縮によって雇用機会を社会的に拡大するワーク・シェアリング政策や企業による一方的な解雇権の行使を法的に規制する政策などが論議されるようになる。こうした政策は，生産政策の視点だけでは十分ではない。

2 経済政策と社会政策の関連性

1930年代以降,欧米諸国や日本では,大恐慌への対応とその後の戦争準備の経済体制への移行の過程で経済政策と社会政策の関連性が強まるようになった。とくに第2次世界大戦後は,各国が社会保障制度の整備や完全雇用の実現を重視して福祉国家体制の構築に取り組むようになったこともあって,経済政策は社会政策を伴うようになり,社会政策もまた経済政策的視点から見直されるようになった。(例:景気対策と雇用・失業対策,分配政策と所得保障政策,産業政策と労働力の育成・訓練政策。)

今日の少子・高齢化社会を例に,経済政策と社会政策の関連を考えてみよう。

少子・高齢化社会の進展によって,日本経済では,将来大幅な労働力不足が懸念される。また,年金受給者が増大しその財政負担が大きな問題となっている。他方,60歳をすぎても健康で働く意欲も能力もある高齢者が急増している。こうした状況のもとで,高齢者対策は,年金問題や保健福祉対策に限られなくなっている。日本社会全体で高齢者にとって良好な雇用機会を増やしていくことが,高齢者の社会参加と健康維持の面から必要であるとともに,年金財政の負担の軽減につながり,ひいては労働力不足の軽減にもつながっていくことになる。このように,高齢者雇用を促進する政策は,一方で労働力不足に対処し,年金財政負担の軽減をはかる経済政策,他方では高齢者の生活の安定,社会参加による生きがいと健康の増進をめざす社会政策として,両者の性格をあわせ持って推進されている。

経済政策と社会政策の関連が緊密になっていることの理由として,戦後は労働者階級の社会的交渉力が強大になったことがあげられる。政府が,労働者階級の声を無視し,勤労国民の労働と生活にどのような影響をおよぼすかの考慮を抜きにして,産業界の要求だけで経済政策を推し進めることは現代社会では考えられなくなっている。こうした点から,第2次大戦後の両政策の関係については,経済政策よりもむしろ「社会政策の優位」を重視する見解もある[6]。

現代では,社会政策は市場原理に照応した経済政策の領域外で広範囲に展開

---

6) 隅谷三喜男「現代社会政策の基本問題」『季刊労働法別冊・社会政策』1979年,参照。

されており，同時に経済政策が推進される分野ではそれを補完し，場合によっては経済政策をリードする関係にあるといってよいであろう。

第2章　社会政策の公準

　前章で，社会政策とは簡単にいえば「福祉の向上を直接目的とする公共部門の政策」，より詳しくは「市場経済では達成されない労働と生活の福祉を，公共的なルールの設定とサービスの提供を通じて向上させることを目的とする公共部門の政策」と定義した。目的の達成のために，公共部門はどのような原則や基準によってルールの設定とサービスの提供を行うのであろうか。社会政策に特有の原則，基準として以下の内容が指摘される。

(1)　憲法に規定された社会権
(2)　ILOによって設定される国際労働基準
(3)　ナショナル・ミニマムとソーシャル・オプティマム
(4)　機会の平等と結果の平等
(5)　ノーマライゼーション

　社会政策に限らず，公共部門において政策が形成される場合の原則や基準は必ずしも固定的ではない。国民の社会的価値観や欲望水準の変化によって変わっていくし，時の政府の政治姿勢や，政策を実現するために社会的経済的な資源がどのように存在するかによっても影響を受ける。さらに，労働基準などは国際的な動向によっても強く影響を受ける。したがって，過去には現在とは違った内容が見出されるし，将来は現在よりさらに改善された内容にしていくことを考えなければならないであろう。

　以下，上記の事項についてそれぞれ詳しくふれていこう。

第1節　憲法に規定された社会権

　現在ではほとんどすべての国が憲法で社会権を規定し，それにもとづく社会法を整備している。社会政策の歴史的な発展が憲法レベルでの社会権を定着させ，ひとたび社会権が定着して社会法制が体系的に整備されるとすると，それ

らはそれぞれの国における社会政策の法制面での公準となる。

前章でふれたように，日本国憲法では4つの社会権を規定している。以下，それらの基本的な意味内容を見てみることにしよう。

〈第25条〉

「1　すべて国民は，健康で文化的な最低限度の生活を営む権利を有する。

2　国は，すべての生活部面について，社会福祉，社会保障及び公衆衛生の向上及び増進に努めなければならない。」

この25条は，すべての国民が最低限度の生活を営む権利を有するとし，国民の生存権を明記している。また，2項でこの権利の保障のための国の努力責任を定めている。2項が社会福祉，社会保障および公衆衛生についてあげているので，生存権保障に関する規定はそれらに関連の深い条項のように思われるが，次の第26条の教育の権利，第27条の勤労の権利，第28条の労働基本権のいずれも，それぞれ生存権保障の基本領域をなしている。教育の権利は，生存権の文化的側面を担っている。勤労の権利は，資本主義社会では雇用の保障なしには生活の手段がないことから生じる権利である。労働基本権は，雇用にありついても劣悪な労働条件では生活できないことから，そうした状態を防止するために必要となる権利である[1]。

第25条にいう「健康で文化的な最低限度の生活を営む権利」をめぐって，「健康で文化的な最低限度」とはどの程度の生活か，「権利」とはどういう意味か，また国の責任はどのようなものかが，幾度となく政府と国民のあいだで争われてきた。政府は，第25条は政府の努力目標にすぎないとする「プログラム規定」説を主張して，国民が政府の最低限度の生活保障の措置を請求する権利を認めず，「最低限度の生活」といっても決まった水準があるわけではなく，予算能力等さまざまな要素を考慮した立法的裁量にゆだねられるものであるとしてきた。

1）　生存権は，勤労権や労働基本権など，「他の社会権を生起せしめる母体」ともなる。日本国憲法における生存権保障と教育の権利，勤労の権利，労働基本権のかかわりについては，佐藤幸治『憲法〔第3版〕』青林書院，1995年，第4編第4章，および浦部法穂『新版・憲法学教室Ⅰ』日本評論社，1994年，第3章，を参照。

そうした政府の主張に沿ったのが，朝日訴訟（国立結核療養所の患者であった朝日茂氏が1957年，月600円という生活保護給付が憲法第25条の規定に違反することを訴えて国を相手に起こした行政訴訟。「人間裁判」といわれた）における1967年の最高裁判所の判決であった。同判決は，「健康で文化的な最低限度の生活なるものは，抽象的な相対的概念であり，その具体的内容は，文化の発達，国民経済の進展に伴って向上するのはもとより，多数の不確定要素を綜合考慮してはじめて決定できるものである」とした。これと対照的であったのが，1960年の朝日訴訟の第一審判決であった。この判決では，「それじたい各国の社会的文化的発達程度，国民経済力，国民所得水準，国民の生活感情等によって左右されるものであり，したがってその具体的な内容は決して固定的なものでなく，通常は絶えず進展向上しつつあるものであると考えられるが，それが人間としての生活の最低限度という一線を有する以上理論的には特定の国における特定の時点においては一応客観的に決定すべきものであり，またしうるものである」とのべ，「最低限度の水準は決して予算の有無によって決定されるものではなく，むしろこれを指導支配すべきものである」と明言していた[2]。

　このように，国民の生活の「健康で文化的な最低限度」を客観的に決定できるかどうかが，国の努力責任とかかわって最も重要なポイントとなる。社会政策では，生活保護基準，社会福祉施設での処遇内容の基準，老齢基礎年金の給付水準，公的介護サービスの基準，最低賃金の額など，常にそれが具体的に問われるが，健康で文化的な最低限の生活水準は特定の時点では客観的に決めることのできるものであって，決して政府（厚生労働大臣）の裁量にまかせてよいものではないと考えるべきである。

〈第26条〉
「1　すべて国民は，法律の定めるところにより，その能力に応じて，ひとしく教育を受ける権利を有する。
　2　すべて国民は，法律の定めるところにより，その保護する子女に普通

2）　生存権の法的性格，とくにわが国で問題となった「プログラム規定」説の批判的検討と「健康で文化的な最低限度の生活」の考え方については，佐藤幸治，同上，および浦部法穂，同上，を参照してほしい。

教育を受けさせる義務を負ふ。義務教育は、これを無償とする。」

人間は誰しも自由で幸福でありたいと願っている。しかし、それらは、豊かな知識と教養を前提にしてはじめて実現されるものである。無学・無教養であれば、社会の中で幸福を追求する機会や可能性はきわめて制限されざるをえない。こうしたことから、人々の幸福追求は、各自が自分の選択で適切な教育を受ける権利が保障されることを前提にしているのである。しかし、国民各人が自分でできることには限りがあるので、国家が、教育制度と教育施設を通じて適切な教育の場を提供しなければならない。第26条の教育を受ける権利は、「国民が『幸福追求権』の一環として教育の自由を有することを前提に、国に対して合理的な教育制度と施設を通じて適切な教育の場を提供することを要求する権利」[3]であると解されている。こうした意味合いがあるので、教育を受ける権利は社会権としての性格を持つ。

〈第27条〉

「1　すべて国民は、勤労の権利を有し、義務を負ふ。
　2　賃金、就業時間、休息その他の勤労条件に関する基準は、法律でこれを定める。
　3　児童は、これを酷使してはならない。」

勤労の権利は、「資本主義経済体制を前提とした上で、私企業への就職ができない場合に、就職の機会が得られるよう国に対して配慮をもとめ、なお就職できない場合には、雇用保険制度などを通じて適切な措置を講ずることを要求する権利」[4]である。国は、働く意欲と能力がありながら機会に恵まれない人のために失業保険、職業案内、職業訓練といった雇用対策を講じなければならない。また、2項に定められているように、賃金や労働時間などの労働条件に関しては、労働者の人間らしい生活を困難にする劣悪な内容は許されないので、最低賃金や標準労働時間を法律で定めることになる。法定労働基準が遵守されるように、労使間で締結される労働契約が劣悪な労働条件を認めることがないように、国が労働基準監督所を設け、労働契約の中身に立ち入ってそれを防止

3）　佐藤幸治，同上，626ページ。
4）　佐藤幸治，同上，630ページ。

することも必要である。

　企業が労働者を解雇することについては，労働者の勤労の権利を守るため，合理的な理由にもとづかない解雇は無効である。したがって，雇い主には無制限の解雇の自由は認められない。

　この号は，社会保障の整備にも関連性を有している。働く意欲や必要がありながら，乳幼児，児童を抱えているために働くことや就労の継続が困難な女性に対する出産・育児休暇制度や保育所，学童保育所の整備が必要である。近年では，老親の介護とかかわって介護休業制度の充実も課題となっている。また，障害者の勤労の権利を保障するために，共同作業所の設置を促進し，官庁や民間企業に一定割合の障害者の雇用を義務づけることもなされている。

〈第28条〉

　「勤労者の団結する権利及び団体交渉その他の団体行動をする権利は，これを保障する。」

　憲法で労働基本権が保障されている意味は，「労働者が団結力を背景に使用者と対等の立場において契約を締結しうるような制度上の仕組みを確立して労働者の側の『契約の自由』を実質的に実現し，そのことによって労働者の生存権を保障する」[5]ところにある。

　労使間の契約関係は，形式的には対等に見えても，実際には使用者側の立場が強い。労働者は契約の内容を判断して雇用先を自分で選び，契約内容に満足できなければ転職することもできる。しかし，結局働らかなければならないので，不満足だからといっていつまでも就職・就業しないわけにはいかない。したがって，労働者が不利な地位に甘んじることなく使用者と対等な契約関係を成立させるために，労働者の団結，使用者との交渉，ストライキを含む争議の権利が保障されなければならない。

　団結権と団体交渉権，争議権は労働3権とも呼ばれ，労働基本権の内容を構成している。団結権は労働組合を結成する権利，団体交渉権は，単に労使間の話し合いだけでなく，両者の合意を法的拘束力のある労働協約として締結する権利である。争議権は，要求貫徹のための正当な争議行為であるならば，威力

---

[5]　浦部法穂『新版・憲法学教室Ⅰ』前掲，312ページ。

業務妨害とか労働提供の債務不履行といった責任を労働者に負わせない権利である（いうまでもないが，暴力の行使や事業の安全を妨げるような行為は許されない）。

第2節　ILOの国際労働基準

　国際的な経済競争で最も不公正なのは，国内の労働者の生活を犠牲にした労働条件のダンピング競争である。こうした競争をなくし，国際経済の公正競争を確保するために労働に関する国際的な最低基準を設定し，世界中の国がこれを遵守しようという発想から生まれたのが国際労働基準（International Labour Standards）である[6]。

　国際労働基準を設定する目的で結成された組織がILOである。ILOは，第1次世界大戦の終結を決めたベルサイユ条約で国際連盟とともにその付属機関として1919年に発足した。ベルサイユ条約の労働に関する部分（第13篇）が，発足時のILOの憲章となった。第2次世界大戦後は，国際連合の下部機関となった。ILOは，毎年総会を開いて世界の労働・社会問題を討議し，国際労働基準の設定などを決定している。また活動計画と予算を2年ごとに承認している。ILOの業務を統括するために理事会が設けられており，事務局はスイスのジュネーブにある。

　ILOの設定する国際労働基準は，労働時間，賃金，雇用保障，職業リハビリテーション，女性労働，労働安全衛生，労使関係，社会保障など，全般におよんでいる。ILOの設立当初は，公正な国際経済競争を達成するための労働に関する国際的なルール設定の色彩が濃かったが，戦後になって社会主義国や新興独立国が続々と加盟し，先進国内でも労働運動の発言力が増大したこともあっ

6）　ILOと国際労働基準に関しては，「ILO基準の顔」といわれた国際労働法の権威であるニコラス・バルティコスの『国際労働基準とILO』（花見忠監修・吾郷真一訳，三省堂，1984年）を参照されたい。バルティコスは，国際労働基準の目的として，①国際競争，②平和達成への働きかけ，③社会正義，④経済発展の社会的および人間的目標，⑤労働者および物の国際的な移動，⑥国際労働立法の充実，⑦国内行動の淵源，をあげている。

て，国際労働基準は，労働者の労働と生活の権利を擁護する法的規範としての性格が強くなり，各加盟国の憲法や社会法に大きな影響を与えてきた[7]。今日では，各国は，ILO がどのような考えでどのような基準を提示しているかを無視して社会政策を進めるわけにはいかなくなっている。

ILO と ILO が設定する国際労働基準は，「特定の価値的，イデオロギー的立場に立っている」といわれる。そのことを示すのが，1944 年総会で採択されたフィラデルフィア宣言である[8]。当時のアメリカのルーズベルト大統領が，「2 回の大戦を経験した一時代の願望を要約したものであり，アメリカの独立宣言に比すべき歴史的価値」と評した同宣言は，次のような諸原則を表明していた。

「労働は商品ではない。」

「表現及び結社の自由は，不断の進歩のために欠くことができない。」

「一部の貧困は，全体の繁栄にとって危険である。」

「すべての人間は，人種，信条又は性にかかわりなく，自由及び尊厳並びに経済的保障及び機会均等の条件において，物質的福祉及び精神的発展を追及する権利をもつ。」

国際労働基準を設定する ILO の基本的立場は，労働非商品原則である。この原則は，ベルサイユ条約においても，「労働ハ単ニ貨物又ハ商品ト認ムヘキモノニ非ス」として普遍的なものであるべきとされていた。労働非商品原則は，労働力を商品として販売する労働者の地位を廃止するものではないが，労働能力が商品として売買される事態をそのまま肯定するものではなく，むしろ，独立した人間としての労働者の尊厳を認め，そのように扱うべきことをもとめるものである。この原則にもとづいて労働時間の基準などが設定されている。

労働非商品原則が ILO の活動内容上の原則であるとすれば，活動手続き上の原則は，フィラデルフィア宣言に「労働者および使用者の代表が，政府の代

---

7) 嶺学「ILO による国際労働基準の定立と国際的波及効果」秋田成就編『国際労働基準とわが国の社会法』日本評論社，1987 年，3 ページ。
8) フィラデルフィア宣言の全文の邦訳については，ILO 条約の批准を進める会編『国際労働基準で日本を変える』大月書店，1998 年，55-58 ページ，を参照。

表者と同等の地位において，一般の福祉を増進するために自由な討議及び民主的な決定にも参加する」とのべられている3者構成原則である。具体的には，条約・勧告を審議し票決する総会は政府2名，労使各1名のウエイトで構成され，理事会も同様である。

　ILOの設定する国際労働基準は，国際労働条約（International Labour Convention）と国際労働勧告（International Labour Recommendation）のかたちをとっている。2007年6月末現在で，ILOが制定した条約の数は188，勧告は199にのぼっている。条約は，加盟国の批准によって発効し，批准国はそれを遵守する義務を負う。ILOは，批准国が条約を遵守しているかどうかを監視する。批准しない国には，法的な義務は生じないが，労働組合がILO条約の存在を強く主張することによって，各国内の政策形成におけるガイドラインとして影響を与えることが少なくない。勧告は，強制力はないが，やはり各国の政策のガイドラインとしての役割をもっている。ただし，条約の批准数が単に多いか少ないかによって，加盟国の国際労働基準に対する姿勢を一概に評価することは難しい。条約には，包括的なものもあれば個別的なものもあり，批准していなくてもガイドラインとして積極的に受け止め，国内立法で条約の趣旨や内容に相当する基準を定めている国もありうるからである。

　ILOはどのような水準で国際労働基準を設定するのであろうか。あまり高くすると守れない国が増え，低くなると国際的な効果に乏しくなってしまう。そうしたことから，ILOは，世界中で受け入れられるべき普遍性をもった「最低」基準の設定をめざし，地域によって基準に幅を認めるなど柔軟性も重視するようになっている。また，ILOの条約は戦前から積み上げられており，なかには国際環境の変化で有効性を失ったものもある。条約の中には，基本的な性格をもつものや改訂すべきもの，加盟国が優先して批准すべきものが存在する。

　基本的人権に関するILO条約としては，強制労働条約（第29号，1930年），結社の自由及び団結権保護条約（第87号，1948年），団結権及び団体交渉権条約（第98号，1949年），同一報酬条約（第100号，1951年），強制労働廃止条約（第105号，1957年），差別待遇（雇用及び職業）条約（第111号，1958年），最低年齢条約（第138号，1973年）などがあげられる。

　日本の対応はどうなっているであろうか。条約の批准数は2007年7月現在

日本が批准したILO条約一覧
(批准日順,2007年7月24日現在計48)

日本の批准日	条約名（採択年・条約番号）
1922年11月23日	失業条約（1919年・第2号）
1922年11月23日	海員紹介条約（1920年・第9号）
1923年12月19日 （第138号条約批准により廃棄）	最低年齢（農業）条約（1921年・第10号）
1924年6月7日 （第138号条約批准により廃棄）	最低年齢（海上）条約（1920年・第7号）
1924年6月7日	年少者体格検査（海上）条約（1921年・第16号）
1926年8月7日 （第138号条約批准により廃棄）	最低年齢（工業）条約（1919年・第5号）
1928年10月8日	労働者補償（職業病）条約（1925年・第18号）
1928年10月8日	均等待遇（災害補償）条約（1925年・第19号）
1928年10月8日	移民監督条約（1926年・第21号）
1930年12月4日 （第138号条約批准により廃棄）	最低年齢（石炭夫及び火夫）条約（1921年・第15号）
1931年3月16日	重量標示（船舶運送の包装貨物）条約（1929年・第27号）
1932年11月21日	強制労働条約（1930年・第29号）
1936年6月6日 （第121号条約批准により廃棄）	労働者補償（職業病）改正条約（1934年・第42号）
1938年9月8日	土民労働者募集条約（1936年・第50号）
1953年10月20日	労働監督条約（1947年・第81号）
1953年10月20日	職業安定組織条約（1948年・第88号）
1953年10月20日	団結権及び団体交渉権条約（1949年・第98号）
1954年5月27日	最終条項改正条約（1946年・第80号）
1955年8月22日	失業補償（海難）条約（1920年・第8号）
1955年8月22日	海員の雇入契約条約（1926年・第22号）
1955年8月22日	健康検査（船員）条約（1946年・第73号）
1955年8月22日 （第138号条約批准により廃棄）	最低年齢（海上）改正条約（1936年・第58号）
1956年6月11日	坑内作業（女子）条約（1935年・第45号）
1956年6月11日 （第181号条約批准により廃棄）	有料職業紹介所改正条約（1949年・第96号）
1965年6月14日	結社の自由及び団結権保護条約（1948年・第87号）
1967年8月24日	同一報酬条約（1951年・第100号）
1971年4月29日	最低賃金決定制度条約（1928年・第26号）
1971年4月29日	最終条項改正条約（1961年・第116号）
1971年4月29日	最低賃金決定条約（1970年・第131号）
1973年7月31日	放射線保護条約（1960年・第115号）

日本の批准日	条約名（採択年・条約番号）
1973年7月31日	機械防護条約（1963年・第119号）
1974年6月7日	業務災害給付条約（1964年・第121号）
1975年7月29日	船舶料理士資格証明条約（1946年・第69号）
1976年2月2日	社会保障（最低基準）条約（1952年・第102号）
1977年7月26日	職業がん条約（1974年・第139号）
1978年7月3日	災害防止（船員）条約（1970年・第134号）
1983年5月31日	商船（最低基準）条約（1976年・第147号）
1986年6月10日	雇用政策条約（1964年・第122号）
1986年6月10日	人的資源開発条約（1975年・第142号）
1992年6月12日	職業リハビリテーション及び雇用（障害者）条約（1983年・第159号）
1993年6月21日	衛生（商業及び事務所）条約（1964年・第120号）
1995年6月9日	家族的責任を有する労働者条約（1981年・第156号）
1999年7月28日	民間職業仲介事業所条約（1997年・第181号）
2000年6月5日	最低年齢条約（1973年・第138号）
2001年6月18日	最悪の形態の児童労働条約（1999年・第182号）
2002年6月14日	三者の間の協議（国際労働基準）条約（1976年・第144号）
2005年8月11日	石綿条約（1986年・第162号）
2007年7月24日	職業上の安全及び健康促進枠組条約（2006年・第187号）

で48となっている。日本は，基本的人権に関するもののうち，強制労働廃止条約（第105号）と差別待遇条約（第111号）を批准していない。とくに労働時間に関する条約はすべて批准していない。日本の労働慣行がILOの提起と異なることが批准の障害になっている場合もあるが，経済先進国となっている日本に対し，労働者の労働条件が国際的にフェアな水準にあるかどうかを世界中が厳しい目で見つめていることを軽視してはならない。

第3節　ナショナル・ミニマムとソーシャル・オプティマム

社会保障制度では，国民に対してさまざまな給付が行われているが，給付の種類は現金とケア・サービスとに分けられる。

その場合に給付の原則となるのが，現金給付の場合はナショナル・ミニマム（national minimum，国民的最低限），ケア・サービスの場合はソーシャル・オプ

ティマム（social optimum，社会的最適性）である。所得保障を目的とする現金給付は生活保護，公的年金，失業保険，労災保険，児童手当・子ども手当などの制度に見られるものであり，最適なサービスの提供を目的とするケア給付は保育，障害者福祉サービス，医療・介護の社会保険などに見られる。

今日では，ナショナル・ミニマムというと，もっぱら社会保障次元で用いられる政策公準となっているが，元来は19世紀末に，「法律によって社会に国民生活の底を設ける」としたイギリスのウエッブ夫妻（シドニー・ウエッブとベアトリーチェ・ウエッブ：Sidney Webb 1859-1947, Beatrice Webb 1958-1943）によって，労働分野の「コモン・ルール」として提起されたものであった。それを，ナショナル・ミニマム保障を目標とする社会保障のかたちで制度設計したのがイギリスのベヴァリジ報告『社会保険および関連サービス』(1942年) であった（ベヴァリジ・プランについては，第3章を参照）。

社会保障は，社会保険と公的扶助を統一したものであるが，社会保障で新しいのは，その考え方であって，個々の制度ではない。社会保険と公的扶助の制度自体は，すでにそれ以前に存在していた——社会保険制度はドイツで1870年代に導入。公的扶助制度は17世紀初頭のイギリスの救貧法にさかのぼる——ものである。すべての国民にナショナル・ミニマムの確保を通じて生活の安定を保障しようとする思想が，社会保障の新しさであり，最も画期的な点であった。このような社会保障を通じての国民の最低生活保障という考え方が具体化されるようになったのは，1920, 30年代を通じて生存権保障が憲法レベルで強く意識されるようになったことが背景にある。

ただし，第2次世界大戦後しばらくは，ベヴァリジ・プランが社会保険による「完全な所得保障」を構想していたこともあって，ナショナル・ミニマムといえば所得保障のことであるとする理解が強かった。それまでは生活の貧窮の原因がもっぱら低賃金・低所得によるものとみなされる現実が存在し，ケア保障も所得保障がなされればおのずと解消される経済問題と受け止められていたといってよいであろう[9]。だが，各国で社会保障制度が整備され運用されるようになると，ナショナル・ミニマム保障にはさまざまな曖昧さが生じ，改革を施す必要が生じてきた。とりわけ，所得保障を目的とする現金給付だけでは国民のニーズを充足できない社会環境の変化が進行した。

戦後の経済成長の過程で,核家族化が進展し,夫婦共働きが増大し,高齢者世帯が増えて,それに伴いかつては家族内で営まれていた諸機能が外部化し,保育,看護,介護などのケア・サービスに対する社会的ニーズが大きくなった。医療ニーズも医学の発展や治療技術の進歩によって急速に増大した。こうしたことを背景に,ケア保障は所得保障と区別されるようになり,ナショナル・ミニマムとは異なる給付の原則が認識されてくることになった[10]。

　ここで,ケア保障の特質を所得保障と対比して考えてみよう。

　第1に,ケアの場合,ミニマムというよりはオプティマム,すなわち最適性をもとめられることである。たとえば,病院での患者の病気の治療は,一人一人の患者の病気の種類,度合いに応じて最も適切だと判断される投薬や手術が施されなければならない。同じ病名,同じ発病程度の患者であっても,患者の体質や栄養状態,他の疾患の有無などによって,治療の方法が異なる場合もあろう。介護サービスにおいても,要介護者の身体的不自由や認知症の状態,住宅条件などに応じて最適なサービスを必要とする。このように,ケアの場合には,「最低」という基準よりは「最適」という基準が適当といえるのである。

　第2に,ケア保障は地域性が強いことである。高度の医療になると地域といっても広域的になるが,保健医療や看護,介護,保育などは,一般にサービスを利用する地域住民の身近なところに施設がつくられ,サービス要員が配置されて提供される必要がある。老人が増えつつある地域では,医療や看護,介護の施設が他所よりも多く整備される必要がある。他方,人口の過疎地域だからといって,医療施設は不要ということにはならない。ケア・サービスのこのよ

---

9) ケア保障が,サービスの保障かサービスにかかる費用の保障であるかが議論されたこともある。たとえば,昭和30年代初めに政府管掌健康保険の赤字対策の委員会が設けられたとき,「いったい医療保障というのは医療費の保障なりや医療の保障なりや」という議論がなされたという。わが国の医療保障制度のように,社会保険方式をとり,利用者の一部負担制の問題があったりすると,こうした議論が起こりやすい。江見康一は,望ましいのは医療の保障であるが,「制度の財政的制約があるから,現実には医療費の保障にならざるを得ない。したがって医学・医術の進歩と保険財政力の成長に応じて,医療費の保障をたえず医療の保障に近づけるように調整していく」という理解を提起している(同「医療保障研究発展の諸段階」社会保障研究所編『社会保障研究の課題』東京大学出版会,1986年,所収,34ページ)。

うな地域的な需給関係は，国が中央集権的な基準で画一的に処理できるものではない。所得保障は，政府公権力による所得の社会的再分配を前提に全国的に統一した給付基準が決められるのが普通であるが，ケア・サービスは，その性格から地域に決定をゆだね，地方自治体がサービスの需給関係の調整や施設の管理運営に責任をもつことが望ましい。国のかかわり方は，人員配置や施設に関する最低基準を決めてそれらの財源保障を行うことであろう。

第4節　機会の平等と結果の平等

人々のあいだには，親から受け継いだ財産による持てる者と持たざる者という貧富の格差，性・人種・民族による差別，心身の障害などのハンディキャップがある。それらは，放置すれば人間としての尊厳が奪われる原因になりかねず，そうした事態を防止するための社会的措置が必要である。人々のあいだの

---

10)　地主重美編『社会保障読本』は，以下のようにのべている。

「医療や社会福祉などの人的サービスの不足が生活不安の大きな要因にあげられるようになるとともに，『最低』保障の原則は重大な修正を迫られるようになる。医療や社会福祉は，低所得者のみならずサービスを必要とするすべての人々に『最適』水準のサービスを保障して福祉の向上を実現しようというものであり，公的扶助や年金などの所得保障のように『最低』水準を設定しこれを保障する制度体系とは根本的にその性格を異にする。公的サービスは，そのサービスなしにはノーマルな生活状態を維持できないという人々の特定のニードを充足するために供与されるものであり，サービスの受給者が経済的に貧困状態にあるかどうかによって左右されるものではない。ベバリッジの最低保障の原則は所得保障に適用することができても，特定のニード充足を目的とするサービス保障には適用できず，各国の社会保障はしだいにベバリッジ原則から離れていくことになる。」（東洋経済新報社，1983年，26ページ）

なお，同書では，「社会保障では，年金などの所得保障でナショナル・ミニマムを，医療保障（社会福祉サービスについても同じ）でソーシャル・オプティマムを政策基準としている」（同上，241ページ）とのべている。しかし，本書では，「コモン・ルール」という本来の意味を重視する視点から，ナショナル・ミニマムは所得保障もケア保障も包摂する概念として構成されるべきであり，その上で所得保障はミニマム，ケア・サービスはオプティマムという政策基準が区別されるべきものと考える。これらの点については，成瀬龍夫「ナショナル・ミニマムと社会保障改革」池上惇・森岡孝二編『日本の経済システム』青木書店，1999年，第6章を参照してほしい。

さまざまな不平等や不公平，差別をなくし平等を実現することは，社会政策の重要な課題の1つである。

ところが平等といっても2つの種類，機会の平等（equality of opportunity）と結果の平等（equality of result）とがある。機会の平等とは，他の人よりも不利な条件を持っているために機会から排除されることがないようにすること，結果の平等とは，機会の平等だけでは実質的な不平等がなくならない場合に直接の措置を講じることによって実質上の平等を実現することである。家庭が経済的に貧しいことが理由で就学困難にならないよう義務教育制度では教科書の無償提供が行われるが，こうした教育の機会均等をはかる措置は前者の例である。他方，障害をもつ人は，健常者と同じ学歴があっても就職は圧倒的に不利である。そこで，障害者にも勤労の権利を保障するために官庁・企業に障害者の雇用を義務づける必要があるが，これは後者の例である。機会の平等は結果がどうなるのかを想定していないので形式的な平等といわれる。それに対して結果の平等は実質的な平等，あるいは事実上の平等といわれる。

社会政策は，よく結果の平等だけをめざすものと受け取られがちであるが，そうではない。問題の性格によって機会の平等に力点をおく場合もある。社会政策における機会の平等と結果の平等の違いをもう少し詳しく説明しよう。次のように区別できる。

(1) 機会の平等を促進するもの
(2) 機会の平等だけでは不十分なものについて結果の平等で補うもの
(3) 最初から結果の平等を促進するもの

さきほどふれたように，公教育における低学費，授業料免除，奨学金などは機会の平等をはかる教育社会政策の具体例である。男女雇用機会均等法制も，労働市場での性的差別をなくす機会均等をめざしている。しかし，機会の均等だけでは不十分な場合がある。失業対策を例にあげると，失業者に対する一定期間の失業手当の支給，職業リハビリの実施や職業案内などは，機会の均等を保障しようとするものである。しかし，不況が長引き，適当な就労先が見つからない失業者が大量に存在するといった状況になれば，失業対策事業を起こして公的な雇用保障を行わなければならなくなる。こうした公的な雇用は結果の平等である。また，男女雇用機会均等法制が実施されても，多くの場合，女性

の雇用上の不利が一挙に解消されることはない。家庭における家事や子育てといった負担の男女不平等があるからである。男女雇用機会均等をめぐる問題は，機会の平等と結果の不平等，あるいは法の平等と実質的不平等の関係を示す典型的な問題でもある。実質的な不平等をなくすために最初から結果の平等をめざす必要のある問題もある。働く条件に乏しく自立が困難な生活困窮者，ハンディキャップを抱えている人々，性的人種的な差別などのために社会参加の機会が制限されたり奪われたりしている人々への対策がそれである。生活困窮者に最低生活費を支給する生活保護制度，事業所に対する障害者雇用の法的な義務づけなどがそうした例である。

　性的人種的な差別，障害者，高齢者，民族的宗教的マイノリティへの差別をなくすための対策では，アメリカのアファーマティブ・アクション（積極的措置）がよく知られている。アファーマティブ・アクションは，1960年代に公民権法や大統領令によって法的措置がとられたもので，法的平等だけでなく事実上の平等を実現するために大学入試，政府調達，政府・民間の雇用における優遇措置を義務づけるものである。アメリカでは，こうした措置が成果をあげて，高等教育を受けた黒人の割合は1970年の4.4％から1993年には13％に上昇し，女性の就業率も大幅に改善された。ヨーロッパや国連では，こうした措置をポジティブ・アクションと呼んでいる。アファーマティブ・アクション自体は，機会の平等を意図したものであって，過去の制度・慣習による差別をなくして，すべての人々に同じスタートラインを与えることを目的としている。雇用の面での結果の平等をめざす措置となると，性別人種別に一定の人数割合や配置を強制するクォータ制（割当て制）の導入などが議論されている。

　ソ連・東欧諸国の社会主義体制が崩壊し，福祉国家体制も動揺していることから，社会主義と福祉国家が重視してきた結果の平等主義は失敗し，市場競争原理に立脚した資本主義の機会の平等主義こそが有効であるとする見解が主張されることがあるが，こうした図式は必ずしも適当とはいえない。機会の平等と結果の平等は，いずれも資本主義に内在的に必要とされるものである。それは，社会政策の定義のところでふれたように，資本主義の市場原理が生み出す弊害や限界，市場原理の働かない問題が社会的に存在するからにほかならない。

市場原理にのみ絶対的な価値基準をおく視点からは，経済競争条件の平等を意味する機会の平等を保障するだけで十分で，結果の勝ち負けは本人の努力次第ということになろう。しかし，そもそも競争は，競争するものの努力の如何にかかわらず，誰かが勝ち，誰かが負けることを前提にしている。競争条件が平等でかつ努力すれば競争者全員が勝つ（したがって勝ち負けなし）ということではない。全員が同じように努力しても，なお勝者は少なく，敗者が多いのが競争の常であり，とりわけ限られた資源を奪い合うことになる経済競争においてはそうである。したがって，経済競争の次元では，競争条件の平等は往々にして競争に勝つ可能性の大きい強者が得をする論理になりかねない。

さまざまな差別の解消，貧困者や女性，障害者の社会的地位の向上や参加機会の拡大などは，経済的価値基準だけの評価を超えて，人々の人間としての尊厳を高め社会的な統合を強めるという社会的価値基準を根底におくものと考える必要がある。

第5節　ノーマライゼーション

今日，ノーマライゼーション（normalization）は，社会政策が多くの分野で依拠すべき重要な理念となっている。ノーマライゼーションの考え方は，1960年前後にデンマークで登場（精神薄弱者福祉法，1959年）し，北欧諸国で実践的な土台がつくられた。

ノーマライゼーションとは，「障害をノーマルにするということではなく，障害者の住居・教育・労働・余暇などの生活の条件を可能な限り障害のない人の生活条件と同じようにすること」を意味している[11]。障害をもつ人々も，健常者と同じように人間として普通（ノーマル）の生活を営む権利を有しており，障害者と健常者がともに生きる社会環境の整備をめざすべきであるとする考え方である。障害者を遠方のあるいは閉鎖的な施設に入れて近隣との日常的な接触を断つ社会は逆にアブノーマルとされる。

社会との隔離から社会への統合へというこのノーマライゼーションの思想は，1970年代以降，世界中に普及した。国連は，1971年に「知的障害者の権利宣言」，75年に「障害者の権利宣言」を採択したが，とりわけ国連が1981年を

「国際障害者年」，1983年から1992年までを「国連障害者の10年」としたことは，ノーマライゼーションの世界的展開に大きな役割を果たした。

日本では，1995年の社会保障制度審議会の勧告（『社会保障制度の再構築——安心して暮らせる21世紀を目指して』）が，21世紀の社会保障は「最低生活の保障」をこえて「健やかで安心できる生活の保障」を目標にしなければならないとして，ノーマライゼーションによる環境の整備を課題の1つにあげた。1993年には，それまでの心身障害者対策基本法が，障害者の自立とノーマライゼーションの推進を基本理念とする障害者基本法に改正された。公的介護保障における在宅サービスの重視，成人後見制度の改革，障害者を就労や社会参加から排除してきた各種の国家資格・免許の欠格条項の見直しなどは，わが国の社会保障に関連するノーマライゼーションの具体的動きであるといってよい。

地域生活環境の面では，1980年代以降，「福祉都市」を宣言してノーマライゼーションの理念にもとづくまちづくりに取り組む地方自治体が増えはじめた。政府も，欧米諸国に比べると立ち遅れていたが，1994年に「高齢者・身体障害者が円滑に利用できる特定建築物の建築促進に関する法律（ハート・ビル法）」，2000年に「高齢者，身体障害者等の公共交通機関を利用した移動の円滑化の促進に関する法律（交通バリアフリー法）」を制定し，公共建築物や交通施設のバリアフリー対策に乗り出した。

ノーマライゼーションの観点から今日推進されている課題は多岐にわたっているが，以下，主要な事項を列挙しておこう。

(1) 在宅ケア，コミュニティ・ケアの重視
(2) 国家資格・免許における欠格・制限条項の見直しと就労保障

---

11) ベンクト・ニィリエ『ノーマライゼーションの原理〔増補改定版〕』（河東田博・橋本由紀子・杉田穏子・和泉とみ代訳編）現代書館，2000年，164ページ。ノーマライゼーションの原理の「育ての父」といわれるベンクト・ニィリエは，同書のなかで，ノーマライゼーションの原理について，「ノーマライゼーションの原理とは，生活環境や彼らの地域生活が可能な限り通常のものと近いか，あるいは，全く同じようになるように，生活様式や日常生活の状態を，全ての知的障害や他の障害をもっている人々に適した形で，正しく適用することを意味している」（同上，21ページ）と定義している。

(3) リハビリテーションと障害者の雇用,社会参加の促進
(4) バリアフリーの歩行環境,生活空間の確保
(5) 障害者の使用を助ける生活用具の開発
(6) 通信・情報機器の非健常者対応
(7) 禁治産・準禁治産制度の弾力化と成年後見制度の見直し
(8) 障害者スポーツの振興
(9) 建築障害のない地域づくりをめざすユニバーサル・デザイン
(10) 医療と福祉,教育の統合

第3章　社会政策の歴史
―初期立法から福祉国家体制まで―

　これまで，社会政策とは「労働と生活の福祉向上」を目的とする政策であるとのべてきた。しかし，これは，産業革命の過程とその後に登場してきた近代的な社会政策に関してあてはまることである。それ以前の社会政策は，「残虐立法」などと評される血腥いものであった。近代社会政策とそれ以前とでは，国家が法律によって社会に強制する最高と最低の内容が逆転していた。近代社会法制で設定されるのは最長労働時間，最低賃金であるが，資本主義生成期には労働者が1日に何時間以上働かなければならないという最短労働時間が設定され，賃金は雇い主にある水準以上は支払ってはならないということを強制する最高賃金を設定するものであった。

　近代社会政策は，産業革命が生み出した「原生的労働関係」を克服しようとする国家の対応から始まったが，それも最初から労働と生活のすべての領域で福祉向上をめざしたものとはいえなかった。救貧政策などは，人間的な救済という視点から見れば歴史的に後退する動きも含んでいた。

　労働と生活の福祉向上がかなりはっきりと社会政策の政策目標とされるようになったのは20世紀以降，とくに第2次世界大戦後に先進資本主義国が福祉国家体制を形成するようになってからといってよい。それは，近代社会政策が登場してからざっと1世紀余りを要した。本章では，その歴史的な歩みを概観してみよう。

第1節　初期資本主義の社会政策

　資本主義が生まれてくる段階では，どの国でも資本と生産手段，労働力の蓄積が必要であった。通常，資本の原始的蓄積期と呼ばれる初期資本主義の段階は，イギリスでは15世紀末から18世紀中葉までの期間であるが，この時期の

絶対王政国家による社会政策は，労働力の創出と陶冶という役割を担って展開された[1]。

労働力の創出は，社会の各方面で前近代的組織の解体を促し，それに属していた階級を没落させ賃金労働者に転化させることであった。イギリスでは，封建家臣団やギルド，修道院の解体，囚人の賃労働者化などとともに，最もおおがかりに展開されたのがエンクロージャー（牧羊のための土地の囲い込み）と零細農民の追放であった。しかし，こうして没落した人々がただちに生成期の資本主義産業の労働力に使えるわけではなかった。彼らは，自らの労働力を売って働く意欲も技能もなく，労働の規律も身につけていなかった。そこで，労働力として陶冶，訓練する措置を必要とした。それが，働かない浮浪者を極刑を含めて徹底的に取り締まる「労働者法令」(Statute of Labourers) と，浮浪者を強制的に収容して産業労働力として訓練する「労役場」(workhouse,「救貧院」とも訳される）の設置であった。

ヘンリー8世治下の1530年法は，「老齢で労働能力のない乞食は乞食鑑札を与えられ，強健な浮浪人には鞭打ちと拘禁とが与えられる」，1536年法では浮浪の罪を3度犯した者は死刑，エドワード6世治下の1547年法では，「赤熱の鏝で胸にV字を烙印され，虚偽の申告の場合には終身奴隷とされるS字を烙印される」と定められていた。

この時期の労働力の陶冶を象徴するのは，労働時間と賃金である。さきほどふれたように，「労働時間については過度な長時間を，賃金については極端な低賃金を，法律をもって強制」したのである。こうした強制は，労働者は怠けものであるという当時の世間一般の労働者観にもとづくものであったが，他方では労働力の絶対的な不足に悩むマニュファクチュア工場などの労働力確保の要請に応えるものでもあった。最短労働時間を強制する法令は18世紀まで続いた。最高賃金立法が最終的に廃棄されたのは，産業革命中の1813年である。

1）　初期資本主義の労働市場政策については，大河内一男『社会政策（総論）増訂版』有斐閣，1970年，および服部英太郎『社会政策総論』未来社，1967年，第2編第1章「社会政策の先行形態」，参照。

第2節　原生的労働関係と近代社会政策

1　産業革命と原生的労働関係の発生

イギリスでは，産業革命が進行した18世紀後半から19世紀前半にかけては「原生的労働関係」の支配期と呼ばれている。過度の不規則な労働時間，極度の低賃金，非合理な身分制的労働関係が一般的であった。

産業革命（Industrial Revolution, 1760-1830）によって，イギリスでは機械式の工場制度に基礎をおく大工業が成立し，階級として単一の賃労働者階級が形成された。

産業革命の過程では，労働時間や賃金といった労働条件に対する法的規制がなかったので，工場主たちは労働者を彼らの生活や健康を顧慮することなく低賃金のもとで長時間にわたって酷使した。「労働貧民」（labouring poor）と呼ばれた産業革命期の労働者の劣悪な栄養状態，住宅難，失業，貧困，飲酒，犯罪，短命など，その悲惨な実態は，F・エンゲルス（Friedrich Engels, 1820-1895）の『イギリスにおける労働者階級の状態』（1845年）に詳しく報告されている。

工場主たちによる労働力の非合理な搾取，食い潰しは，労働者の組織的な抵抗を引き起こすようになった。18世紀後半から1810年代までを彩ったのが「ラダイツ」と呼ばれた機械打ち毀し運動，すなわち紡績工場などへの機械の導入が労働者を工場から排除し失業を発生させることへの激しい抵抗である。しかし，機械を敵視するこの抵抗は結局成果をあげなかったので，労働者は，やがて団結して雇用主に労働条件の改善を迫る方向をめざすようになった。また，国家に対しては，工場法（factory act）の制定を迫るようになった。

原生的労働関係とは，「産業革命の進行中およびその直後の時期における労働関係」のことで，個別資本による労働力の著しい食い潰しが横行し，それをきちんと社会的に規制する立法措置が存在しない状況を意味している。しかし，生産要素である労働力のこうした個別資本による食い潰しと労働者階級の抵抗運動の高まりは，国家が総資本の立場から労働力の保全に向けて介入することを不可避とした。国家の近代的な社会政策の登場は，このような必然的な状況に根ざしていた[2]。

2 近代社会政策の政策系列

近代社会政策は,産業革命が生み出した原生的労働関係への対応から発達することになった。その発生・発達を振り返ると,3つの政策系列が指摘される。1つは,労働力商品の取引規制に関する政策,もう1つは,工場労働に従事する労働者の雇用・労働条件に関する保護政策,3つ目は貧民大衆の生活保障に関する政策である[3]。以下,それらについて,資本主義の母国であり,近代社会政策の歴史を見る上で典型的であるイギリスを例にとって説明しよう。

(1) 労働力商品の取引規制に関する政策

イギリスでは,市民革命から1820年代までのあいだに労働力商品の個別的取引の自由を確保する法制や労働組合的団結を禁止する措置が整備され,維持された。しかし,ギルド職人から賃金労働者に転落した層が労働組合的な組織をつくって雇用主に対抗する傾向がひろがり,産業革命期には綿紡績の工場労働者にも組合を結成する動きが強まっていた。産業資本家は,こうした動きを封じるために,政府に働きかけて1799-1800年に団結禁止法を制定させた。しかし,労働者の団結の波をおしとどめることはできず,産業革命が終焉に近づくと,資本家階級は態度を変え,団結禁止法は1824-25年に撤廃された。

イギリスの労働組合は,合法化されると急速に勢いを増し,1833年には約50万人を組織する全国労働組合大連合が産業別組合として発足した。全国労働組合大連合は資本家の反撃でつぶれたが,その後,労働者のあいだで,普通選挙権の実現を要求するチャーティスト運動と工場法の改正による10時間法の制定を要求する運動が展開された。1868年には全国組織として労働組合会議(TUC)が誕生した。

(2) 工場労働者の雇用労働条件に関する保護政策

雇われる労働者の最低年齢,労働時間,工場内の安全衛生,賃金支払いの方法といった内容を法的に整備するものである。その中心にあったのが工場法で

---

2) 大河内一男,前掲,第4章「産業革命と労働者階級」,服部英太郎,前掲,第2編第2章「社会政策の端初形態」,参照。

3) 近代社会政策の3つの政策系列については,兵藤釗「社会政策」『平凡社大百科事典』第6巻,1218-1219ページ,参照。

ある。

　産業革命期には機械の普及にともなって労働時間の無制限な延長の傾向が見られた。法的制限のないイギリスでは労働時間の多くは14時間，最高17-18時間におよび，10歳以下の児童の1日20時間にわたる労働拘束も記録されている。労働しながら食事をすることが普通で，こうした長時間労働のため労働者の肉体的な退化，多病化，短命化が目立った。ロバート・オーエン（Robert Owen, 1771-1858）による政府への働きかけなどを背景に，19世紀初頭から工場法の制定によって法律による労働時間の強制的制限の時代が始まった。

　1802年，1819年，1825年，1831年の工場法は標準労働日を12時間に制限した。しかし，工場を監督する官吏のための財政支出が行われず，工場主が治安判事として工場検査の任にあたるといった状況があったために，労働時間の制限はまったく守られなかった。

　工場立法における新次元をもたらしたのは1833年工場法である。同法は，①綿業のほかに羊毛，亜麻，絹工業など繊維産業全体へ適用範囲を拡大，②9歳未満の児童の使用を禁止，13歳未満の児童の労働時間を8時間とし，少年と女性の夜業を禁止，③工場監督官の設置，を主な内容としていた。とくに，偏見や身びいきにとらわれない専門的な工場監督官がおかれたことは，法の遵守の面で大きな実効性をもつことになった。カール・マルクス（Karl Marx, 1818-83）は，『資本論』において，「やっと1833年の工場条例以来近代的産業にとっての標準労働日がはじまる」と評価している[4]。

　労働組合は，このころから10時間労働制を要求しはじめた。1847年工場法は10時間制を認めたが，工場主は未成年者や女性労働者を組み込んだリレー制度を導入することによって大幅な時間延長を実施した。1853年工場法がリレー制度を禁止したことによって，ようやく法適用産業の全労働者に10時間労働制が確立された。1850-60年代には全産業で10時間制の実施をもとめる運動が高まり，それが達成されたのは1874年工場法である。

　工場法は，労働時間を制限しただけではない。女性の夜業を禁止するなどし

---

[4]　イギリスにおける工場立法の詳細な歴史とその意義については，Karl Marx, *Das Capital*, 邦訳『資本論』第1巻，参照。

て，女性の母性保護が初めて法的に導入されるきっかけをなした。工場法はまた一定年齢以下の児童の労働を禁止したが，労働の代わりに教育を受けさせることとした。工場法のこうした教育条項は義務教育制度の発達を促し，1870年にはイギリスの国民教育制度が成立することとなった。さらに，工場法は，工場内での労働者の健康を守るための保健条項を備えていたが，それは労働安全衛生を発達させ，さらに都市住民の生活環境の整備に取り組む公衆衛生行政の発達を促す契機ともなった。このように，工場立法は，工場内の労働条件の改善を基礎に，社会各方面に広範な社会政策立法の発達を促す基盤となった。

労働時間の短縮については，1860年代になると週8時間制の要求がアメリカの労働組合を先頭に高まった。その最初の立法化は1873年にニュージーランドでなされ，1874年にオーストラリアが続いた。しかし8時間制の国際的な普及は，第1次世界大戦後，ILOを舞台に推進されるようになって以降である。

(3) 貧民大衆の生活保障に関する政策

イギリスでは，国家による貧民救済の歴史は古く，絶対王政時代の17世紀初頭のエリザベス救貧法（Poor Law，1601年）から始まっていた。エリザベス女王は，一方で残虐立法を制定しながら，他方では大量の無産貧民の存在を無視しえず，救貧税を財源とする救済制度を実施した。救貧法は，17世紀後半の市民革命後の改革を経て，18世紀末にはスピーナムランド制度が実施された。これは，院外救助，すなわち救貧院に入らなくても在宅で扶助を受けられることを認め，最低賃金を設定して収入がそれに満たない者に対して救貧税から不足分を補うという賃金補助の制度であった。

しかし，1830年代になると，スピーナムランド制度は，自由放任主義の風潮や救貧税負担の増大に対する反発を背景に支配階級の激しい批判にさらされ，1834年にこの制度を廃止する新救貧法が制定された。新救貧法は，貧困を個人の怠惰によるものとみなし，被保護者に対する劣等処遇の原則（principle of less eligibility）を強調し，院外救済を認めず，労役場への収容を原則とした。イギリスの労働組合は，各地でこの新救貧法に反対する運動を展開した。

イギリスの労働組合は，当初から「友愛組合」として自主的な共済組織の性格をもっていたが，オーエンによるラナーク州での協同村の実験など，地域で

労働者が協同組合をつくる運動が見られるようになり，1844年にはマンチェスター近くのロッジデールで世界初の消費生活協同組合が結成された。イギリスでは，労働組合運動，チャーチスト運動にしめされた政治運動，そして協同組合運動が労働者の3つの自主的な運動として重要な役割を果たし，こうした運動が合流して労働者をイギリス社会の大きな勢力に押し上げた[5]。

第3節　資本主義の独占段階と社会政策

1　労働運動の高揚と社会保険制度・最低賃金制度

19世紀後半になると，資本の集積・集中が進んで大企業が形成されるようになった。1870年代の大不況は重工業の発達とカルテル，トラスト，シンジケートといった独占組織の成立を促した。資本主義は，産業資本間の自由競争の段階に別れを告げ，20世紀初頭には独占段階に移行し，列強が植民地の分割・再分割をもとめて覇権を争う帝国主義の時代を迎えた。

各国の労働者階級は労働組合の結成を通じて勢力を社会的に拡大し，そのなかから労働者政党を結成して資本主義制度の廃止をめざそうとする社会主義勢力も急速に成長した。1864年には国際労働者協会（第1インターナショナル）が結成され，国際連帯の動きがあらわれた。イギリスでは，19世紀後半には労働者の代表が議会に進出するようになり，1906年に労働党が結成された。

各国の政府は，このような労働運動，社会主義運動の台頭に対抗する必要に迫られるようになった。プロイセンの宰相ビスマルク（Otto E. L. Bismark, 1815–1898）の「アメとムチ」の政策はその典型であった。ビスマルクは，一方で，1878年に社会主義者鎮圧法を制定して社会主義勢力の徹底的な弾圧に乗り出し，他方で，労働運動への譲歩の意味で1881年に社会政策のマグナカルタを発表し，84年から91年にかけて疾病保険法，労働災害保険法，老齢・廃疾保

---

[5]　イギリスの産業革命期の工場法，救貧法，チャーチスト運動，協同組合運動，労働組合運動などに関しては，小川喜一編『社会政策の歴史』有斐閣選書，1977年，の第1章（飯田鼎），第2章（菊池光造）が詳しい。なお，同書は，独占資本主義時代の労働組合運動や最低賃金制の成立，社会保険から社会保障への発展，イギリス・ドイツ・アメリカ・日本の社会政策の歴史的な展開についても詳しく，参考になる。

険法を制定・実施した。疾病保険は，工場と鉱山労働者の病気，外傷に対して13週間以内の治療費の支給と賃金補償としての傷病手当金の支給を定めた。労働災害保険は，業務上の災害で労働者の重大な過失・故意によるものでなければ全額費用負担で医療費と年金を支給するものであった。老齢・廃疾保険は，70歳以上の退職者および廃疾者に年金を支給するものであった。ビスマルクが推進した社会保険計画は，国家による所得保障の方法として各国に影響を与え，20世紀に入ると多くの国が医療，年金，失業，労働災害に関する社会保険制度を導入するようになった。

資本主義の独占段階への移行期には，労使関係も質的に変化した。先進工業国では団結権，団体交渉権，争議権を内容とする労働基本権が認められ，労働組合の市民権が確立されるようになった。同時に，労働条件の具体的な決定は労使の自由な団体交渉と労働協約にゆだねられるべきであるという「任意主義」，労使関係の「自治」の思想が強まり，国家の政策的規制に対しては副次的，補足的な位置づけを与える傾向が見られるようになった。

しかしながら，多くの労働者が労働組合に組織され，労働条件が労使間の交渉と契約にゆだねられるようになっても，それに包摂されない未組織の労働者も大量に存在する。こうした未組織労働者は労働時間については法的に規制されるとしても，賃金については守られるべき社会的ルールを設定しないと，保護のしようがない。また，そうした未組織労働者の存在は，組織労働者にとっても使用者側との交渉で不利な状況を背負うことになる。そうした事情が，法定最低賃金制度の成立を促すことになった。ニュージーランドが1894年に世界で初めて最低賃金制を制定した。イギリスでは1909年に低賃金産業の状況を改善するため，フランスでは1915年，ドイツでは1923年に家内労働賃金の改善を目的として最賃制の立法化がなされた。

2　救貧法から公的扶助へ

救貧行政も，19世紀末から大きな転換を迫られるようになった。さきにふれたように，1834年のイギリスの新救貧法は，貧困者の人間的な尊厳を否定するものであったが，1870年代の大不況期になると失業して在宅で救済を受ける貧民が激増した。そのために救貧行政は行き詰まりを見せ，原則上の修正

を迫られることになった。失業による貧困は，失業が資本主義経済の構造的な問題として発生する以上，もはや個人の怠惰といった責任に帰すわけにはいかなくなっていた。イギリスでは，19世紀末から20世紀初めにかけてブース（Charles Booth, 1840-1916）の「ロンドン調査」，ロウントリー（R. S. Rowntree, 1871-1954）の「ヨーク調査」によって人々の約3分の1がかろうじて最低生活が可能な貧乏線（poverty line）かあるいはそれ以下の状態にあることが明らかにされた。こうした近代的な社会調査によっても，人々の貧困の原因は個人の怠惰よりも労働条件や生活条件に原因があることが明らかとなり，19世紀的な貧困観は大きな修正を迫られることになった。20世紀になると，失業は「産業の問題」として認識されるようになる。

イギリスでは，1905年に王立救貧法委員会が発足した。同委員会は，救貧法の延長上で改良をもとめる多数派と，ウエッブ夫妻ら救貧法の解体をもとめる少数派に分かれたが，多数派でさえも貧民の汚名を着せる救貧法に代えて公的扶助の名称を採用して新たな援助のシステムを創設する必要があることを認めた。ウエッブらは，最低生活の維持は国民の社会的権利であるとするナショナル・ミニマム擁護の立場から救貧法を各種の社会施策に解体すべきであると主張した。1909年の王立救貧法委員会の報告は，その後の救貧行政のあり方に重大な影響をおよぼし，イギリスでは1920年代には地方自治をベースに公的扶助制度が成立した。ただし，救貧法が完全に廃止されるのは1947年の国民扶助法によってである。

第4節　両大戦間期の社会政策

1910年代の第1次世界大戦，30年代の大恐慌，そして40年代前半の第2次世界大戦は，各国および世界の社会政策に新たな段階をもたらした。

まず第1次世界大戦最中の1917年にロシア革命が発生し，社会主義国ソ連が誕生した。労働者の解放と徹底した福祉を旗印にした社会主義国の登場は，資本主義体制に大きな圧力をかけることになった。戦後，恒久平和を念願して国際連盟が結成されたが，提唱者であったアメリカのウィルソン大統領は新国際社会政策構想を同時に明らかにし，これが国際労働基準の設定と普及を使命

とする ILO の設立をもたらした。ILO が 1919 年 9 月の初総会で採択した第 1 号条約は，1 日 8 時間，週 48 時間の標準労働時間を定めたものである。また，短命であったが，1919 年に生まれたワイマール共和国の憲法が史上初の生存権規定を備えたことは，その後の世界の社会権法制の拡大に大きな影響をもたらした。

　1930 年代の大恐慌は，地球上で 5000 万人を超えるといわれる大量失業を引き起こした。各国がそれまで導入していた失業保険制度は，長期大量の失業者の存在によって瓦解したので，所得保障と雇用保障の新しいシステムの形成がもとめられるようになった。

　アメリカで 1933 年に政権についた F・D・ルーズベルト（Franklin Delano Roosevelt, 1882-1945）大統領は，ニューディール（新規まき直し）政策を展開した。1935 年に世界で初めて「社会保障」という名称をつけた法（Social Security Act）が制定されたが，この言葉は公的扶助制度による社会的扶助と社会保険制度による経済的保障を組み合わせたものであった。しかし，アメリカの社会保障法は，失業保険を州営とし，また連邦社会保険としての医療保険制度を欠くなど，西ヨーロッパの国々の制度形成と比べると不備な面があった。ニューディールでは，雇用保障政策の面でも失業者に公的な雇用機会を提供する大規模な公共事業が展開され，全国的な職業紹介機構や職業訓練機構が整備された。ニューディールの社会保障と失業救済公共事業は，当時イギリスのケインズ（John Maynard Keynes, 1883-1946）が主張していた政府の赤字財政による有効需要刺激型景気対策の大規模な実験とみなされるようになった。ニューディールではこのほかに，1935 年に全国労働関係法（ワグナー法），1938 年に公正労働基準法が制定された。それまでアメリカでは，労働組合は労働の不当な独占にあたるとする反トラスト法の適用を受けて違法とされてきたが，全国労働関係法は，使用者側の団結権と団体交渉権の否認は「商業の自由な流れ」を妨げるとして，労働者の団結権と団体交渉権を合法とした。アメリカでは，1886 年に熟練労働者の職業別組合の連合体としてアメリカ労働総同盟（AFL）が結成されていたが，1938 年には不熟練労働者の産業別労働組合会議（CIO）が発足した[6]。

　社会保障のより体系的なプランを準備したのはイギリスであった。政府から委託を受けた W・ベヴァリジ（W. H. Beveridge, 1897-1963）は，1942 年に『社会

保険および関連サービス』と題する報告書を提出した。この報告書は，人類が自由を得るために立ち向かわなければならない課題として窮乏，疾病，無知，陋隘（ろうあい），無為の5つをあげ，そのうち，「窮乏を除去するためには，社会保険によるのと家族ニードの補給によるのと二重の所得再分配が必要である」とし，均一給付・均一拠出と最低生活保障という原則にもとづく社会保険によって基本的なニーズを充足し，それを超えるものに対しては公的扶助や任意保険をもって応えようとする社会保障計画を提起した。また，所得保障の前提として児童手当，包括的な医療サービス，大量失業を発生させない雇用の維持が重要であることを指摘した[7]。社会保険と公的扶助の統合によるナショナル・ミニマム保障の原理を構築したベヴァリジ報告は，いくつかの限界もあったが，戦後多くの資本主義国における社会保障制度設計の指針となった。

　大恐慌や第2次世界大戦中にこのような社会保障の準備が進行したことの背景には，社会主義ソ連への対抗や，ファシズム諸国との戦争勝利をめざして国民を動員するために戦後の生活保障を約束する必要があった。アメリカがナチス・ドイツに対する戦争に踏み切った1941年の米英共同宣言（大西洋憲章）は，戦後世界のあり方として「改善された労働条件，経済的進歩及び社会保障をすべての者に確保するため，すべての国の間の，経済的分野における完全な協力を作り出すこと」をうたって，世界の国々に社会保障の実現を呼びかけていた。

第5節　戦後福祉国家体制の成立と動揺

　1946年の総選挙に圧勝したイギリスの労働党政府は，ベヴァリジ・プランをさらに補強するかたちでその実現に取り組んだ。1945年の家族手当法，46年の国民保険法，医療の国営化を決めた国民保健サービス法，48年の国民扶

---

6) 成瀬龍夫「アメリカにおける社会政策」『社会政策』（『季刊労働法』別冊第5号）総合労働研究所，1979年，参照。

7) Social Insurance and Allied Services, Reported by William Beveridge, November 1942. 山田雄三監訳『ベヴァリジ報告　社会保険および関連サービス』至誠堂，1975年，参照。

助法など,「揺りかごから墓場まで」といわれる福祉国家の社会保障体系が次々と整備された。1948年の国民扶助法は,単なる貧民救済ではなく,「生存権の保障」を建て前とし,劣等処遇の原則として救貧法行政に固有の特徴であった扶養義務責任や世帯資力調査を廃止した。

しかし,労働党政府は,国家財政に余裕が乏しく,他方で再軍備にも取り組んだために,均一給付・均一拠出の条件整備が十分でないまま給付水準を決めた。その結果,ナショナル・ミニマムの水準はかなり低く設定されることになって,国民の期待に応えるものとはならなかった。その後も,イギリスにおける均一給付・均一拠出の原則は歴代の政府によって明確に堅持されることはなく,ナショナル・ミニマムに関する政府の決定は「曖昧の歴史」と評される性格をもっていた[8]。

戦後,さきにのべたベヴァリジ報告,社会保障の国際的原則をしめしたILOのフィラデルフィア宣言,社会保障制度の最低基準をしめしたILO 102号条約などにより,社会保障制度の整備が国際的に進んだ。ただし,各国における社会保障制度は,内容的には不均等に展開された。イギリス・北欧諸国は,租税財源による公的扶助に重きをおき,社会保険はすべての国民の無差別平等主義を基本理念に,均一の保険料で均一の給付を行う方式を採用した。こうした方式では負担と給付の水準に格差は生じないが,低給付になりやすかった。他方,ドイツに代表される大陸型は,社会保険を中心とし,保険料と給付を所得に比例させる方式をとった。これによって,経済成長や所得水準の上昇に応じて負担と給付の水準を上げていくことができたが,職種や階層ごとに分立した制度間の格差も大きくなった。1960年代以降,世界の社会保険制度では,均一方式と所得比例方式を組み合わせた制度に再編成していく動きが見られるようになった。

戦後復興とその後の1960年代までの経済成長期には,社会保障の整備を中

---

8) A. B. Atkinson, *Income and Welfare State*, Cambridge University Press, 1995, Chapter 7, p.132.
　戦後イギリスにおいて,ベヴァリジ・プランが実施過程で困難に遭遇し後退した経過については,松尾均「『ベヴァリッジ報告』とその後の展開過程」小川喜一編『社会政策の歴史』前掲,第6章,参照。

心に福祉国家体制が構築され，イギリスがその先進国として注目されるようになった。1950年代には，福祉国家といっても，まだイギリスという国の独特の環境条件の産物であって，国際的には特殊な存在と見られる傾向があった。しかし，1970年代になると，「福祉国家はすべての資本主義社会に共通した現象」という見方が普及した。アメリカでも，1960年代は，「偉大な社会」（Great Society）プログラムが展開され，福祉関係者にとって「胸躍る時代」であった。1963年の地域精神保健センター法，64年の経済機会法，フード・スタンプ法，65年のメディケア・メディケイド，老人福祉法，66年の実験都市・大都市開発法など社会立法が次々に登場し，1960年から76年の間に社会福祉に対する公的支出は500億ドルから3000億ドルへと増加した[9]。

しかし他方では，戦後間もなく米ソ間の冷戦関係が始まった。国際労働運動の分野では，1945年に世界労連（WFTU，世界労働組合連盟）が結成されたが，冷戦が激しくなると英米系組合は脱退して国際自由労連（ICFTU，国際自由労働組合連盟，1949年）を結成した。アメリカでは，労働運動を規制するタフト－ハートレー法が1947年に制定され，労働組合は労使協調路線を強めるようになった。AFLとCIOは1955年に合併してAFL=CIO（アメリカ労働総同盟産別会議）となった。

1980年代になると，ソ連・東欧社会主義圏の衰退を背景に反福祉国家勢力の台頭が強まった。イギリスのサッチャー政権やアメリカのレーガン政権は，福祉国家路線への決別と社会的規制の緩和，市場原理主義に傾斜した。その結果，「福祉国家の危機」が叫ばれる状況が国際的に見られることになった。

第6節　日本における社会政策の展開

1　原生的労働関係の温存と近代社会政策の未発達

日本は，明治維新後，急速な資本主義化を進めた。産業革命は日清戦争後から日露戦争ごろ（1890年代から1900年代）まで，製糸・紡績業と軍需産業を中

---

[9] Neil Gilbert, *Capitalism and The Welfare State*, 1985. 関谷登監訳『福祉国家の限界』中央法規出版，1995年，vページ。

心に展開された。製糸・紡績業は，国内市場が狭隘でかつ激しい国際競争に参入しなければならなかったので，労働者に対するはなはだしい低賃金と長時間労働によって競争力を得ようとした。日本の原生的労働関係は，こうした産業革命のなかで発生し大正時代の前半までを支配した[10]。

それがいかなるものであったかは，1903年（明治36年）に刊行された農商務省の調査報告『職工事情』が赤裸々にしめしている。繊維産業における労働時間は，設備の近代化がなされた製糸工場では平均12〜13時間，それ以外のところでは17〜18時間におよび，しかも昼夜2交代制で徹夜作業も珍しくなかった。

「……徹夜業ハ一般職工ノ堪エ難キ所ナルヲ以テ夜業ニハ欠勤者多ク操業上必要ナル人員ヲ欠ク場合多シ。茲ニ於イテカ昼業ヲ終エテ帰ラントスル職工ニ然モ居残リヲ命ジ遂ニ翌朝ニ至ルマデ24時間ノ立業ニ従事セシムルコト往々之アリ。甚シキニ至リテハ尚此工女ヲシテ翌日ノ筆業ニ従事セシメ通シテ36時間ニ及フコト亦希ニ之ナシトセス」（『綿糸紡績職工事情』）。

『職工事情』は，誘拐ともいうべき募集の方法や無規律な休息・食事の時間，不衛生な寄宿舎の状態などを明らかにした。製糸紡績工場に雇われたのは，農村から集められた若い女性たちで，賃金はこうした若い単身者に見合ったものとされ，イギリスのような家族持ちの成人労働者の労働力価値に見合う「家族賃金」(family wage) を形成しなかった。しかも女工たちにはごくわずかな現金しか支払われず，寄宿舎，食，衣，日用生活品が現物支給された。女工たちの雇い入れについても，近代的な労働市場の需給調整関係を通してではなく，『職工事情』にも記載された「誘拐」的な方法や「争奪」の形態が横行していた。女工寄宿舎は「拘禁施設」的性格を持ち，解雇や離職も「逃亡」が大きな割合を占めていた。当時のこうした悲惨な実態は，横山源之助（1871-1915）の『日本之下層社会』（1899年），細井和喜蔵（1897-1925）の『女工哀史』（1925年）にも描かれている。

工場法の立法化は政府によって1881年から幾度か試みられたが，その都度

---

[10] 日本の原生的労働関係については，大河内一男『社会政策（総論）増訂版』前掲，第4章，を参照。

繊維産業の工場主たちの反対で実現せず,ようやく1911年（明治44年）に制定され,1916年（大正5年）に施行された。工場法は,12歳未満の児童の労働を禁止し,15歳未満の者と女性の労働時間を12時間に制限し,夜業を禁止した。また労働災害に関する使用者の扶助義務,工場監督官の設置などを規定した。工場法は,15人以上の労働者を使用するすべての工場に適用されたが,12時間労働制はすでに8時間労働制が普及しつつあった世界の趨勢からは大きく立ち遅れており,また法施行後15年間は特定産業で年少者と女性の労働時間の2時間以内の延長を認めるといった例外規定をもっていた。日本は,ILOの設立には当時の8大産業国,常任理事国の1つとして積極的に参画した。ILOの第1号条約採択の影響を受けて,1923年に工場法改正が行われたが,しかし最長労働時間を1時間短縮しただけで,同条約の水準にはほど遠かった。1938年には,ILOを脱退した。第2次世界大戦中は,戦時特例として労働時間規制が撤廃された。日本において8時間労働制が確立されたのは戦後の1947年,労働基準法の制定によってである。

　日本の労働運動は,日清戦争後に始まり,1897年（明治30年）には労働組合期成会が結成された。労働争議が急増するとともに工場法制定運動が高まった。これに驚いた政府は,1900年（明治33年）に治安警察法——労働組合結成やストライキの「扇動」を犯罪行為として取り締まる条項があり,「労働組合死刑法」といわれた——を制定して運動を抑圧した。大正から昭和のはじめにかけて多数の労働組合が結成されたが,工場内では資本の専制的な支配がまかり通り,労働組合活動の自由はほとんど認められなかった。労働者の自主的な組織と活動を認める労働組合法は制定されなかった。むしろ政府は1925年（大正14年）に治安維持法を制定して,労働運動や社会主義運動を厳しく弾圧した。1940年には労働組合はことごとく解散させられ,労働者を戦争に協力させる大日本産業報国会が組織された。

　第2次世界大戦前の日本では,労働力商品の取引と工場労働者の労働条件のいずれにおいても,原生的労働関係を克服するような近代的社会政策が本格的に発達したとはいえない。工場法は,内容が国際的な労働基準から大きくはずれており,さらに監督官制度の不備もあって十分に機能しなかった。戦前の日本の労働者の賃金は「植民地的賃金」「インド以下的賃金」などといわれる低

水準であったが，法定労働時間についても，イギリスの植民地としてイギリスの法定労働時間が適用されていたインドよりも長かった。

貧民大衆の生活救済については，明治政府は1874年に恤救(じゅっきゅう)規則を公布したが，これは封建的な村落共同体の相互扶助を指しめしたものにすぎず，国家が救済責任を負うものではなかった。昭和になって救護法が制定され，公的扶助が始まったが，民間の慈善事業を支援する程度にとどまった。社会保険制度については，1922年に政府と医師会の契約の枠内で保険診療を行う健康保険法，1941年に労働者年金保険法が制定されたが，適用範囲や給付などにおいて十分な内容とはいえず，また，失業保険制度は創設されなかった。

明治期の日本は，国家による労働者保護施策がまったくといってよいほど存在せず，「社会政策の空白期」ともいわれることがある。しかし，不十分なものであったとはいえ，明治末から大正初期にかけての工場法の制定と施行は，日本の労働者の権利意識を向上させる歴史的な契機になった。工場法の制定後，多くの産業で労働条件の一定の改善が見られるようになったことも否定できない。また，大正期には，大阪市（関一市長）などで，都市社会主義の影響を受けた社会改良政策が展開されたことにも注目してよい。

2　戦後の民主化と社会政策の展開

終戦後間もなく，治安維持法が廃止され，1945年に労働組合法，1946年に労働関係調整法が制定された。日本国憲法は，労働基本権として労働3権（団結権・団体交渉権・争議権）を保障し，1947年には労働基準法が制定されたことによって，労使関係の具体的な内容を規定する労働3法がそろった。

戦後直後から労働組合が続々と結成され，多くの産業，地域で労働運動が展開されるようになった。戦後しばらくのあいだ労働組合組織は，アメリカ占領軍の圧力や経営者側からの切りくずし，運動路線の対立によって分裂を繰り返したが，1950年代以降，全国中央組織は，総評（日本労働組合総評議会，1950年結成）と同盟（全日本労働総同盟，1964年結成）が2大勢力となった。とくに産業別統一闘争を重視する総評は，1955年から毎年春に賃上げ闘争を行い，これが60年代の高度経済成長期には賃金の定期昇給制度が普及するもとで「春闘」と呼ばれて定着した。

社会保障の面では，日本国憲法で生存権と国の社会保障の責任が規定された（第25条）。1950年10月，政府の社会保障制度審議会の『社会保障制度に関する勧告』が出され，憲法第25条にもとづく社会保障制度のあり方が社会保険，国家扶助，公衆衛生・医療，社会福祉の4部門についてしめされた。しかし，この勧告は，敗戦後間もない経済状態のもとで巨額の財政負担を必要とすることや，政府が再軍備をはじめたために無視され，一挙には実現しなかった。1950年の生活保護法（新法）の制定により50年代には生活保護制度の整備がはかられた。1958年の国民健康保険法改正と1959年の国民年金法制定により「国民皆保険」と「国民皆年金」のかたちが整い，60年代には社会保険制度の整備が進んだ。1972年に児童手当制度が発足した。1985年には，1人1年金の原則を確立するために，国民年金を全国民共通の基礎年金とする改革が行われた。

ただし，制度の法的整備が進んだとはいえ，社会保障の内容は貧弱であった。社会保障の水準の低さはヨーロッパの国々に比べても歴然としており，1970年代初期の1人当たり社会保障給付費はスウェーデンの8分の1，西ドイツの6分の1，イギリスの4分の1にすぎなかった。

日本の政府がいっとき福祉国家をめざしたこともある。1961年の政府『経済白書』はそのタイトルを「福祉国家への道」としていた。1973年は，政府によって「福祉元年」と称され，国の福祉予算が増加したこともあった。こうした動きを通じて，わが国も，1970年代には一応福祉国家と呼べる段階に入ったかに見える。しかし，「日本は未完成もしくは停滞状態にある福祉国家」[11]といわれる状況にとどまったといわなければならない。

その理由は，政府の明確な福祉国家志向は短い期間にすぎず，日本の国家政策は，その時期も，またその後も，資源配分の重点を経済成長の基盤整備から福祉サービスに切り替えることはなかったからである。そのために，日本が1980年代以降西欧や北欧をしのぐ経済大国になっても，社会保障給付の水準はそれらの国の水準に追いつき追いこす状態とはならなかった。

---

11) William A. Robson, *Welfare State and Welfare Society*, 1976. 辻清明・星野信也訳『福祉国家と福祉社会』東京大学出版会，1980年，xviiページ。

また福祉国家は，労働時間法制や最低賃金制度といったレーバー・ミニマムでもその評価が問われるが，のちの章で論じるように，日本はこの面でも一貫して後進的であった。さらに，1980年代以降，政府の姿勢はイギリスのサッチャー政権やアメリカのレーガン政権に同調して，脱福祉国家をめざす行政改革路線に転換するに至った。

第7節　21世紀と社会政策の新たな展開

　われわれは21世紀の初頭——といってもすでに2010年代に入っているが——に生きている。21世紀はどのような世紀でなければならないか，社会政策にはいかなる課題が課せられているか。

　世紀の変わり目には，国連の「ミレニアム宣言」(2000年)，UNDP(国連開発計画)の「人権と人間開発」に関する報告書(2000年)，ILOの21世紀の活動目標を「ディーセント・ワークの推進」とする「アジェンダ」(2001年)などが勢揃いして打ち出された。それらを通じて全世界の共通のキーワードになっているといってよいのは，21世紀をあらゆる面で持続可能な社会として構築していくということである。21世紀の社会政策もまた，前世紀までの到達点を踏まえながら，この21世紀の目標に貢献していくことが望まれる。社会政策の歴史を振り返れば明らかなように，近代社会政策は資本主義のグローバル化を背景に国際的な発展を遂げてきた。21世紀にはグローバル化がさらに進展していくと予想され，労働と雇用，福祉の分野でのグローバル・スタンダードを提起する社会政策の役割をますます高めていくことと考えられる。とくに，成長著しい発展途上国がこれからの数十年，社会政策のグローバル展開の舞台でどのような姿を示すかが注目される。

　新世紀に入ってからの注目すべき動向として，以下の点を指摘しておこう。

　第1に，20世紀末には福祉国家の危機と後退という現象があらわれたが，貧困の撲滅や差別と格差の解消，人権の擁護といった普遍的な課題への取り組みは衰えるどころか，新たな試みが起こっている。アメリカ合衆国で，2009年に成立したオバマ政権のもとで，史上初めて国民皆保険を実現する連邦医療保険制度が発足したことは，それを象徴する出来事であるといってよいであろう。

第2に，発展途上国が急速な経済成長の過程にあり，とくに中国，インド，ブラジルなどが経済大国となりつつある。それとともに，各国ではかつてのヨーロッパや日本が直面してきた社会政策的課題がおおきく浮上し，とくにこれらの国々の労働法制や社会保障制度の整備が急務になっている。

　第3に，持続可能な社会という目標は，すぐれて地球環境の保全を念頭に置き，従来の経済開発政策の転換を促すものであるが，それは同時に環境と経済と福祉の三位一体の関係を念頭に置いた政策調整を必要としている。ヨーロッパでは企業の社会保障負担や雇用維持努力と連携させた環境税の導入といった具体例が登場しているが，社会政策はいまや経済政策とだけでなく，環境政策とも新たな関係の形成が課題となっている（詳しくは，本書の第10章）。

第8節　社会政策の歴史的教訓

　以上，社会政策の歴史を概観してきた。本章の結びとして，社会政策の本質および歴史的教訓を考えるうえで大切と思われる点をいくつかあげてみよう。

　第1は，国家によって社会政策が展開されるのはいかなる必然によるものかという点である。このことは，わが国の社会政策本質論争[12]の中心的な論点であった。大河内一男は，資本主義経済の円滑な再生産条件を確保する必要から国家が総資本の立場で個別資本による労働力の濫費，食い潰しを阻止する必然性を指摘し，労働時間の法的制限や社会保険制度の導入といった近代的社会政策は基本的にこうした性格を有しているとする労働力保全説を主張した。他の論者は，そうした経済的必然性があるとしても，労働者が人間としての生活・労働条件を改善するために資本に対する社会的規制を国家に迫る階級闘争がなければ，国家はすすんで社会改良的な政策を行うことはないとして，社会的必然性の重要なことを主張した。

　ここでは，やはり経済的必然性だけでなく，社会的必然性も重要であることを強調しておこう。国家は，総資本の立場に立つといっても，あくまで資本の

---

[12]　社会政策本質論争に関しては，木村毅『社会政策論史』御茶の水書房，1977年，を参照されたい。

立場であることに変わりはなく,社会的な利害に対して必ずしも最初から中立であるわけではない。イギリスをはじめとするヨーロッパの労働者は,政府に政治的影響を及ぼして法的社会的な規制を獲得しない限り自分たちののぞむ生活・労働条件を確立することはできないとする自覚が発達した。そのことが,労働者の代表を議会に送り出し労働者政党を結成する動きとなり,ひいては第2次世界大戦後に福祉国家体制を成立させる原動力ともなったのである。

　第2は,レーバー・ミニマムとナショナル・ミニマムの関係である。「レーバー・ミニマムの確立のないところに,ナショナル・ミニマムの確立がない」[13]といわれるが,社会政策が西欧や北欧の国々を舞台に発展し,戦後にそれらの国々で福祉国家体制が築かれたのは,レーバー・ミニマムの確立において先進的であったからといってよいであろう。この点は,なぜ日本が「未完成もしくは停滞状態」にある福祉国家といわれざるをえなかったかということとも関連する。後章で問題として取り上げる最低賃金,女性労働における雇用・賃金格差など,日本におけるレーバー・ミニマム形成の弱点が社会保障の確立をさまざまなかたちで抑制する結果になってきたことは否めない。

　第3は,社会政策の実効性を担保するものは何かという点である。社会政策は,立法措置だけでただちに実効性をもつわけではない。標準労働時間のような社会的ルールを法的に設定する場合,それが遵守され実効性をもつためには,罰則,公的な監督者の配置とそれを支える公共機関の財政支出が必要である。それらの重要性を歴史的に浮き彫りにしたのが,イギリスの工場立法であった。今日では,社会政策の分野には多くの法律・制度があるが,労働者を保護する労働基準法などでは,罰則の有無,監督者の配置と検査の実施状況などが,企業による法の遵守の上で決定的に重要であることは今も昔も変わっていない。社会保障についても,結局は政府が適切な財政負担を怠っては実現しえないことである。わが国が,1950年代から70年代にかけて社会保障を制度的に整備したにもかかわらず,給付の内容と水準が国際的に劣ったのは,財政負担のレベルが基本的に低かったからであった。また,1980年代以降,経済大国とな

13）　吉村励「日本の社会政策」小川喜一編『社会政策の歴史』有斐閣選書,1977年,239ページ。

り国家財政が裕福になっても，なお社会保障の水準がヨーロッパの国々に追いつかなかったのは，社会保障よりも他の項目（公共事業）を優先する財政構造が変更されなかったからといえる。

第 4 章　労働時間と社会政策

第 1 節　時間は人間発達の場

　「富とは自由に利用できる時間であってそれ以外の何物でもない。」
　　　　　　　　　　（1821 年にロンドンで出た匿名筆者のパンフレット）
　「真実の経済――節約――は労働時間の節約にある。……労働時間の節約は自由時間の，つまり個人の完全な発展のための時間の増大に等しい。」（カール・マルクス『経済学批判要綱』）
　「時間あってこそ人間は発達することができる。勝手に使える自由な時間をもたない人間，睡眠や食事などのようなたんに生理的な中断をべつとして，全生涯が資本家のための労働に奪われている人間は，牛馬にも劣る。かれは，他人のための富を生産するたんなる機械であり，体はこわされ，心は獣のようになる。しかも，近代産業の歴史全体が示す通り，資本は，もしおさえるものがなかったら，むちゃくちゃな無慈悲なはたらきをして，労働者階級全体をこの極度の退廃状態におとしいれてしまうであろう。」（カール・マルクス『賃金, 価格および利潤』）

　最初に，人間にとって時間とは何か，人間と時間の関係は経済学といかなる関係があるのかを考えよう[1]。
　富の本質と源泉を認識し，さらに富をゆたかにする方法を考えることは，経済学の古典であるアダム・スミス（Adam Smith, 1723-90）の『諸国民の富』を想起すればわかるように，経済学の基本的な課題である。資本主義経済のもとでは，富は人間の労働生産物が商品のかたちで存在しているので，スミスを先

---

[1]　成瀬龍夫「生活者の時間学」基礎経済科学研究所編『ゆとり社会の創造――新資本論入門 12 講』昭和堂，1989 年，第 2 講，参照。

頭とするイギリスの古典派経済学は，この商品的富の実体＝価値を生産するのが人間の労働であり，価値の大きさは投下労働量によって決まるという労働価値説をうちたてた。

ところが，産業革命を通じて労働生産力が飛躍的に高まり，物質的富がゆたかにはなったが，富の直接的生産者である労働者は，自らの作り出した物質的富を享受する状況とはならなかった。労働者は，低賃金のため自分と家族がぎりぎりでしか暮らすことができず，大人も子どもも連日の長時間労働のために人間らしい生活をすごす時間的な余裕をもつことができなかった。かくして，物質的富のゆたかさを手放しで評価するだけではすまなくなり，真の富とは何かがあらためて社会および経済の問題として問われるようになったのである。

産業革命最中のイギリスで活躍した社会改良家ロバート・オーエンは，労働者の人格形成のための社会環境づくりの必要性を痛感して，工場立法による労働時間の制限，労働者の自主的な協同組合の育成，児童を労働から解放して代わりに教育を与える幼稚園の創設などを提唱した。また，19世紀の初期には，上に引用した，富とは人間が自由に利用できる時間だという主張も登場した。

真の富，真の経済とは――この問いに答えて人間の労働時間と自由時間の関係を軸に経済学のパラダイム転換をはかったのはマルクスであった。マルクスは，労働時間は「富の生産に必要な費用の尺度」で，真実の経済とは労働時間が節約されることであるとし，真の富とは労働時間の節約によって人間の発達の場である自由な時間が増大することであるとした。資本主義的生産のもとでは，機械の発達と社会的生産力の上昇によって労働時間の節約と自由時間拡大の可能性が生まれる。しかし，現実には富は資本にとっての富（価値）としてあらわれ，労働者の自由時間の増大には結びつかない。経済は，労働者の自由時間を剰余労働時間へと転化させて資本が取得する価値を増大させる仕組みとなる。マルクスは，『資本論』において，資本主義のもとでは，労働時間と自由な時間の区別は自然に生じるものではなく，労働者と資本家のあいだの階級闘争とその結果である工場立法＝労働時間の法的制限を通じてのみ明確になることを強調している。

以下では，「時間は人間発達の場」というマルクスの言葉を念頭におきながら，今日の労働時間の現状と問題，自由な時間としての余暇のあり方などを検

討する。

第2節　労働時間の単位と法定労働時間

　1日を単位とする労働時間を「労働日」(working day) という。日本ではこの言葉は一般には使われないが，労働時間の長さの基本単位を1日とすることは，次の理由できわめて必然的である。

　1つは，人間の日常生活のリズムは1日24時間で繰り返されており，労働時間もこのリズムの一環である。1日のうちに何度か食事の時間が必要なのはいうにおよばず，労働による疲労回復の機会でもある長時間の睡眠が必要である。そうした時間がなければ，労働力の日々の再生産はなしえない。もう1つは，資本主義の母国イギリスの初期プロレタリアートは「日雇い」の労働者であった。労働者は，日ごとに，しかも1日の労働時間の長さについてははっきりした基準がない状態で雇われ，雇用主の命ずるままに長時間労働に従事させられた。したがって，19世紀に労働時間の長さが工場法で決められる段階になると，まず「標準労働日」として1日の労働時間の長さが法的に決められることになった。

　現代では，「労働日」のほかに「労働週」(working week)，「労働月」(working month)，さらには「労働年」(working year) といった単位もよく使われるようになっている。標準労働日に加えて標準労働週，たとえば1日8時間1週48時間といった時間標準は，第1次大戦後ILOの勧告によって国際的に普及した。標準労働日と標準労働週は1種または数種の産業部門のすべての企業に共通に適用される労働時間のことで，労使間の団体協約，または法律や裁定によって設定される。近年では，労働者の年間労働時間をあらわす労働年も国際比較などでよく用いられる。日本は労働者の年間の総実労働時間がヨーロッパの国々よりも数百時間長いことから，年間総実労働時間の短縮が国の政策目標となってきた。

　法律によって長さを制限された労働時間が法定労働時間である。わが国では，労働基準法によって1週間と1日の労働時間の上限が規制されている。労働基準法は，労働時間を「労働者が使用者の指揮命令に服し労務を提供している時

間」とし，第32条で「使用者は，労働者に，休息時間を除き1週間について40時間を超えて，労働させてはならない」(第1項)，「使用者は，1週間の各日については，労働者に，休息時間を除き1日について8時間を超えて，労働させてはならない」(第2項) と定めている。

　労働基準法が決めている1日8時間週40時間という時間は，使用者が労働者を実際に労働させる「実働時間」である。実働時間は，労働者が自由に利用できる「休息時間」を含まないが，「手待時間」(工場で労働者が原料の届くのを待っていたり，商店や飲食店で店員が客待ちをしたり，タクシー運転手が客の駅待ちをしたりする時間) は含む。他方，「拘束時間」とは1日の始業から終業までのことである。したがって，実働時間は拘束時間マイナス休息時間のことになる。日本の労働基準法は，実働時間は上限を定めているが，拘束時間については定めていない。

　なお労働基準法は，時間外および休日の労働について，36条で「使用者は当該事業場に，労働者の過半数で組織する労働組合がある場合においてはその労働組合，……ない場合においては労働者の過半数を代表する者との書面による協定をし，これを行政官庁に届け出た場合においては……その協定で定めるところによって労働時間を延長し，又は休日に労働させることができる」としている。このように，残業とその時間は労働基準法36条にもとづく労使の協定 (通称「サブロク協定」) にゆだねており，上限を法定していない。

　始業から終業までの拘束時間の要素を詳しく見てみると，①作業準備時間，②実労働時間，③手待時間，④休息時間，⑤作業整理時間から構成されている。使用者の立場からいえば，実労働時間をできるだけ長く，他の時間はできるだけ短くしようとする。とくに手待時間と休息時間は，使用者にとってアイドル時間視される。20世紀をリードしてきた労務管理方式であるテーラー・システムや生産のオートメーション化を実現したフォード・システムは，いかに手待時間を減少させるかという生産合理化過程から発展したものである。

　実働時間と拘束時間が労働基準法上の区分であるとすれば，所定内労働時間と所定外労働時間は労働時間に関する統計上の区分である。日本の代表的な労働時間統計である厚生労働省の『毎月勤労統計調査』では，就業規則で定められた始業時刻と終業時刻との間から休息時間を除いた時間を「所定内労働時間」，

早出，残業，臨時の呼び出し，休日出勤などを「所定外労働時間」と呼んでいる。両者の合計が「総実労働時間」である。

第3節　労働時間の限度と時間短縮の要因

労働時間の長さは，法的制限のなかった産業革命期には1日17,18時間にもおよんだ。工場法で規制を受けるようになると12時間，10時間，8時間と短縮されてきた。さらに週労働時間も48時間，40時間に短縮され，近年ではフランスのように35時間のところもあらわれている。

労働時間がこのように短縮されてきたのはどのような要因によるものであろうか。また本来，労働時間の最長，最短といった限度はどのように考えられるであろうか。

1　労働時間の最長限度と最短限度

1日の時間を区分すれば，以下のようになる。

労働時間は，労働者が労働力を売って賃金収入を手に入れる時間である。労働時間は，本源的に自分と家族の1日分の生活資料（労働力価値＝賃金）を生産する「必要労働時間」と，それ以上に余分（剰余価値＝利潤等）を生産する「剰余労働時間」に区分されるが，この区別は，賃金が契約上のすべての労働時間に対する対価のかたちをとるので，労働者にとっては知覚されない。

収入確保のための労働以外の時間は，自分の消費生活のための時間である。この時間は，睡眠や食事，更衣，入浴，休息などに費やされる「生理的生活時間」と，家事，育児に費やされる「家事労働時間」，さらに学習，教養娯楽，社交などに費やされる「社会的文化的生活時間」という3つに分けられる（表4-1を参照）[2]。

労働時間の最長限度と最短限度は，理論的には次のように理解される。

労働時間の長さは，まず生理的生活時間を上限とする。さきほどのべたように，食事や睡眠は人間として正常な労働力再生産を日々営む限り欠かすことができないからである。さらに食事を作ったり，育児の必要があるときには，それらに要する家事的時間も欠かせない。次に，労働時間の長さの下限は，必要

表 4-1　生活時間の分類

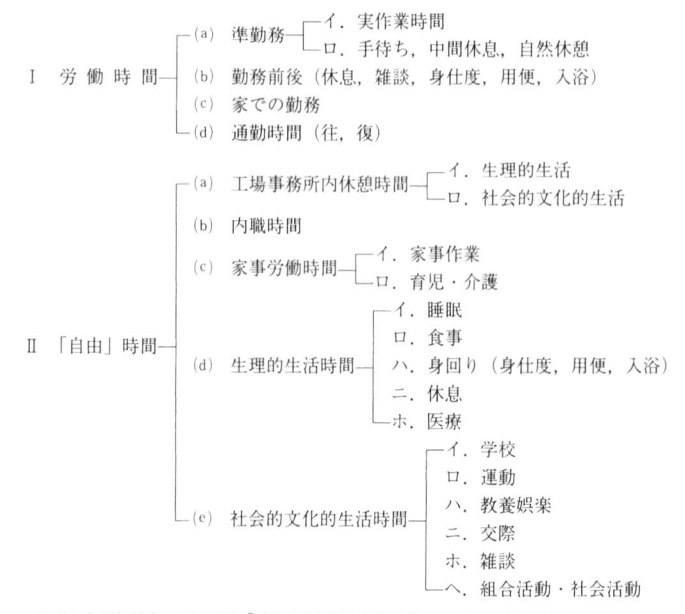

```
                    ┌ (a) 準勤務 ──┬ イ．実作業時間
                    │              └ ロ．手待ち，中間休息，自然休憩
  Ⅰ 労 働 時 間 ──┤ (b) 勤務前後（休息，雑談，身仕度，用便，入浴）
                    │ (c) 家での勤務
                    └ (d) 通勤時間（往，復）

                    ┌ (a) 工場事務所内休憩時間 ─┬ イ．生理的生活
                    │                            └ ロ．社会的文化的生活
                    │ (b) 内職時間
                    │ (c) 家事労働時間 ─┬ イ．家事作業
                    │                    └ ロ．育児・介護
                    │                       ┌ イ．睡眠
                    │                       │ ロ．食事
  Ⅱ「自由」時間 ──┤ (d) 生理的生活時間 ──┼ ハ．身回り（身仕度，用便，入浴）
                    │                       │ ニ．休息
                    │                       └ ホ．医療
                    │                              ┌ イ．学校
                    │                              │ ロ．運動
                    │                              │ ハ．教養娯楽
                    └ (e) 社会的文化的生活時間 ──┼ ニ．交際
                                                   │ ホ．雑談
                                                   └ ヘ．組合活動・社会活動
```

出所：大須賀哲夫・下山房雄『労働時間短縮』御茶の水書房，1998年，170ページ。

労働時間である。ただし，必要労働時間の長さは，個々人にとって明らかなものではなく社会的平均的なものである。労働者の生活資料が生産される社会的生産力の水準によって決まるので，社会的必要労働時間という。

　以上のように，労働時間の上限は生理的生活時間（プラス家事的生活時間——戦前の日本の紡績工場寄宿舎の女工の場合にはこのプラスがなかった）を除いた長さ，下限はその時代の生産力水準によって与えられる社会的必要労働時間

2）　労働者の生活時間の構成については，第2次世界大戦後，氏原正治郎，藤本武等の労働問題研究者によって分類が試みられ（藤本武氏には，編著『日本の生活時間』労働科学研究所出版部，1965年，編著『最近の労働時間と余暇』労働科学研究所出版部，1984年，がある），労働時間（休息を含む）と通勤時間の残余が「自由時間」とされ，「自由時間」がさらに生理的・社会的生活・家事の3つの部分に分類されるという方法が確立された。これらの点については，大須賀哲夫・下山房雄『労働時間短縮』御茶の水書房，1998年，第9章，参照。

以上ということになる。労働時間の長さはこの上限と下限のあいだで変動する。変動の主たる要因は剰余労働時間の長さである。社会的文化的生活時間の長さはこの剰余労働時間の長さに規定され，両時間は互いに拮抗する関係にある。したがって，労働時間の1日の最長限度は，食事や睡眠といった最低限の生活機能しか営めない生理的限界と，一定の社会的文化的生活時間がある場合の道徳的精神的限界という，弾力的な二重の限界をもっている。

2　労働時間短縮の背景的要因

労働時間が歴史的に短縮されてきた背景にあるものを考えると，以下のようなものがあげられる。

(1) 生産技術の進歩と労働生産性の上昇
(2) 労働疲労の質と疲労回復方法の変化
(3) ワーク・シェアリングによる労働時間短縮
(4) 労働者の生活欲望水準の上昇と余暇要求の増大

1850・60年代にイギリスで10時間労働制が確立された背景には，産業革命以後さらに機械の普及と改良が進み，労働生産性が上昇し，労働時間を短縮しても「世界の工場」としての地位が揺るがなくなったことが指摘される。20世紀に入ると，生産過程に工程の標準化をはかる科学的管理法（scientific management，科学的管理法の提唱者F・テーラー（Frederick Winslow Taylor, 1859-1915）の名にちなんでテーラー・システムともいわれる）や生産の機械的オートメーションが導入され，また在庫管理の技術が発展したので，工場の稼働率を高め生産高を増大させながら労働時間を短縮する労働編成が可能になった。このように，生産技術の進歩と労働生産性の上昇が，労働時間短縮を可能にする技術的基盤を形成してきた。

ただし，生産過程での労働生産性の上昇は，自動的に労働時間の短縮をもたらすものではなかった。テーラー・システムによる労務管理やオートメーションは，単位時間当たりの労働の強度を強め，労働内容から人間的な要素を奪い，疎外感をいちじるしく高めるものであった。また，労働疲労の質を大きく変貌させた。そうした疎外感の高まりや疲労の質の変化が，労働時間短縮の実際的な背景となってきた。

長らく産業界を支配してきた1日8時間という標準労働時間は，生産現場での筋肉労働による疲労とその回復にかかわって客観的な根拠を有するものであったと考えられる。20世紀以降の労働様式の変化，とくに生産の機械的オートメーションの発展は，一方で労働者の肉体的な労働負荷を大幅に軽減してきたが，他方では機械の監視作業をはじめとする神経的精神的な労働負荷を増大させてきた。その結果，現代社会では，「オートメーション企業特有の疾病」としてノイローゼや胃潰瘍といったストレス性疾患が蔓延するようになった。神経的精神的労働に従事するサラリーマンは，中枢神経の疲れが深くて疲労からの回復が遅く，一晩睡眠をとるだけでは完全に回復しない。いわゆる蓄積疲労問題が重要となっており，回復には積極的な気分転換やリフレッシュなどの方法がもとめられる。週休2日制をはじめとする現代の労働時間の短縮傾向，レクリエーションや文化活動などの余暇生活重視の背景には，以上のような労働様式の変化とそれに伴う労働疲労の質の変化が存在しているといってよい。

　他方，「不況が時短の経路」といわれることがあるが，労働時間の短縮を国家や企業に一斉に促す契機になってきたのは，実は経済恐慌期の失業問題であった。1930年代の大恐慌以来今日に至る労働時間短縮の動きとして，失業対策の意味合いをもつワーク・シェアリングが重要な推進役となってきた。ワーク・シェアリングは，労働時間の短縮によって就業者数を増やし，失業の発生を防止するという考えである。1935年に採択されたILOの週40時間労働制に関する条約はそうした発想を有していた。多くの企業が週休2日制を実施する契機となった1930年代のアメリカやフランスの週40時間法もそうであった。アメリカでは，1930年代に多くの産業が生産削減のために週5日制に移行したが，週労働時間の減少にもかかわらず，週生産高は同じか逆に増加する傾向が見られた。その理由は，休日の増加で労働者の健康状態や精神的条件が改善され，仕事に対する積極性が高まったからである。こうして，「5日制は，労働者にも賃金低下をきたさず，資本家には土曜日の分の運転費の節減となり，両者ともに歓迎する」という結果となった。第2次世界大戦後のアメリカで週休2日制がひろく普及した裏には，このような背景が存在した[3]。

　戦後も，失業水準が慢性的に高いヨーロッパでは，ワーク・シェアリングは雇用対策の基本的な課題と見なされるようになっている。現在，ヨーロッパ諸

国ではフランスを先頭に週労働35時間制の動きが見られるが，その背景にあるのはやはりワーク・シェアリングの発想である。

　労働者の生活欲望と余暇要求は，まず法律によって労働時間が制限され労働者の社会的文化的生活時間が確保されるにつれて，増大するようになった。日本でも，第2次世界大戦後，「一応8時間制が確立され，1日4時間程度の自由な時間が生まれてくると……，ここに初めて週休制と相まって，単に寝て食うだけの生活から脱出して，若干の文化的な生活，人間らしい生活を営む余裕が生まれて」きたといわれている。いったん労働者が手に入れた社会的文化的生活時間はかなり下方硬直性をもち，逆にその拡大要求は労働時間の短縮を促すようになった[4]。余暇要求の内容も，単なる労働疲労の回復のレベルを超えて，労働者の人間としての発達や社会参加を確保するための生活時間保障をもとめるものとなっている。先進国のなかでドイツが実労働時間が短いのは，早くからこうした視点に立って労働時間の短縮が検討され，連邦休暇法が1963年に制定されたことが契機になっている。

第4節　世界と日本の労働時間の現状

1　欧米およびアジア諸国の現状

　就業者の平均年間総実労働時間は，不況を背景に多くの国で減少，横ばい傾向にある。OECDのデータによれば，2008年には日本は1772時間，イタリア1802時間，アメリカ1792時間，イギリス1653時間，フランス1542時間，ドイツ1432時間，オランダ1389時間などとなっている。労働時間短縮の先進国といってよいのはオランダとフランス，ドイツである。日本は，1990年には2031時間と2000時間を超え，先進工業国で最長であったが，1993年に週40時間制が導入されたことや不況で所定外労働時間が減ったことから，90年代後半以降2000時間を下回るようになった。他方，アメリカは労働時間が長く

3）　内海義夫『労働時間の歴史』大月書店，1959年，155-156ページ。なお，本書は，今日に至っても数少ない労働時間の歴史に関する概括的研究書である。
4）　藤本武編著『最近の労働時間と余暇』前掲，224-227ページ。

表4-2 アジア・太平洋諸国の年間労働時間
(生産労働者, 1995-96年)

アジア・太平洋諸国	年間労働時間
オーストラリア	1,824
中　国	2,496
香港(中国)	2,023
インド	2,496
日　本	1,971
韓　国	2,685.30
マレーシア	2,160.50
ニューカレドニア	1,950〜1,748
フィリピン	2,304
シンガポール	2,288
タ　イ	2,833

Source：International Metalworkers Federation, 1997.
出所：Gerhard BOSCH, Working time: Tendencies and emerging issues, *International Labour Review*, Vol. 138 (1999), No. 2, p. 136.

なり,「日米逆転」現象が生まれている。ただし, 日本の上記の時間数には「サービス残業」が含まれていないので, それを考慮すると2000時間以上であると推測される。製造業生産労働者については, 2006年の年間総実労働時間は日本2003時間, アメリカ1962時間と, 先進国の中で日本が一番長い[5]。

急速な経済発展を遂げてきたアジアは, 表4-2に見られるように, 長労働時間国が集中する地域でもある。近年時短の傾向が見られるとはいえまだほとんどの国で年間2000時間を上回っている。統計が未整備なため正確な把握の難しい国が多いが, 国際金融機関 UBS (Union Bank of Switzerland) による主要都市調査によれば, 2009年の年間労働時間はソウル2312時間, 香港2295時間, ムンバイ2196時間, ジャカルタ2172時間, バンコク2165時間, シンガポール2088時間, 台北2074時間, クアラルンプール2050時間, マニラ2032時間, 東京1997時間, 上海1946時間となっている。

欧米諸国の労働時間の歴史的動向について見ておこう。

[EU諸国] ドイツでは, 労働組合側の強い要求を背景に, 1970年代に週40時間, 週休2日制が定着した。1984年5-6月には週35時間を要求して長期間のストライキ闘争が行われた。労組は, 時短による雇用の確保と創出, 労働条件の人間化, 労働者参加による社会と生活の形成という要求をかかげた。ドイツの法定労働時間は週48時間のままであるが, 平均実労働時間は35時間と

---

5) 労働時間の長期的動向および近年の状況は, Gerhard BOSCH, Working time: Tendencies and emerging issues, *International Labour Review*, Vol. 138 (1999), No.2 が詳しい。

なっている。

　フランスは，1950・60年代は労働時間が延長傾向にあったが，1968年に労使のグルネル協定で週40時間目標を確認し，70年代に残業規制を中心に飛躍的に時短が進んだ。1982年，ミッテラン政権は，オルドナンス（大統領令）で，ワーク・シェアリングによる完全雇用と生活時間保障をねらいとする週35時間を展望した39時間制を打ち出した。1995年夏ごろから失業率が高くなり1997年には12.5％に達した。このため，週35時間制による雇用の拡大を選挙公約として登場したジョスパン政権は，1998年6月と2000年1月に次々と週35時間制の実施を具体化する法律を制定した。

　EUは1993年に労働時間指令を社会理事会で採択した。これは，残業を入れて週平均最高48時間，年間有給休暇を最低3週間（1999年から4週間）とするもので，EU加盟国はこれを背景に時間短縮政策に取り組んでいる。

　イギリスは，大陸諸国に比べて労働時間が長い国である。労働時間に関する法律がなく，労使の交渉にゆだねられてきた。また，賃金が時間給制で長時間労働が労働者の収入増につながることが，時短問題への労使の関心を薄くしてきた。イギリスはEUの労働時間指令に対して従うことを拒否して欧州司法裁判所に提訴した。しかし，敗訴し，EUが1998年にイギリス国内での指令の適用をもとめる包括指令を決定したために，イギリス政府はやむなく国内法制化のために労働時間規則を公表した。

　［アメリカ］　1938年の公正労働基準法は，週40時間を超えた場合50％の賃金割増しを決めた。同法をきっかけに，第2次世界大戦前にはすでに週5日労働制がかなり普及していた。こうした法の効果もあって，戦後しばらくのあいだ平均労働時間は40時間を前後した。経営者団体は割増し賃金なしの週48時間制を主張したが，労働組合は，週35時間制を要求し，さらに週30時間制を要求にかかげるところもあった。1950年代になると工場のオートメーション化によって労働生産性が上昇したので，週休5日制への労使の合意が進み定着した。しかし，1970年代になると，労働者のなかには本業で相対的に高い賃金を稼ぎながらさらに副業をもつ者などが増大し，労働時間が長くなる傾向があらわれはじめた。この傾向は，1980年代にはいっそう顕著となり，90年代には日本を統計上で上回る先進工業国一の長時間国となった。

アメリカはなぜこのような状況になったのか。ジュリエット・ショアは自著『働きすぎのアメリカ人』の中で，アメリカの労使のあいだに生産性向上の成果配分を時短よりも賃上げに向ける合意が慣行化したこと，その背景に労働者が大量消費の生活様式に巻き込まれ，ローンを利用してより高価な消費の水準を追求し，その結果長時間労働や二重就職に従事するという「浪費と働きすぎの悪循環」におちいってきたことを指摘している[6]。

2　日本の労働時間の現状

　日本の労働時間統計には，企業を通じてなされる厚生労働省の『毎月勤労統計調査』と，地域で抽出して個人調査を行う総務省の『労働力調査』があるが，統計上の最長時間記録は，『毎月勤労統計調査』では1960年（昭和35年）の年間2484時間（製造業：規模30人以上），『労働力調査』では1956年（昭和31年）の2719時間（非農林業雇用者）である（表4-3参照）。日本の労働時間は，1960年代から70年代前半までは週休2日制の普及とともに時短の傾向が見られたが，70年代後半から再び長くなる状況が続いた。

(1)　労働時間短縮の年間1800時間目標

　1980年代になると，すぐれた生産技術と国際競争力によって「日本的経営」の名声が高まったが，他方では，年間2000時間を超え，過労死問題まで引き起こしている長時間労働に対して，国内はもとより海外からも「ソーシャル・ダンピング」との批判が高まった。このために日本政府は，「1992年度に1800時間」という目標を掲げ，1987年の労働基準法改正で，本則に週40時間労働制を明記して法定労働時間を段階的に短縮していく方針を明らかにした。1988年4月に改正労働基準法が施行され，原則週48時間制から46時間制へ移行し，91年から44時間制へ移行した。しかし，1800時間の目標は達成されず，1992年6月に策定された『生活大国5ヵ年計画』で「1996年までに1800時間」という目標を再設定し，92年9月には「労働時間の短縮の促進に関する臨時措置法」（時短促進法）が施行された。1993年5月には労働基準法の改

---

6) Juliet B. Schor, *The Overworked American*, 1992. 森岡孝二・成瀬龍夫・青木圭介・川人博訳『働きすぎのアメリカ人』窓社，1993年，参照。

正で，週法定労働時間は原則週 40 時間とされ，94 年 4 月から実施に移され，97 年 4 月からはほぼ全面実施（商業，映画演劇業，保健衛生業，接客娯楽業の 10 人未満事業所は週 46 時間）となった。しかし 1800 時間には依然到達せず，目標年度はさらに延ばされて 2001 年とされ，それも未達成で，2001 年 8 月にさらに 5 年延長されて，達成目標年は 2006 年度となった。

さらに，政府は，2006 年 4 月から，時短促進法が一定の効果をあげたので，1800 時間目標を維持しつつも今後労働時間の設定は労使の自主的取り組みにゆだねるとして，法文から「時短」が消えた「労働時間等の設定の改善に関する特別措置法（労働時間等設定改善法）」を施行した。

ところで，年間 1800 時間というのは，要素時間の内訳を考慮して，どの程度の水準であろうか。

下山房雄は，1 日の実働時間，週休日数，年休日数，1 年の祝祭日数，それに残業と欠勤，労働争議のストライキなどを考慮し，それらについて現段階で標準的と考えられる組み合わせを 1 日実働 8 時間，週休 2 日，年休 6 労働週，祝祭日年 10 日，残業・欠勤・ストなしであるとすれば，年間の実働時間は 1768 時間（365－52×2－5×6－10＝221 日，221×8 時間）になるとしている[7]。年間 1800 時間は，こうした計算からすると決して無理な目標とはいえない。

にもかかわらず今もって 1800 時間の目標が達成できないのはどうしてであろうか。理由として，以下の点をあげなければならない。

日本でも週休 2 日制が次第に普及し，なんらかのかたちで週休 2 日制の適用受ける労働者の割合は全体の約 9 割，完全週休 2 日制の適用を受ける労働者の割合は全体の約 6 割となっている。しかし，有給休暇の取得について欧米諸国のような完全取得が原則となっていないので，取得状況の改善が進みにくい。2005 年の労働者 1 人当たりの年次有給休暇の給付日数は 17.9 日であるのに対し，取得日数は 8.4 日と半分に満たない。取得率は 1991 年に 54.6 ％にすぎなかったが，90 年代中頃からさらに低下し，2007 年に過去最低の 46.6 ％となっている。所定外労働時間は，1991 年，2000 年はそれぞれ 170 時間，140 時間

---

[7] 大須賀哲夫・下山房雄『労働時間短縮』前掲，161 ページ。

表 4-3　戦後工場労働者労働時間

	年次	労働省『毎月勤労統計調査』 製造業・規模 30 人以上[1]				総理府（総務庁）『労働力調査』 非農林業雇用者[2]	
		A：月間総労働時間	B：月出勤日数	C：1日労働時間	D：年間労働時間	A：平均週間就業時間	B：年間労働時間
		時間	日	時　分	時間	時間	時間
	1947	183.4	22.7	8：05	2,201	—	—
	48	184.1	23.1	7：58	2,209	50.0	2,614
ー	49	182.8	23.4	7：49	2,194	48.9	2,550
↑	50	186.8	23.4	7：59	2,242	50.3	2,623
		195.6	24.0	8：09	2,347		
	51	192.8	23.6	8：10	2,314	50.5	2,633
	52	194.4	23.7	8：12	2,333	50.6	2,646
延	53	196.7	23.7	8：18	2,360	51.2	2,670
長	54	195.9	23.7	8：16	2,351	51.0	2,659
	55	198.0	23.8	8：19	2,376	51.1	2,664
	56	204.4	24.2	8：27	2,453	52.0	2,719
	57	202.9	23.9	8：29	2,435	51.8	2,701
	58	201.4	24.0	8：23	2,417	51.7	2,696
↓	59	204.7	24.1	8：30	2,456	51.6	2,691
ー	60	207.0	24.2	8：33	2,484	51.6	2,698
↑	61	203.4	23.8	8：33	2,441	51.1	2,664
	62	198.4	23.8	8：20	2,381	50.5	2,633
	63	196.9	23.6	8：21	2,363	49.9	2,602
	64	195.7	23.5	8：20	2,348	49.8	2,604
	65	191.8	23.3	8：14	2,302	49.3	2,571
	66	193.0	23.2	8：19	2,316	49.3	2,571
短	67	193.9	22.8	8：30	2,327	49.3	2,571
縮						50.0	2,607
	68	193.0	22.6	8：32	2,316	49.5	2,588
	69	190.0	22.6	8：24	2,280	49.4	2,576
	70	187.4	22.6	8：18	2,249	49.0	2,555
	71	184.3	22.6	8：09	2,212	48.5	2,529
	72	183.3	22.4	8：11	2,200	48.5	2,536
	73	182.0	22.0	8：16	2,184	48.3	2,518
						48.2	2,513
↓	74	173.2	21.3	8：08	2,078	47.3	2,466
ー	75	167.8	20.8	8：04	2,014	46.3	2,414
↑	76	173.9	21.2	8：12	2,087	47.1	2,463
	77	174.5	21.2	8：14	2,094	47.4	2,472
	78	175.6	21.2	8：17	2,107	47.5	2,477
	79	177.9	21.3	8：21	2,135	47.4	2,472
	80	178.2	21.3	8：22	2,138	47.3	2,473

第4章 労働時間と社会政策　83

	年次	労働省『毎月勤労統計調査』製造業・規模30人以上[1]				総理府（総務庁）『労働力調査』非農林業雇用者[2]	
		A：月間総労働時間	B：月出勤日数	C：1日労働時間	D：年間労働時間	A：平均週間就業時間	B：年間労働時間
		時間	日	時　分	時間	時間	時間
↑延長↓	81	177.4	21.2	8：22	2,129	47.5	2,477
	82	177.0	21.2	8：21	2,124	47.4	2,472
	83	178.0	21.2	8：24	2,136	47.7	2,487
	84	180.5	21.3	8：28	2,166	47.5	2,484
	85	179.7	21.2	8：29	2,156	47.6	2,482
	86	178.2	21.1	8：27	2,138	47.5	2,477
	87	179.1	21.2	8：27	2,149	47.7	2,487
―	88	181.1	21.2	8：33	2,173	47.7	2,494
↑短縮↓	89	179.3	21.0	8：32	2,152	47.2	2,461
	90	176.6	20.7	8：32	2,119	46.3	2,414
	91	173.2	20.4	8：29	2,078	45.5	2,372
	92	168.1	20.2	8：19	2,017	44.4	2,321
	93	163.4	19.9	8：15	1,961	43.6	2,273
―	94	163.1	19.8	8：14	1,957	43.4	2,263
↑	95	163.9	19.8	8：17	1,967	43.6	2,273
	96	165.8	19.9	8：20	1,990	43.3	2,264
	97	165.5	19.7	8：40	1,986	42.6	2,221

注：1) 1947, 1948年は1, 6, 9, 12月の平均。1950年上段は1-9月，下段は10-12月の数字。A, Bは原統計の数値。CはA÷B，DはA×12を計算した値。

2) Aは原統計の数値。BはA×(365÷7)，閏年はA×(366÷7)で計算。
　なお毎勤統計は企業を通ずる調査のため，地域で抽出して個人調査を行う総理府労働力調査よりも長い。この差は労働力調査の数字が，①副業を含むこと（主業のみの数字のある期間もあり，両者の差が確かめられるが，その量は僅かである。労働者の内職がかなりあった50年代で週1時間程度），②小零細企業雇用者を含む（ただし1988年以降は実労働時間の規模別格差はほとんど無いか，逆格差になっている），③拘束度の強い休憩時間が就業時間と意識されカウントされているだろうことなどにもよるが，大部分は不払いのサービス残業分を反映しているものである。裁量制の拡大で実労働時間よりも短い傾向の「みなし労働時間」が統計値として報告されるようになると，毎勤統計労働時間値の過小評価は一層強まるだろう。

出所：表4-1に同じ，10-11ページ。

と，不況の影響で短くなったが，2000年前半から増加し，2006年には155時間となっている[8]。

---

8) 1990年代における政府の「労働時間短縮計画」と目標が達成されなかった事情については，『労働法令通信』2001年8月18・28日付，24-29ページ，参照。

(2) サービス残業とその原因

さらに、日本の労働時間には、統計に直接反映されない問題としてサービス残業がある。海外の国々では想像もできないサービス残業といったことがどうして日本では存在するのか、ここでは、少し長くなるが、経済企画庁(現内閣府)の次のような説明を引用しておこう。

「従業員が賃金を要求しない、もしくは要求出来ない残業をサービス残業という。総務庁『労働力調査』(勤労者に対する調査)と労働省『毎月勤労統計調査』(雇用主に対する調査)の労働時間の差がサービス残業であるとすれば、1989 年で年間 340 時間のサービス残業が存在していることになる。

ホワイトカラーを中心に我が国にサービス残業が存在する理由は、企業内の所定内労働時間や賃金が支払われる残業時間では到底こなすことのできない高いノルマ設定とコスト削減要求に労働者が無報酬で応える(自らの意志であるないにかかわらず)点にあると思われる。本来、企業側と労働者側の発言力が均衡していれば、労働者は残業時間相当の残業手当を企業に請求出来るはずである。我が国では企業別組合が一般的であり従業員としても同業他社よりも自社企業に対する賃金要求を強くすれば、それが自社の競争力を弱めることにつながり、ひいては自分たちの生活基盤を失うことにもなりかねない、そのため企業に対する発言力が弱い。その結果として、サービス残業という無償の労働が存在しているわけである。

また、労働者も個人的単位では出世競争や良好な人間関係を保つという観点から企業に対抗出来ず、甘んじてサービス残業を受け入れなければならない状況に置かれているのである。」(経済企画庁国民生活局編『個人生活優先社会をめざして』1991 年)

(3) 労働時間短縮の決め手としての残業規制

労働時間の短縮は、法的な規制環境を整備するのは当然であるが、それだけにとどまらず、企業内で実効をあげる必要がある。企業内での努力は、労使関係にゆだねられており、日本の労使は、サービス残業の完全解消をはじめとして、完全週休 2 日制の実現、年次有給休暇の完全取得、所定外労働の削減に本格的な努力を払う必要がある。

サービス残業への批判が高まると、裁量労働制(年俸制)による勤務時間管

理責任の回避や名目だけの管理職への昇進など残業代の支払いを避けようとする状況が新たにひろがっている。違法な状況をなくすために立ち入り調査や改善勧告を行う労働基準監督局の役割も重要である。

日本の企業では，残業命令を個人が拒否すると解雇され，拒否権の保証はない。労働組合が労働者の権利を守る機能を十分発揮できる場合は，残業の長さや内容を妥当な範囲に抑えることができるが，日本の企業内労働組合は，従業員の残業や休日出勤を見込んだ会社の生産計画に当初から協力的であるため，協定は残業による長時間労働を当然とする内容に偏ってしまうのである。

先進国の中であらためて労働時間の長い国を見ると，日本，アメリカ，イギリスである。これらの国に共通しているのは，残業時間の法的規制がないことである。そうしたことから，これらの国が現在以上に労働時間の短縮に進もうとすれば，有効な法的残業規制（罰則つきの上限設定，個人拒否権の法的保証など）の導入が不可欠になっている。

第5節　労働時間をめぐる近年の政策動向

1　変形労働時間制をめぐる問題

上述のように，1990年代に入ってから，年間総実労働時間を1800時間とする政府の国際公約に沿って週40時間制への移行が推進されてきた。国際公約は依然として果たされていないが，この間に，1日8時間制を骨抜きにするといっても過言ではない制度見直しがなされた。

1997年の労働基準法改正は，この法律が制定されて以来の大改正であった。それは，1年単位および1ヵ月単位の変形労働時間制を新たに導入したこと，裁量労働の範囲を大きく広げたことなど，わが国の労働時間法制に重要な変更をもたらしたからである。変形労働時間制の導入と裁量労働の拡大は，1987年の労働基準法改正ですでに着手されたが，97年改正はそれよりもはるかに進んだ内容であった。

まず，1年単位の変形労働時間制は，次にふれる1ヵ月単位の変形労働時間制では対応できない，季節ごとに仕事に繁閑の差が生じる業務を対象とするものである。しかし，1年単位の変形は労働者に大きな不利益を与える可能性が

あるので，導入条件を厳しくし，労使協定を締結して法律が要求する一定の事項を盛り込むこととしている。使用者は一方的に導入することはできない。また，1日10時間，1週52時間という限度が定められており，それを超えると時間外労働として扱われる。

1ヵ月単位の変形労働時間制は，月単位で業務に繁閑の差がある職場の必要に応えるものであるが，導入条件を，労使協定または就業規則その他これに準ずるものにより定めることとし，協定を行政官庁に届ければよいという簡単な手続きにしている。

こうした変形労働時間制の導入に対して，多くの批判的議論がなされた。とくに問題とされたのは，こうした例外規定を認めることによって，労働時間の法的規制の原則である1日8時間，1週40時間が崩れてしまい，日常の健康の保持，職業と家庭生活の両立といった面で労働者に不利益をおよぼすおそれがあるという点である。また，1ヵ月単位の変形労働時間制には1日の労働時間の上限規制がないことも問題とされた。

年間総実労働時間1800時間の早期達成は国際的に見ても当然の課題であるが，単に年間総実労働時間を1800時間に短縮すればよいということだけでなく，労働者の生活のゆとりを拡大するという時短の趣旨が生かされるかたちで実現されなければならない。しかし，変形労働時間制の導入は，時短の趣旨に反した性格が濃厚である。

2 裁量労働制をめぐる問題

裁量労働とは，業務の性質上，その遂行方法や手段，時間配分などを労働者にゆだねる必要があるために，使用者が時間管理をしない労働である。労働の開始時刻と終了時刻は労働者自身が決定する。これと似たものにフレックスタイム制があるが，フレックスタイム制は1ヵ月以内の単位期間における総労働時間だけをあらかじめ定めておくものであるのに対して，裁量労働制では一定期間の総労働時間さえ決めない。そのために，裁量労働制の適用を受ける労働者にとっては，1日8時間といった労働時間の法的規制はまったく意味がないことになる。

1987年の労働基準法改正で，裁量労働制が，①新商品もしくは新技術の研

究開発等，②情報処理システムの分析または設計，③記事の取材または編集，④デザイナー，⑤プロデューサーまたはディレクター，⑥コピーライター，⑦公認会計士，⑧弁護士，⑨一級建築士，⑩不動産鑑定，⑪弁理士，というかなり高度な専門性を有する11職種について認められた。1997年の法改正は，これら以外に，新たに業種を特定せず，「事業運営上の重要な決定が行われる事業場」において「事業の運営に関する事項についての企画，立案，調査及び分析の業務」を行うものという包括的な範囲の拡大を行った。この新たな裁量労働制の導入手続きとしては，労使委員会の全員一致の決議が必要で，またそれを前提に当該労働者の同意が必要である。労使委員会が決議すると，「みなし労働時間制」がとられ，1日の労働時間規制が外される。

1997年の法改正による新たな裁量労働制は，ホワイトカラーに広く適用され，また裁量労働とはいえない労働まで対象にされるおそれがあること，結局使用者側の長時間労働の放置を許し，不払い残業を合法化する危険性が大きいこと，などの問題点を抱えている。

3　勤務形態と労働時間管理の多様化

先進諸国では，勤務形態と労働時間管理の多様化がひろがっている。ILOが1995年に出したレポートでは，労働時間管理を弾力化する形態として flex-time, compressed work-weeks, annual hours and hours averaging schemes, staggered hours, time-autonomous work groups（これらについては，表4-4を参照），shift work, part-time work, overtime，働き方や働く場所を柔軟にする形態として telecommuting, phased and partial retirement などをあげている[9]。

日本でも輪番制，残業，夜業は古くから存在し，パートタイム労働，フレックスタイムもひろがっている。変形労働時間や裁量労働は近年になって導入されたものであり，女性の夜業は，長らく禁止されていたが，1997年の労働基準法改正で解禁となった。

こうした勤務形態と労働時間管理の多様化の目的，労働者にとってのメリッ

9）　ILOレポートについては，朝倉隆司「労働時間管理制度が労働者の健康，社会生活に及ぼす影響」『日本労働研究雑誌』2001 July, No. 492, 参照。

表4-4 労働時間弾力化のためのさまざまなモデル

Flextime　ある一定限度で労働者に自分のスケジュールを立てることを許可する制度で，コアタイムに労働者は職場にいなければならない。

Compressed work-weeks　1週の通常の労働時間を少ない日数でスケジュールを組む。もし，休日に出勤した場合は，その代償として平日を休みに当てる。減少した日数をカバーするためには，ローテーションを組んだり，パートタイマーが雇われる。

Annual hours and hours averaging schemes　労働時間を1年単位の週ベースで決める。通常の1日単位，週単位の労働時間について最小と最大の限度が守られる限り，超過勤務手当は支払われない。賃金は，年間通じた平均をベースにして払われることが多い。

Staggered hours　労働者が個人やグループで，少し異なった時間に仕事を始め，終了する。しかし，労働時間は固定。

Time-autonomous work groups　ある職務を達成するために決められた一定期間において，週単位の労働時間の範囲内で，就業時間に多様性を持って職務に携わることを志向するグループ。

資料出所：ILO, *Conditions of Work Digest on Working Time around the World*, Vol.14, 7-25, 1995.
出所：朝倉隆司「労働時間管理制度が労働者の健康，社会生活に及ぼす影響」『日本労働研究雑誌』2001 July, No. 492。

ト，デメリットは1つ1つ異なっており，一概には論じられない。夜業は，賃金の割増し以外に労働者にメリットはない。また，実施された当初と現在ではその意義が違っている場合もある。たとえば，フレックスタイムは，通勤時間を多様化することによって，労働者の通勤負担を減らすことが当初の目的であったが，現在ではそれに加えて家庭生活におよぼすメリットも指摘されている。国内外で，フレックスタイムや在宅勤務方式が労働者にとってどのようなメリット，デメリットがあるのか何度か調査が実施されてきた。それらの結果によると，労働者の負担のある程度の改善を示すものが多い半面，労働者の健康を改善したり，家庭と仕事の葛藤を解消したり，社会生活や労働の質を向上させるといった面でとくに顕著な改善を示す例はほとんどないといわれている[10]。

ところで，先進国における勤務形態と労働時間管理の多様化の対象になっているのはホワイトカラー労働者である。これは，ホワイトカラーの労働が知的作業の性格をもち，労働生産性の尺度は時間ではなく成果（アウトプット）で

---

10)　同上，16-18ページ。

あることから，労働時間の管理は裁量労働制や変形労働時間制を軸としたフリータイム方式が適切だとする考えによるものである。処遇方式も，仕事の成果を評価基準とした年俸制が適切だとされる。

　はたして，ホワイトカラーの労働時間と賃金をフリータイム制と年俸制に変えると，彼らの労働時間はどう変わるであろうか。ショアの研究によれば，年俸制先進国アメリカでは，同じ職種のホワイトカラー労働者でも，年俸制の者はそうでない者に比べて年間 200 時間は長く働いており，「年俸制のもとでは一般に労働時間が長くなる」といわれている。年俸制を採用している企業に対しては政府による残業規制がないので，ショアは『働きすぎのアメリカ人』において，年俸制のホワイトカラー層にも労働時間の短縮のために政府の保護が必要であるとしている[11]。

第 6 節　余暇生活とゆとり社会への転換

　日本人の生活時間は，一般に労働時間が長いために自由時間が短い。しかも，欧米諸国に比べて次のような特徴があることが指摘されてきた[12]。
⑴　日本はアメリカ，イギリスと並んでテレビ視聴時間が長い。
⑵　アメリカ，イギリスは「組織・宗教活動，映画，劇場」「家族・友人との交際」「学習」など能動的な余暇活動の時間が日本より長く，日本は「読書」「趣味・ゲーム」の時間でより長い。
⑶　日本の余暇は「休養型」で内容に多様性が欠けるが，欧米諸国では DIY（Do It Yourself）に代表される「創造型」「自己実現型」が多く，また地域

---

[11]　このことの紹介については，成瀬龍夫「現代日本のホワイトカラー」本田淳亮・森岡孝二編著『脱サービス残業社会』労働旬報社，1993 年，第 4 章，参照。
[12]　枡潟俊子「時短問題と『非労働時間』のあり方をめぐって」『国民生活研究』第 27 巻第 2 号，1987 年 9 月。
　日本の生活時間の実情については，伊藤セツ・天野寛子・森ます美・大竹美登利共著『生活時間』光生館，1984 年。伊藤セツ・天野寛子共編『生活時間と生活様式』光生館，1989 年。天野寛子・伊藤セツ・森ます美・堀内かおる・天野晴子共著『生活時間と生活文化』光生館，1994 年，参照。

社会で自治体や協同組合，労働組合が多くの余暇施設を持っている。
(4) 欧米諸国の男性は家事の時間が日本より長く，楽しんで参加している。
(5) 「日帰り旅行」「宿泊つき旅行」「外国旅行」も欧米は日本より盛んである。
(6) 日本では，欧米に比べて団体活動やボランティア活動への参加率が低く不活発である。

以上のように，日本人の非労働時間の過ごし方は，疲労回復や気分転換を中心とした休養型が圧倒的である。家族生活を楽しむことや，地域社会での近隣住民間の日常的な交流，社会的公共的な活動に参加するといった内容が乏しい。

ところで，余暇とは，「個人が職場や家庭・社会から課せられた義務から解放」された自由な時間（フランスの社会学者 J・デュマズディエの定義）という意味があるが，得られた自由な時間を非能動的な休養に費やすだけでは，消極的な意義しかもたない。こうしたことから，日本の社会は労働時間の短縮とともに，余暇生活の質の改善という課題にあわせて取り組む必要が叫ばれてきた。労働時間が長くなったアメリカでも，余暇生活の再生の必要性が指摘されるようになっている[13]。

欧米諸国との比較をふまえて，日本人の余暇生活の充実を考えると，①地域社会での隣人との交流やボランティア活動，公共的生活への参加，②男性の家事・育児への参加，③学習，文化的教養を身につける機会への参加，④楽しむスポーツへの参加，などの課題が指摘されるであろう。

日々の労働に追われるサラリーマンにとって，地域の政治的公共的な活動に参加することは時間的に制約されており，余暇は市民としてその機会をもつ大事な時間である。都市化が進んで隣人関係が希薄になっている生活環境のもとで，自分の得意な知識や能力を生かしたボランティア活動，コミュニティづくりに参加することも大切になっている。夫の家事・育児への参加は，妻の負担を軽減し，親として子どもの成長に責任をもつ意味から，とくに日本の男性に

---

13) ショアは，働きすぎと金銭的な消費主義に陥っているアメリカ人にとって，本来の余暇が衰退していることを指摘し，余暇時間の価値を再認識し，自由時間を地域社会での文化活動や環境活動，ボランティア活動への参加に充てることによって余暇をよみがえらせることの重要性を説いている。Schor, op. cit. 前掲邦訳，第6章，参照。

必要とされている。さらに、めまぐるしい技術革新に対応するために新たな知識や教養を身につける必要があり、働きながら各種の教育を受けるといったことへの時間的要求も大きい。高齢社会を迎えて、中高年になってもスポーツを楽しみ健康な状態を維持することことも大切であろう。

　余暇生活の質の改善は、働きすぎ、急ぎすぎの日本社会をゆとり社会に転換させる最も重要な課題である。

第 5 章　賃金と社会政策

第 1 節　最低賃金制度の意義

1　賃金決定への国家介入の理由

　賃金が決まる方法には，第 1 に労使の個人的交渉，第 2 に労使の集団的交渉があるが，第 3 の方法として国家が介入する最低賃金制度（minimum wage legislation）がある。

　資本主義経済のもとでは，労働力商品の価格である賃金は，市場における労働力の需要供給関係を背景に，労使間の交渉によって決まるのが原則である。国家は，使用者による支払い方法が労働者に不公正なかたちにならないよう必要最低限の原則を法律で定め，あとは労使間の交渉にゆだねてよいと考えられるのに，なぜ最低賃金といった賃金の額におよぶ介入を行う必要があるのであろうか。

　その理由として，一般的な事情と特別な事情とがあげられる。

　一般的な事情とは，未組織労働者の存在などによって，労働者の集団的な交渉力に限界があるためである。個々の労働者は雇用主に比べて競争上不利な立場にあるので，団結して労働組合を結成する。労働組合が存在すると，賃金交渉は集団的に行われる。しかし，なおかつ，労働市場には大量の未組織労働者が存在するのが普通であり，不況期には失業問題も起こる。それらは労働者側の交渉力を弱める社会的要因になる。そこで，労働者を賃金面でも保護する社会政策として，国家が賃金の最低額を法定する制度が必要となるのである。

　特別な事情とは，男女間での雇用差別と賃金の不平等，家内労働や農業労働といった伝統的に低賃金構造を抱えた産業の問題が存在することである。

　したがって，国家の賃金分野での社会政策は，賃金支払いの原則といった基本的なルールを法律で定めることを除けば，未組織労働者や家内労働者，低賃金産業の労働者が劣悪な賃金状況下に放置されるのを防止すること，男女の賃

金差別を解消することが課題となり、その方法が最低賃金制度である。最低賃金は、「賃金のナショナル・ミニマム」あるいは「低所得者層のためのセーフティネット」を意味しているが、さらに労働者生活の安定や労働力の質の向上、不況期の社会的購買力の維持、労使関係の安定といった意義をもっている[1]。

　最低賃金制度が成立したのは、資本主義の独占段階になってからである。最初に最低賃金制を導入したのはニュージーランド (1894年産業調停仲裁法) とオーストラリア (ビクトリア州の1896年工場商店法) であるが、その後イギリスが1909年に最低賃金率の決定権をもつ賃金委員会を設置し、以後欧米諸国にひろく普及した。それは、経済恐慌で大量の失業者が発生するようになったこと、企業で賃金の切り下げが頻繁に行われたこと、インフレによる実質賃金の低下が起こったこと、各種の賃金格差がひろまったこと、などを背景にしている。また、そうした状況のもとで産業界から業種別、地域別に企業間競争条件の均等化が要請されるようになったことや、労働界で産業別労働組合の運動が発展し、法制化に対する要求が高まったことがあげられる。

2　国際労働基準と最低賃金制度

　最低賃金の具体的な水準は各国の経済状況とからんでいるので、それを国際労働基準とするのはきわめて困難であるが、ILOは、初期の段階から最低賃金問題を取り上げている。1919年のILO憲章では「妥当な生活賃金の支給」がうたわれ、フィラデルフィア宣言では「最低生活賃金による保護を必要とする

---

1) わが国の最低賃金法の第1条では、「この法律は、賃金の低廉な労働者について、事業もしくは職業の種類または地域に応じ、賃金の最低額を保障することにより、労働条件の改善を図り、もって、労働者の生活の安定、労働力の質的向上及び事業の公正な競争の確保に資するとともに、国民経済の健全な発展に寄与することを目的とする」と、この制度の目的をのべている。このように、最低賃金制度の目的は、①労働条件の改善、②労働者の生活の安定、③労働力の質的向上、④事業の公正な競争の確保、⑤国民経済の健全な発展、の多岐にわたっている。笹島芳雄は、最低賃金制度の意義として、さらに不況期における有効需要の維持、健全な労使関係の形成を付け加えている (笹島芳雄『現代の労働問題』中央経済社、第2版、1996年、149-150ページ)。

全ての被用者にこの賃金を保障すること」が掲げられた。具体的には，1928年の最低賃金決定制度に関する条約（26号）が家内労働などの低賃金産業における最低賃金制度の創設を提起し，同条約を補足する勧告（30号）が，同価値の労働に対して男女に等しい報酬が支払われるべき原則を指摘した。第2次世界大戦後には，1951年に農業分野を対象とした最低賃金決定制度〈農業〉条約（99号）と勧告（89号），同年に同一価値についての男女労働者に対する同一報酬に関する条約（100号）と勧告（90号），1970年に発展途上国を考慮した最低賃金決定条約（131号）と勧告（135号）が出された。

1970年の131号条約は，批准国が賃金労働者のすべての集団について適用される最低賃金制度を設置する義務を負うこと，最低賃金は法的拘束力を有するものとし，引き下げることができず，最低賃金の適用を怠った者は相当な刑罰を受けること，最低賃金の水準を決定する際には，ⓐ労働者およびその家族の必要，国内の賃金の一般的水準，生計費，社会保障給付などの要素と，ⓑ経済的要素（経済開発上の要請，生産性の水準ならびに高水準の雇用を達成し維持することの必要性）を考慮すべきこと，などをあげている。

わが国の労働基準法は総則で，均等待遇として「使用者は，労働者の国籍，信条又は社会的身分を理由として，賃金，労働時間その他の労働条件について，差別的取扱いをしてはならない」，男女同一賃金の原則として「使用者は，労働者が女性であることを理由として，賃金について，男性と差別的取扱いをしてはならない」と規定し，賃金を取り上げた第3章で賃金支払いの5つの原則——①通貨払いの原則，②直接払いの原則，③全額払いの原則，④毎月払いの原則，⑤一定期日払いの原則——や最低賃金などを規定している。これにもとづいて，最低賃金法が制定されている。

第2節　最低賃金の設定方法

1　最低賃金の決定方式

最低賃金の決定方式は，次にみるように，国によって相当異なっている。

[**審議会方式**]　労使同数の代表委員と若干の中立委員から構成される審議会で決定・答申される方式。1896年オーストラリアで初めて採用された。イギ

リスがこの方式の典型とされるが，日本も1968年以降この方式を採用している。ただし，イギリスは，規制緩和の一環として1993年に賃金審議会を廃止し，それによって最低賃金制度を廃止した。このためにイギリスでは賃金低下の歯止めがなくなったが，その後，労働党のブレア政権が1999年に全国最低賃金制度を実施して，賃金低下の歯止めを復活させた。この新しい制度も，経営者・労働者・学識経験者の3者で構成される最低賃金評議会の勧告によって最低賃金額を定めることにしている。

［労働協約方式］　労使間の賃金協約を，その当事者以外の者にも法的に拡張適用する方式。第1次世界大戦後のフランス，スイス，ドイツなどで採用され，1950年のフランス団体協約法がその典型とされる。フランスでは，全職業最低保障賃金（SMIG）が1970年法改正で発展的最低賃金（SMIC）に改められ，全国全産業一律の最低賃金制度が確立された。これはまず審議会方式で決定されるが，その水準を上回る産業別・職業別の最低賃金は労働協約方式で決められるものである。日本でも一部で労働協約方式がとられている。

［労働裁判所方式］　労働委員会方式ともいわれる。この方式は，船員のストライキを契機に労使紛争を防ぎ労使関係の安定化をはかる目的から，仲裁裁判所に最低賃金の決定権限を与えた1894年のニュージーランドの産業調停仲裁法が最初に採用した。労働裁判所は，労働争議の解決または防止を目的とする機関であるが，オーストラリアでは，さらに連邦・州の最低賃金額を決定している。

［国会方式］　国会が直接に法律の中で最低賃金額を決める方式。アメリカの公正労働基準法は，州際産業（航空や陸運などいくつかの州にまたがって営業を行う産業）の労働者に対してこの方式で全国全産業一律の最低賃金制を適用している。それ以外の産業については，州ごとに審議会方式や法定方式が採用されている。国会方式を採用しているものとしては，アメリカのほかにカナダの労働基準法がある。

　発展途上国では，労働組合が発達していない低賃金業種を対象に審議会方式をとっている国が多い。一方，スウェーデンのように労働者の組合組織率が高い国は，労働協約がほとんどの産業，職種をカバーするので最低賃金制を設けていない。

2 日本の最低賃金制度と賃金決定方法

　欧米の最低賃金制度はほとんどが第 1 次世界大戦前後に制定されたが，日本では第 2 次大戦以前にはこの制度は存在しなかった。戦後，労働基準法で最低賃金に関する 4 ヵ条が設けられたが，長い間実施に移されず，「幻の最低賃金制」と呼ばれた。

　1959 年（昭和 34 年）に，憲法第 25 条の趣旨を受けて，賃金の低い労働者の労働条件の改善をはかり，もって労働者の生活の安定，事業の公正な競争の確保等に資することを目的として最低賃金法が制定された。しかし，当初の制度は業者間協定を中心とし，ILO 26 号条約に定められた労使対等原則や実際的な効果から見て理想的な姿にはほど遠く，労働組合側からは「ニセ最賃制」と非難された。1968 年に業者間協定の部分を削除して本来の姿となり，最低賃金審議会への諮問を経て業種別に決定される方式となった。他方，当時の労働組合のナショナル・センター総評は，全国一律の最低賃金制の確立を要求した。1971 年から，妥協の産物として地域ごとに包括的な地域最低賃金を決める新方式が導入され，のちには全国的な整合性を確保するとの趣旨からその目安を中央最低賃金審議会で指示することとなった。

　以上のような経過によって，わが国の最低賃金制度は，産業別最低賃金と地域別最低賃金の 2 本建てになっており，それらが互いに補完する関係となっている。

　現行の制度についてもう少し詳しく見ておこう。

　最低賃金法では，「使用者は，最低賃金の適用を受ける労働者に対して，その最低賃金額以上の賃金を支払わなければならない」（第 5 条第 1 項），「最低賃金の適用を受ける労働者と使用者との間の労働契約で最低賃金に達しない賃金を定めるものは，その部分については無効とする」（同第 2 項）と定めている。使用者は，最低賃金未満の賃金しか支払わなかった場合には，最低賃金額との差額を支払わなくてはならない。

　産業別最低賃金は，各都道府県内の特定の産業で関係労使が地域最賃より高く設定することが必要と認めるものについて設定され，その産業の使用者および労働者に適用される。2011 年 2 月現在，全部で 250 件の産業別最低賃金が決められている。地域別最低賃金は，産業や職種に関係なく，またパートター

表5-1 2010年度地域別最低賃金の全国一覧

都道府県名	最低賃金時間額（円）	発効年月日
北海道	691 (678)	2010年10月15日
青森	645 (633)	2010年10月29日
岩手	644 (631)	2010年10月30日
宮城	674 (662)	2010年10月24日
秋田	645 (632)	2010年11月3日
山形	645 (631)	2010年10月29日
福島	657 (644)	2010年10月24日
茨城	690 (678)	2010年10月16日
栃木	697 (685)	2010年10月7日
群馬	688 (676)	2010年10月9日
埼玉	750 (735)	2010年10月16日
千葉	744 (728)	2010年10月24日
東京	821 (791)	2010年10月24日
神奈川	818 (789)	2010年10月21日
新潟	681 (669)	2010年10月21日
富山	691 (679)	2010年10月27日
石川	686 (674)	2010年10月30日
福井	683 (671)	2010年10月21日
山梨	689 (677)	2010年10月17日
長野	693 (681)	2010年10月29日
岐阜	706 (696)	2010年10月17日
静岡	725 (713)	2010年10月14日
愛知	745 (732)	2010年10月24日
三重	714 (702)	2010年10月22日
滋賀	706 (693)	2010年10月21日
京都	749 (729)	2010年10月17日
大阪	779 (762)	2010年10月15日
兵庫	734 (721)	2010年10月17日
奈良	691 (679)	2010年10月24日
和歌山	684 (674)	2010年10月29日
鳥取	642 (630)	2010年10月31日
島根	642 (630)	2010年10月24日
岡山	683 (670)	2010年11月5日
広島	704 (692)	2010年10月30日
山口	681 (669)	2010年10月29日
徳島	645 (633)	2010年10月16日
香川	664 (652)	2010年10月16日
愛媛	644 (632)	2010年10月27日
高知	642 (631)	2010年10月27日
福岡	692 (680)	2010年10月22日
佐賀	642 (629)	2010年10月29日
長崎	642 (629)	2010年11月4日
熊本	643 (630)	2010年11月5日
大分	643 (631)	2010年10月24日
宮崎	642 (629)	2010年11月4日
鹿児島	642 (630)	2010年10月28日
沖縄	642 (629)	2010年11月5日
全国加重平均額	730 (713)	

注：括弧書きは，2009年度地域別最低賃金額。

マーやアルバイト，臨時，嘱託といった雇用形態の区別なく，すべての労働者とその使用者に適用され，各都道府県ごとに1つずつ定められる。

最低賃金の決め方であるが，①労働者の生計費，②類似の労働者の賃金，③通常の事業の賃金支払い能力を考慮し，地方最低賃金審議会の議を経て，地方労働局長が決定する。決め方の中に，企業の「賃金支払い能力」の考慮が入っているが，ILO条約にはそうした規定はない。2007年の法改正で最低賃金の表示単位は時間額のみとなった。産業別最低賃金が決められている産業では，そちらの最低賃金が適用される。なお，最低賃金には，時間外労働に対する割増し賃金，精勤手当，通勤手当，家族手当，賞与などは含まれない。

中央最低賃金審議会と各都道府県の最低賃金審議会の関係は，さきほどもふれたように中央最低賃金審議

会は地方審議会における最低賃金改定の目安を示すが，地方審議会は必ずしもそれに従わなければならないわけではない。しかし，実際には，ほとんどの地方審議会はそれに従う状況にある。なお，中央最低賃金審議会は，47都道府県を4つのランクに分類して，引き上げ額の目安を毎年しめしている（表5-1）。

第3節　最低賃金制度のあり方と課題

1　最低賃金の水準

　最低賃金の水準はどの程度がのぞましいであろうか。さきほどふれたように，最低賃金の額は毎年，労働者の生計費，類似の労働者の賃金，通常の事業の賃金支払い能力という3点を考慮して決められている。こうした最低賃金の設定方式が固まったのは，1970年の中央最低賃金審議会の答申であった。この答申では，最低賃金は「労働市場の相場賃金と密接に関連した実効性のある最低賃金」であるべきとするいわゆる「相場賃金原則」が採用され，労働側が主張した生活費を主な基準にすべきであるという見解は否定された。

　最低賃金は実際にはどのような基準で決められてきたのであろうか。まず，1980年代の前半（昭和59年）までは，中卒女子の初任給が基準とされ，地域最低賃金はこれよりも低かった。これは，業者間協定方式以来，中卒女子初任給をイメージしながら初任給最賃＝単身者最賃の考え方が引き継がれてきたとされる。80年代の後半からは高卒女子の初任給を基準に，その70〜80％の水準に設定されている。いずれにしても，若年女子の単身者の初任給を基準にするようでは，きわめて低水準にならざるをえない[2]。

　しかし，最低賃金制度は国民に最低生活保障を行う趣旨にもとづくものなので，その見地からする，現在の水準では最低賃金の額があきらかに低すぎるという問題がある。

　たとえば，東京都のある年度の最低賃金の日額（2007年の法改正前までは，時間額と日額の両方が表示されていた）は月額に直すと，労働日数23日の月では12万7857円，労働日数22日の月では12万2298円であった。このうち

---

[2]　中村智一郎『日本の最低賃金制と社会保障』白桃書房，2000年，117–120ページ。

から，単身者の実収入に占める税金や社会保険料などの非消費支出の平均割合である15％の金額を差し引くと，約10万3000円が消費に回せる金額である。東京で，はたしてこの金額で家賃や水道光熱費，通信費などを払いながら健康で文化的な最低限の生活が営めるであろうか。ちなみに，当時の東京都の18歳の単身者の1ヵ月の生活保護基準は14万1184円である。最低賃金が生活保護基準を下回ることは，「公的扶助の方が最賃額で働くよりもましとなる」[3]ので一般にのぞましいことでない。しかし事実は，この例に示されるように，最低賃金は生活保護基準をかなり下回っていた。

大都市地域でこうした最低賃金額が生活保護の支給額を下回る「逆転現象」があることや「フリーター」など年収200万円にも満たない「ワーキング・プア」の増加が目立つようになった社会的背景に最低賃金水準の低さがあるという批判が高まっている。こうしたことから2007年に最低賃金法が改正され，2008年7月から地域別最低賃金の決定では「生活保護に係る施策との整合性」に配慮（具体的な金額は都道府県ごとに決定）する，罰金の上限額を引き上げる，障害者等に関する適用除外を廃止する，派遣労働者には派遣先の地域（産業）に適用される最低賃金を適用する，さらにこれまで時間額，日額，週額または月額で定めるとされていた最低賃金額の表示が時間額のみとする，などの変更がなされた。

ただし，今回の改正はただちに抜本的改革とは評価できない。最賃と生活保護の調整がどのようになされるかは不明である。労働団体は，近年「時給1000円」を要求するようになっているが，2010年の地域最賃の時給額は全国の多くの地域で700円に達していない（表5-1）。また，最賃の決め方に「支払い能力」を入れていることに対しては，企業側が最賃額の引き上げを渋る大きな要因となっているとして批判が強まっている。

もう1つの問題は，女性パートの低い賃金水準が地域別最低賃金と強い関連性をもっていると考えられることである。パート賃金はいまや日本の低賃金構造の底辺に位置しているが，パート賃金と最低賃金があまり変わらないところが少なくなく，最低賃金制がパートの低賃金の有効な下支えになっているとい

---

3) 同上，121ページ．

っても過言ではない。これに対して，パート賃金と地域最賃には平均して20％ほどの差があり，パート賃金が地域最賃に近いのは限られた地域（北海道，青森，新潟，山口，福岡，熊本，宮崎，沖縄）にすぎず，大都市圏では最低賃金とパート賃金の差は大きいという異論もある[4]。しかし，大都市圏の最低賃金と農村地域の最低賃金の格差が今日では15％ほどに平準化してきている状況を考慮すると，逆に大都市圏における最低賃金の水準が実勢とかけはなれて低く設定されすぎているとの見方も成り立つ。

なお，わが国では，最低賃金の履行状況にも問題がある。労働基準監督局による1995年の監督指導結果によれば，監督実施事業場数1万8068のうち10.2％にあたる1843事業場が，「最低賃金額以上の賃金を支払わなければならない」とする最賃法第5条に違反している。違反事業所の認識状況として，「金額は知らないが，適用されることは知っている」が64.8％，「最賃が適用されることは知らなかった」が8.1％あった。また，監督実施事業所の労働者29万9275人のうち2.0％が最賃未満であった。「40年近く経過した最賃制が今日なお10％の違反の存在が明らかにされているということは極めて深刻な問題」[5]というべきである。2007年の監督結果でも1373事業場の違反が報告されている。

2　わが国の最低賃金制度の改革

最低賃金のあり方については，その絶対的水準が高いか低いかの議論が重要である。最低賃金は「賃金のナショナル・ミニマム」である以上，絶対的な水準が働く者の最低生活保障を可能ならしめるものでなければ法の趣旨にも合わない。

(1)　最低賃金への「生活費原則」の導入

現行の最低賃金は，すでにふれたように相場賃金原則に立っているが，最低賃金の水準を上げるために，「生活費原則」の導入をはかるべきことが労働側

4）　阿部由紀子「地域別最低賃金がパート賃金に与える影響」猪木武徳・大竹文雄編『雇用政策の経済分析』東京大学出版会，2001年，第9章，参照。

5）　中村智一郎『日本の最低賃金制と社会保障』前掲，127ページ。

から主張されてきた。この生活費原則は若年単身者を基準にするのではなく，家族単位を標準にした最低生活費を保障する基準であるべきである。

今日では，フルタイム労働者と変わらない労働時間で働く女性パートタイマーが増大している。こうした原則を最低賃金に適用して水準のアップをはかる必要性がますます増大している。さきほどふれたように，今日の女性パートの賃金は地域最低賃金の額ぎりぎりか，それよりも多少高めに設定されている地域も少なくない。さきの例でみたように，最低賃金額が低いので，毎日の労働時間数や月の労働日数を許される限り増やしたとしても，経済的に自立した，あるいは扶養家族を抱えた生活などはきわめて困難である。

(2) 全国一律最低賃金制度の確立

ただし，いまのべた生活費原則は，理想的すぎて実際には地域別や産業別ではただちに困難である。そこでまずわが国の賃金格差の縮小に効果が期待される方法として，労働組合サイドから主張されてきた課題が全国一律最低賃金制の確立である。海外では，こうした全国一律の制度を導入している国が少なくない（表5-2）。日本も見直す時期を迎えていると思われる。しかしながら他方では，1980年代以降，産業別最低賃金は地域別最低賃金に比べて全国平均で10％以上も高いことから，産業別最賃を廃止しようとする経済界の動きも見られる。もしも産業別最賃を廃止するならば，地域最賃だけ残してよいはずはなく，全国全産業一律の最賃制度にすべきであろう。

(3) 最低賃金水準の引き上げによる底上げ効果

これまで最低賃金制の政策効果として指摘されてきたのは，現実賃金と社会保障の最低給付水準の底上げである。最低賃金の水準が低いとその国の賃金水準を低くし，高いと高くする底上げ効果があるといわれている。また，最低賃金による現実賃金の底上げは，社会保障の最低給付のレベル・アップにもつながる。

ただし一部には，わが国のパート賃金に対する最低賃金制の底上げ効果を否定する議論もある。パート労働者は今日量的に拡大しているだけでなく異質性も強まっているので，「賃金がもっとも低い領域に対する規制」である最低賃金の規制によってそうした異質な労働者の賃金を上昇させることは無理ではないか，というのがその論拠である[6]。しかし，労働者の異質性や地域的な状況

第5章 賃金と社会政策　103

表5-2　各国の最低賃金額

国　名	最低賃金額（2006年）	備　考
アメリカ	5.15ドル（602円）／時間（1997年）	連邦最低賃金。このほかに，ほとんどの州に独自の最低賃金がある。
イギリス	5.35ポンド（1096円）／時間	全国一律最低賃金
フランス	8.27ユーロ（1162円）／時間	全国一律最低賃金
オランダ	1284.64ユーロ（18万479円）／月	全国一律最低賃金
ルクセンブルグ	1503.42ユーロ（21万1215円）／月（2005年）	全国一律最低賃金
スペイン	540.90ユーロ（7万5991円）／月	全国一律最低賃金
ポルトガル	374.70ユーロ（5万2641円）／月（2005年）	全国一律最低賃金
カナダ	6.70～8.50カナダドル（678～860円）／時間	州別最低賃金
タイ	140～184バーツ（419～550円）／日	地域別最低賃金
フィリピン	313～350ペソ（707～791円）／日	地域別最低賃金
インドネシア（ジャカルタの例）	81万9100ルピア（1万648円）／月	地域別・産業別最低賃金（緊急生活手当ECOLA含む）
韓国	3100ウォン（372円）／時間　2万4800ウォン（2976円）／日	全国一律最低賃金
中国（北京市の例）	640元（9344円）／月	地域別最低賃金

資料出所：アメリカ―連邦労働省HP，イギリス―DirectgovHP，フランス―雇用社会団結住宅省HP，オランダ―社会政策雇用省HP，カナダ―人的資源開発省HP，タイ―労働省HP，フィリピン―労働雇用省HP，インドネシア―労働移住省HP，韓国―JETRO日本貿易振興機構「通商広報」，中国―日本経済新聞東京版2006年10月24日，その他―欧州統計局（EUROSTAT）HP。

注：1）為替レートは2006年1～3月期中平均（内閣府経済財政分析統括官付海外担当『月刊海外経済データ』2006年11月号）。
　　2）ドイツ，オーストリア，デンマーク，スウェーデンなどは最低賃金を国で定めず労使が団体交渉により労働協約で定めている。

出所：厚生労働省『世界の厚生労働2007』。

の違いがあるからこそ，さきほど紹介したような全国一律最低賃金制の確立が労働組合から要求されているといってよいであろう。

　OECDの資料によれば，各国の2006年の平均賃金に対する最低賃金の相対水準（フルタイム・ベース）は，フランス47％，オランダ43％，イギリス35％，アメリカ33％，日本28％で，日本は先進国中で最低であるといってよい。日本では，このために，かねてから最低賃金が低賃金温存効果をもっているのではないかという疑問がなげかけられてきた。最低賃金の平均賃金底上げ効果の存在が評価されているヨーロッパ諸国の水準を考慮すれば，日本ではその比率をさしあたり50％ほどの水準に高めることが必要であろう。

6）　阿部由紀子「地域別最低賃金がパート賃金に与える影響」前掲，299-300ページ。

3 最低賃金制度の雇用におよぼす影響

　最低賃金制は，雇用にどのような影響をおよぼすであろうか。もしも最低賃金の存在が企業の支払能力を圧迫するならば，企業は雇用を手控えたり，削減したりすることが考えられる。

　最低賃金制と雇用の関係は，イギリスの1993年の賃金審議会の廃止と99年の全国最低賃金制度の実施をめぐって大きな争点となった。賃金審議会の最低賃金率は低賃金の「苦汗業種」に限定されたものであったが，メジャー保守党政権は，最低賃金率が対象産業に属する企業の支払能力を上回れば雇用を破壊するとして，賃金審議会の廃止に踏み切った。他方，メジャー政権後のブレア労働党政権が導入した全国最低賃金制度は，すべての産業部門の労働者に適用されるもので，それだけに雇用に関する影響がいっそう注目された。全国最低賃金制度の実施結果は，約200万人（うち約130万人は女性）の労働者の賃金を平均で30％上昇させたが，雇用の減少にはまったく影響をおよぼさなかった。むしろ，ホテル・レストラン業など低賃金職種の多い産業でパート労働者を中心に雇用が増加した[7]。

　以上の例に見られるように，最低賃金制が雇用に悪影響をおよぼすという証拠は明らかになっていない。EUにおいては，社会憲章で加盟国の最低賃金制の実施を義務づけているが，最低賃金制が雇用創出にマイナスの影響を与えるという認識はない。最低賃金制が存在しなくなれば，企業間の賃金切り下げ競争と低賃金労働力への置き換えが起こり，失業者の増大や正規労働者の身分の低下といった悪影響が発生するおそれがあると考えるべきであろう。

第4節　賃金の男女平等原則の実現

1　日本の男女賃金格差とその原因

　賃金の男女平等に関しては，すでにのべたようにILOで100号条約として採択されている。ILOは，賃金の男女平等を表す用語として「同一価値の労働

---

[7] 田口典男「イギリスにおける賃金審議会の廃止と全国最低賃金制度の導入」『大原社会問題研究所雑誌』502号，2000年9月，参照。

同一賃金」(equal pay for work of equal value) という語を用いているが,「同一労働」という語が用いられることもある。「同一労働」というのは同じ仕事という意味で,「同一価値の労働」というのは職務の内容,労働者の技能や責任が全体として同じことを意味しており,後者の方がひろい意味を持っている[8]。

なお,賃金の男女平等を表す用語としては, equal pay for work of equal value のほかに, pay equity や comparable worth が使われている。モーレー・グンダーソンによれば,それらの用語は互換性を有しており, comparable worth はアメリカ, pay equity はカナダで用いられてきた経緯があり,国際的には通常 equal pay for work of equal value が用いられているが,他の2つもよく使われるとのべている(なお,アメリカは,あとでのべる職務評価の実践が最も早くなされてきた国であり,カナダはそれが最も広範囲な労働者を対象に展開されている国である。日本では,意味がわかりやすいせいか,「コンパラブル・ワース」よりは「ペイ・エクイティ」が普及している)[9]。

日本も1967年に100号条約を批准した。しかし,日本における男女の賃金格差は,今日でも著しい。図5-1のごとく,男性を100とした場合,スウェーデンの女性は88.4,オーストラリア86.4,ノルウェー86.8,ドイツ74.0,フランスは86.6,アメリカ81.0,イギリス82.6などとなっているのに,日本は66.8である。日本は,この表に掲載された12ヵ国中,韓国やマレーシアと並んで男女賃金格差が大きい国である。

欧米諸国にも男女賃金格差は存在するが,それに比べてきわめて大きな男女間の賃金格差が日本に存在する原因はどこにあるのであろうか。

計量経済学的手法を用いる研究者によって,「賦存量格差」(学歴,勤続年数

---

8) 森ます美は,ペイ・エクイティについて,次のように説明している。
　「同一労働同一賃金原則を,性別職種・職務分離の実態を背景に,男女の異なる労働間,異なる職種・職務間に拡大し,職務評価によって同一または同等の価値を持つ労働に対して同一の賃金を要求したのがペイ・エクイティである。」(森ます美「日本の性差別賃金とペイ・エクイティ」『21世紀の社会保障』(社会政策学会年報第41集)御茶の水書房,1997年,128ページ)。

9) Morley Gunderson, *Comparable Worth and Gender Discrimination: An International Perspective*, ILO Geneva, 1994, p. 2.

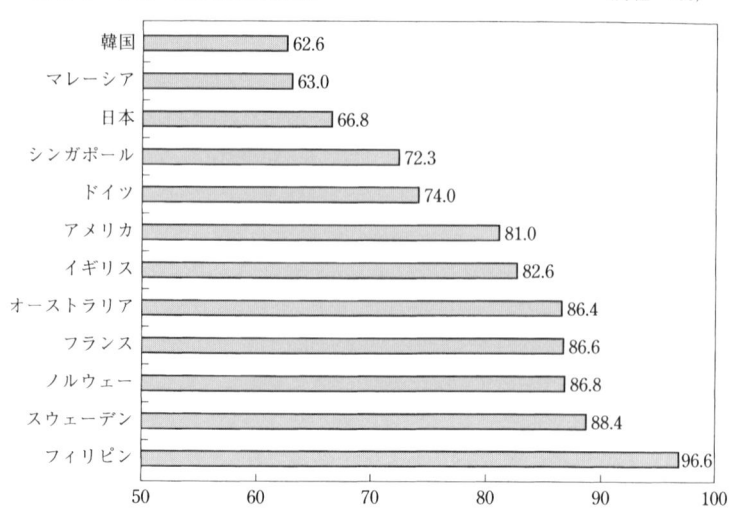

図 5-1　各国の男女間賃金格差　　　　　　　　　　　（男性＝100）

- 韓国　62.6
- マレーシア　63.0
- 日本　66.8
- シンガポール　72.3
- ドイツ　74.0
- アメリカ　81.0
- イギリス　82.6
- オーストラリア　86.4
- フランス　86.6
- ノルウェー　86.8
- スウェーデン　88.4
- フィリピン　96.6

備考：1）マレーシアは国連データベース，米国は商務省「Statistical Abstract of the United States」，その他の国はILO「LABORSTA」より作成。
　　　2）男女間賃金格差は，男性賃金を100とした場合の女性賃金の値。
　　　3）賃金は常用一般労働者の決まって支給する現金給与額および賞与額（時間，日，週または月当たり比較）。
　　　4）日本，イギリスは2003年，フィリピン，オーストラリア，フランスは2004年，マレーシアは1997年，その他の国は2005年のデータ。
　　　5）労働者の範囲は，必ずしも統一されていない。
出所：内閣府『男女共同参画白書』2007年版。

といった労働生産性に影響をおよぼす人的資本量の男女による違い）と「評価値格差」（人的資本量が同じでも男女による評価の違い）とに分けて，それぞれの寄与率を測る研究が行われている。それによると，平均賃金に見られる男女間賃金格差のうちの6～7割が男女間の人的資本量の違いによって生じているという[10]。この研究結果に従うと，男女間の賃金格差のかなりの原因は女性の人的資本投下量が男性よりも少なく，労働生産性が低いからということになる。しかしながら，この説明は納得しがたいものがある。日本は，女性の教育水準が欧米諸国に比べて決して低いといえず，人的資本量の男女間格差を主

---

[10] こうした研究については，樋口美雄「男女雇用機会均等法改正の経済学的背景」猪木武徳・大竹文雄編『雇用政策の経済分析』前掲，第6章，参照。

要な理由の1つにして図5-1のような日本の著しい賃金格差が説明できるとは思われない。

わが国の女性の賃金や社内教育，勤続年数，昇進・昇格に関して男女に差が生じているのは，企業の性差別雇用管理によるところが大きいと考えられる。正社員で長期間の勤続年数があっても昇進・昇格で差別され，家族手当などが世帯主条項によって女性に支給されない。さきほどふれたように，男女賃金格差の存在は日本だけではなく，欧米諸国にも存在するが，日本の格差構造は複雑な要素をもっている。森ます美は，「わが国の性差別賃金は，性差別の諸契機が複雑に錯綜する雇用管理の過程を通じて生み出されている」として，次のような3つの形成要因を指摘している[11]。

第1に，欧米諸国における性差別賃金の主要な要因としての男性職・女性職という性別「職種」分離が，日本においては今日のコース制に代表されるような典型的には性別「職掌」分離としてあらわれていること。

第2に，日本の人事考課制度が性差性を有していること。欧米では職務・仕事に関連する客観的評価項目が重視されるのに対して，日本では考課者の主観的な裁量に左右されやすい評価要素（能力・態度・意欲・性格）が重視されていること。また，日本では人事考課に関する法的規制や労働組合による規制がなく，結果も公開されず，「密室的」であることなどが，ジェンダー・バイアスの基盤になっていること。

第3に，日本では，属人給で，かつ家族賃金思想に立脚して男性労働者対象の世帯扶養的生活保障の体系として続いてきた「年功賃金」も，性による賃金格差の形成を容易にし，性差別を内包してきたこと。

2 ペイ・エクイティ実現の課題

1980年代以降，欧米では「社会的に低く評価されてきた女性職の低賃金を上昇させるための戦略」[12]として，ペイ・エクイティが推進されている。

ペイ・エクイティを実現するには，「同一価値の労働」であることを判断す

---

11) 森ます美「日本の性差別賃金とペイ・エクイティ」前掲，122-128ページ。
12) 同上，128ページ。

る職務評価システムが必要である。すなわち，ペイ・エクイティにとって重要なのは，「異なる職種・職務の価値を測定する共通の尺度としての職務評価システムであり，鍵をなすのは歴史的に低く評価されてきた女性職種の価値を公平に再評価するジェンダー・ニュートラルな職務評価」[13]である。

しかし日本では，雇用される段階で欧米のように労働者の従事する職種・職務の内容が明確にされないので，職務内容の比較や評価が困難である。したがって，次の課題に取り組む必要がある。

第1に，労働契約において個々の労働者の従事する職種・職務内容を明確化することである。ドイツでは，文書による労働者本人との契約で，職種と勤務場所，職務内容，難易度，必要経験年数，労働負担と賃金等級などが明記されている。日本では，企業が労働者を雇用する際，企業から労働者への採用通知で契約が結ばれたものとするケースが多い。労働条件は，就業規則や労働協約に記載されている内容を包括的に合意したものとされる。要するに，日本では，労働契約の結ばれ方がきわめて曖昧なために，労働者が就業場所や業務，労働時間，退職などを正確に承知したうえで働くといった状況にはならない。また，企業が一方的に労働者の就業場所や業務の変更を行えるようになっている。こうした状況では，いつまでたっても男女間の職務内容の比較や評価は不可能である。

第2に，技能，負担，責任といった要素で職務評価を行う中立的なシステムを設けることが必要である。世界でも先進的な例として知られるカナダのオンタリオ州のペイ・エクイティ法は，こうした職務評価システムを，公共部門だけでなく民間の使用者にも義務づけている。

日本において賃金の男女平等原則を実現するには，以上のように，労働者と使用者の労働契約の締結方法を大きく改善するとともに，有効な職務評価システムを機能させるペイ・エクイティ法の制定がもとめられる。しかし，それが，容易ではないことも予想される。

グンダーソンは，日本におけるコンパラブル・ワースの導入は，女性が置かれてきた労働市場慣行に照らしてきわめて困難としながらも，不可能ではない

---

13) 同上，128-129ページ。

として，次のようにのべているので，それを紹介しておこう。

「日本型労働市場の特徴の多くは，コンパラブル・ワースの適用を困難にしている。女性は，高賃金で『生涯』雇用が提供されている大企業よりも，法的な保護のなじみにくい部門で伝統的に雇用されてきた。農業，家族経営の自営業，小企業，下請企業のパートタイム労働などである。日本では，職務評価は，大企業においてさえ一般的ではない。むしろ，賃金は教育と年功によって決定される傾向がある。若干の変化が進みつつあるとはいえ，女性は，子育てのために労働力から離脱したり，子育て後はパートタイム労働に戻るといった伝統のため，労働市場を考慮した教育を身につけることや，年功を継続的に積み上げることをしない傾向がある。

異なった構成要素がかかわるために，人々の受け取る全体的な賃金を決定することは困難である。これは，大部分の国で重要な点であるが，日本ではとくにそうである。賃金に含まれる構成要素には，基本賃金（年功とメリットにもとづく），特殊な仕事と職務に対する補助，住宅と通勤に対する手当て，残業代と夜間手当て，そして賞与と退職金がある。これらの構成要素の多くは，コンパラブル・ワースのもとで受け容れられ処理できるものである。いっそうの困難を伴うが，不可能ではない。」[14]

---

14) Morley Gunderson, op. cit., pp. 100–101.

第 6 章　労働市場と社会政策

　労働市場（labor market）とは，労働力がその質と価格（＝賃金）を介して取引（＝雇用）されることを通じてさまざまな業種・職種に配分される機構である。労働市場に関する社会政策は，労働力の円滑な需給調整をはかり，失業を防止し，失業者が発生する場合にはその救済や解消につとめる政策であるといってよい。

　資本主義経済のもとでは，労働市場に相対的な過剰人口が形成され，労働者の失業がさまざまな形態で発現してくる。それらのうちには，季節的な失業や景気変動による一時的短期的な性格をもった失業，技術革新や産業構造の変化に伴うさまざまな需給のミスマッチを含む摩擦的失業，さらに停滞的失業と呼ばれる農村地域や都市部底辺での低賃金で不安定な就労状態にある労働者の失業・半失業がある。

　19世紀には，労働者の失業は一時的短期的なもので，景気が回復すれば自然に解消するものと見なされた。したがって本格的な雇用・失業対策といえるものは登場しなかったが，民間での職業紹介事業や失業者を臨時雇用する公共土木事業が実施されるようになった。しかし，独占資本主義段階になると，失業は大量かつ慢性的なものとなり，その対策は積極的な雇用政策による完全雇用の実現と社会保障による失業者の生活救済を課題にしなければならなくなった。第2次世界大戦後は，多くの国が完全雇用の実現を目標に掲げ，経済成長によって雇用機会の拡大をはかることをベースに，失業保険・職業紹介・職業訓練を3本柱とする雇用対策を推進してきた。

　国家がこうした政策を行うには，労働力人口と労働市場の構造を十分に把握することが前提となる。以下では，まず労働力人口の状況と労働力の質の違いによる労働市場の類型を把握し，その上で，雇用・失業問題に関連した社会政策の検討を進めることにする。

第1節　労働力人口と労働市場

1　労働力人口と労働力率

　労働力をめぐる需要と供給は，短期的には景気変動，長期的には一国の労働力の供給量，技術の進歩，産業構造の変化などによって変動する。

　まず，労働力の供給量は一国の総人口によって制限されるが，総人口には子どもや老人が含まれており，すべて労働力になるわけではない。労働力の供給量は総人口中の生産年齢人口（15歳～64歳人口），さらにそのうちの労働力人口に依存する。労働力人口とは，働く意志と能力をもった者で，就業者と失業者の合計である。日本の2010年12月の労働力人口は6572万人，うち男性3814万人，女性2759万人となっている。日本の総人口のなかでは女性の割合が男性よりも大きいが，労働力人口では男性の比重が女性よりもはるかに大きくなっている。

　15歳以上の人口に占める労働力人口の割合を労働力率（labour force participation rate）というが，日本の労働力人口において女性の数が男性より少ないのは，女性の労働力率が男性よりも低いからである。ただし，どこの国でもこうした状況にあるわけではない。労働力率の男女の違いを国際的に見てみると，男性はたいていの国が70％以上であるが，女性について70％を超えているのはスウェーデン，デンマークのみ，60～70％はノルウェー，タイ，カナダ，ニュージーランド，50～60％はアメリカ，ドイツ，オランダ，ロシア連邦，インドネシア，韓国，シンガポール，オーストラリアなど，50％に達していない国は日本，イタリア，フランス，イギリス，スペイン，メキシコ，フィリピンなどとなっている（表6-1）。

　労働力率は，人々の勤労観，進学率，女性の社会的地位，就労形態，専業主婦の割合といった社会構造的な影響を受ける。他方，年齢階級別に就業率を見ると，男性はどこの国においても逆U字型を描く。しかし，女性は国によって違いがある。日本の場合，20歳代前半までは就業率が高いが，25歳～34歳の結婚・子育て期にいったん退職し，35歳～50歳代に再び就業率が高くなり，高齢期を迎えると下降するというM字型のパターンが見られる（図6-1）。

表6-1 各国の労働力率[1] (2005年)　　　　　　　　　　　　　　　　　　　　(単位：%)

国または地域名		計	男　性	女　性
日本		60.4	73.3	48.4
アメリカ[2]		66.0	73.3	59.3
イギリス[2]		62.6	69.8	48.9
ドイツ		58.0	65.9	50.5
フランス	(2004年)	55.4	62.0	49.2
イタリア		49.2	61.2	37.9
カナダ		67.2	72.8	61.8
オランダ		63.4	70.6	56.3
スペイン[2]		57.4	68.8	46.4
オーストリア		59.4	67.5	51.8
デンマーク[3]		78.0	82.0	73.9
スウェーデン[4]		78.5	81.0	76.1
ノルウェー[5]		72.4	76.2	68.6
ロシア連邦[6]	(2004年)	60.0	66.9	54.2
韓国		62.0	74.6	50.1
シンガポール		67.4	78.2	56.6
タイ		73.7	81.5	66.3
フィリピン		64.8	79.8	49.8
マレイシア[7]	(2000年)	65.5	83.3	46.7
インドネシア		68.0	85.6	50.6
中国	(2003年)	58.9	—	—
台湾		57.8	67.6	48.1
香港		60.9	71.1	51.8
オーストラリア		64.2	71.5	57.0
ニュージーランド		66.8	73.9	60.1
ブラジル	(2004年)	68.5	81.2	57.0
メキシコ		58.8	79.8	40.5

資料出所：ILO HP "LABORSTA Internet: YEARLY DATA-1A Total and economically active population, by age and group"。なお，アメリカ，イギリス，スペイン，スウェーデン，ノルウェー，ロシア連邦，マレーシアについては，労働力人口および人口を用い，厚生労働省大臣官房国際課にて算出。
　　　　台湾は，台湾行政院主計處 HP "Statistical Yearbook"。
　　　　シンガポールは，シンガポール統計局 HP。

注：1) 労働力率 $= \dfrac{15歳以上労働力人口}{15歳以上人口}$
　　2) 16歳以上人口
　　3) 15歳～66歳人口
　　4) 16歳～64歳人口
　　5) 16歳～74歳人口
　　6) 15歳～72歳人口
　　7) 15歳～64歳人口
出所：厚生労働省編『世界の厚生労働 2007』。

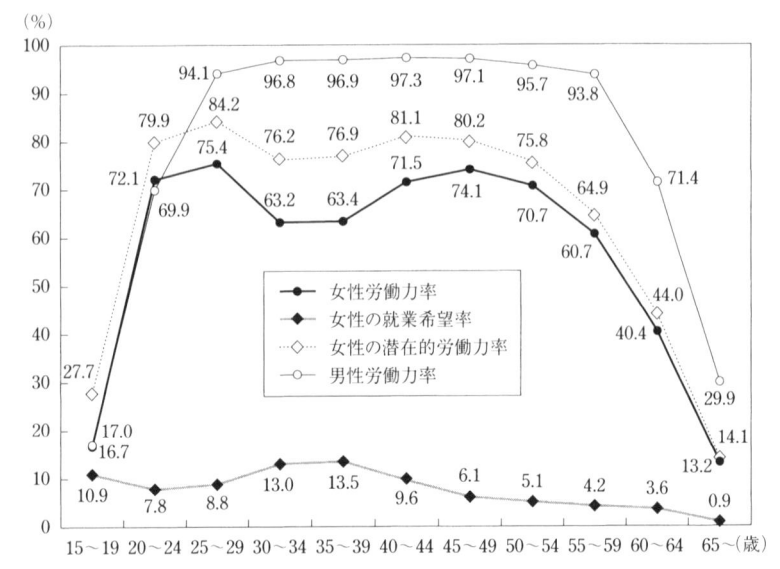

図 6-1　日本における女性の年齢階級別潜在的労働力率

備考：1）総務省「労働力調査（詳細結果）」（2006 年平均）より作成。
　　　2）年齢階級別潜在的労働力率＝（労働力人口（年齢階級別）＋非労働力人口のうち就業希望者（年齢階級別））／15 歳以上人口（年齢階級別）
出所：内閣府『男女共同参画白書』2007 年版。

　日本の女性のこうした M 字型の就業パターンは，いつごろから存在したかといえば，高度経済成長期にできあがったものである。1950 年代中ごろから始まった高度経済成長は，女性労働力への需要を拡大させ，1955 年に 508 万人であった女性雇用者の数が 1970 年には 1092 万人と倍増した。女性雇用労働力率もこの間に 16.5 ％から 26.6 ％へと上昇したが，高度経済成長期の前半には若年層の伸びが著しく，後半には中高年層の伸びが大きかった。1960 年代後半から女性のパートタイム労働者が急増し始めるが，日本の M 字型パターンは，こうした既婚女性のパートタイム労働者化を反映している[1]。

1）　石田好江「男女平等と雇用問題」永山武夫編著『新版労働経済』ミネルヴァ書房，2000 年，第 8 章，242-243 ページ。また，深澤和子「女性労働と社会政策」木本喜美子・深澤和子編『現代日本の女性労働とジェンダー』ミネルヴァ書房，2000 年，参照。

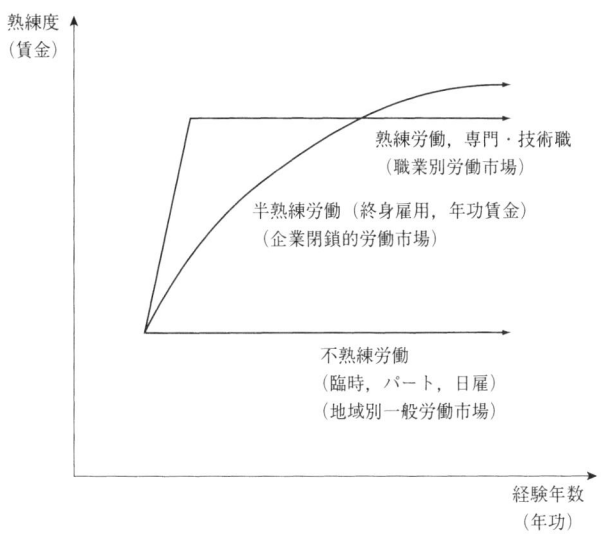

図 6-2 熟練形成からみた労働の類型

熟練度
(賃金)

熟練労働,専門・技術職
(職業別労働市場)

半熟練労働（終身雇用,年功賃金）
(企業閉鎖的労働市場)

不熟練労働
(臨時,パート,日雇)
(地域別一般労働市場)

経験年数
(年功)

出所：高梨昌『雇用政策見直しの視点』労務行政研究所,1999 年,80 ページ。

日本の女性の労働力率が男性に比べて低いのは，女性の就労パターンがこうしたM字型の年齢構造になっていることが原因の1つと考えられる。対照的なのはスウェーデンで，スウェーデンは女性の労働力率が高いだけでなく，年齢別就業率も男性同様に逆U字型となっている。

2 労働市場とその類型

労働者の労働力としての質は，一定の期間にわたる教育・訓練を受けて身につけた専門的知識や技能の程度によって決まる。現実の労働市場は，こうした労働力の技能的な質の違いにもとづく職種もしくは職種群別の市場として形成されている。高梨昌は，それらを図表（図6-2, 表6-2）のように，熟練労働者の職業別労働市場，不熟練労働者の地域別一般労働市場，半熟練労働者の企業閉鎖的労働市場，専門職の職業別労働市場という4つに類型化している[2]。

[**熟練労働者・専門職の職業別労働市場**]　徒弟奉公制度などによって長期の経験的修練で養成された熟練労働者は，標準的な仕事の出来栄えや能率を有し，

表 6-2　労働市場の諸類型

		熟練労働者の職業別労働市場	不熟練労働者の地域別一般労働市場	半熟練労働者の企業閉鎖的労働市場
		自由資本主義時代（19世紀イギリス） 機械工業，建設業（町場）	自由資本主義時代末期以降（19世紀末～20世紀） 運輸業，建設業（野帳場）	独占資本主義時代（混合経済体制　20世紀） 大量生産方式をとる金属，機械工業
熟練の性質				
	イ）養成方法	徒弟制　経験的技能	学校教育（義務教育，無学）	学校教育（中等程度）
	ロ）養成期間	長期（徒弟→職人→親方）	短期	長期，ただし実技訓練は短期でOJTにより，より上位のjobへ昇進
	ハ）労働の内容	仕事の範囲（縄張り）が確定し，その中では仕事の出来栄え，能率が標準化（年功型熟練または職人型熟練）	仕事の範囲は不明確で仕事の出来栄え，能率にはムラがある	同一の業種内部はgradeの違ったjobで編成され（熟練の階層性），易しいjobから難しいjobへの昇進制で熟練度が高まる
	ニ）労働の可動性	同一職種内では容易だが異職種間は困難	産業，職業間は開放されているが，地域間は困難	企業内閉鎖市場（同一産業でも移動は困難）
賃　金				
	イ）賃金形態	出来高給（単価×出来高）	時間給または日給	能率給または時間給
	ロ）賃金水準	相対的に高賃金 単一賃率	相対的に低賃金 単一時間賃率	低賃金層～高賃金層へ分散 同一業種内で複数賃率
労働組合の組織		職能別または職業別組合（Craft Union）	一般組合（General Union）	産業別組合（この基礎は企業別組合）（Industrial Union）

出所：図6-2に同じ，81ページ。

賃金も職種ごとに一律となる。同一職業内部での移動は容易であるが，職業間の移動は困難である。このタイプの労働市場の典型は，19世紀の建設業や機械工業で道具を使う手作業主体の職人型熟練があげられるが，今日では大工や左官，料理人のシェフといった一部でしか存在していない。

---

2)　高梨昌『雇用政策見直しの視点——安易な規制の緩和・撤廃論を排す』労務行政研究所，1999年，80-81ページ。

今日，熟練労働者の職業別労働市場と類似のタイプとして発展しているのが，高度の専門教育を受け，高度の専門資格を取得し，「専門職」「技術職」に位置づけられるホワイトカラーの労働市場である。そのなかには，開業医や弁護士のように，必ずしも雇われないで自営業主になる人々も存在する。

　[**不熟練労働者の地域別一般労働市場**]　技能習得のための教育訓練が短期間で，だれでも容易に入職可能なので産業・職業・企業間の労働移動が生じやすいが，住居移動が容易ではないために地域閉鎖性をもつ。日雇い，臨時労働者，パートタイマー，アルバイトなどの雇用形態が多く，賃金も低賃金の日給，時間給の形態が多い。

　[**半熟練労働者の企業閉鎖的労働市場**]　20世紀の生産のオートメーション化を背景に機械・金属工業を中心とする大量生産方式のもとで生まれた半熟練労働者の労働市場が典型である。オートメーション化のもとでそれまでの熟練労働は，技能や経験がなくても簡単にできる職務から高度の熟練と経験を必要とする職務にまで多種類に分解され，同一の職種内で職務に応じた階層制が存在するようになった。ただしオートメーションによる大量生産方式の導入はもっぱら大企業で可能であり，労働者が身につける技能は雇われた大企業内で通用する「企業特殊的熟練」の性格を有するものとなる。そのために，労働者の一般的な企業間移動は困難となり，特定大企業内部で熟練度の上昇に見合って昇格し，賃金も上昇する年功的職場秩序が形成される。

　20世紀になって先進工業国の大企業内で発達してきた内部労働市場の基礎には，以上のような半熟練労働者の企業閉鎖的労働市場がある。長期雇用や年功制といった日本の雇用慣行も，半熟練労働者の企業閉鎖的労働市場の発達を

専門職の職業別労働市場

独占資本主義時代（混合経済体制）後期以降（20世紀末）ME革命体制下の産業のホワイトカラー

学校教育（高等教育）

長期（資格試験への合格）

"熟練労働"と同様

"熟練労働"と同様

業主所得または時間給

相対的に高賃金
業主は出来高比例の単一賃率
時間給は月給制＋ボーナス

同業組合（医師会，弁護士会等），職業別組合，日本は工職混合の企業別組合

基礎に大企業で成立してきたと考えてよい。大企業や官庁で,「専門職」「技術職」に位置づけられない事務・管理職に従事するホワイトカラー層もおおむねこの労働市場に属する。

第2節　雇用・失業対策の仕組みと変遷

1　戦後日本の労働市場政策の変遷

戦後半世紀の日本の労働市場政策の推移は,次のように段階区分できるであろう[3]。

第1段階：失業救済政策を中心とする戦後復興期
第2段階：労働力の積極的流動化を推進した高度経済成長期
第3段階：低成長と経済構造転換に対応する労働力需給調整政策の推進期
第4段階：不況の長期化と「失業なき労働移動」政策の展開期
第5段階：「総合雇用政策」と規制緩和路線の見直し

［第1段階］　終戦から1950年代前半までは,復員者をはじめとして労働市場に滞留する膨大な失業者の救済と移動促進が政策の中心課題であった。1947年に職業安定法,失業保険法が制定され,公的就労をはかる失業対策事業が全国的に実施された。しかし,1949年には「経済安定9原則」とその後の「ドッジ不況」で大量の企業倒産が発生し,この時期の政策は十分な効果をあげるには至らなかった。

［第2段階］　1950年代の半ばから日本経済は高度経済成長時代を迎えた。一方で京浜・中部・阪神の重化学工業地帯での労働力不足の解消と,他方で農村に滞留する膨大な過剰労働力の流動化を促進するために,政府の労働市場政策は積極的な労働力流動化政策として展開されるようになった。1958年に職業訓練法が制定され,職業訓練は適職訓練から職業転換訓練に重点を移し,職

---

[3]　戦後日本の労働市場政策の変遷を簡潔にまとめたものとして,小越洋之助「労働市場」永山武夫編著『新版労働経済』前掲,第2章。および井上信宏「労働市場」玉井金五・大森真紀編『新版社会政策を学ぶ人のために』世界思想社,2000年,第2章,を参照。

業紹介も域内紹介から全国紹介へとひろげられた。炭鉱離職者対策はとりわけこうした積極的労働力流動化政策のモデルとされた。

1966年に完全雇用の実現を目標とする雇用対策法が制定され、政府によって雇用対策基本計画が策定されることになった。この雇用対策法は、労働力の需給の質量両面にわたる均衡を促進するために、「国が、雇用に関し、その政策全般にわたり、必要な施策を講ずる」こととされた。1974年に失業保険法に代わって制定された雇用保険法は、それまでの生活保障的な性格をもっていた失業給付を「求職者給付」と「就職促進給付」とに再編し、雇用の促進に重点を置くものとされた。さらに、同法は、雇用改善事業、能力開発事業、雇用福祉事業という「3事業」を新たに制度化した。雇用改善事業では、「雇用調整給付金制度」が設けられ、労働者の失業防止に努力する事業主に対する補助金が交付されることとなった。

［第3段階］　日本経済は、第1次石油危機を契機に1974年の後半から不況におちいり、低成長時代に移った。それまで完全失業率は1％台であったが、1980年代には2％台の水準となり、低成長下での雇用維持、企業解雇の防止が政策目標となった。1977年に「3事業」に雇用安定事業が加えられ、「雇用調整給付金制度」は「雇用安定資金制度」に改定された。特定の業種と地域の不況が強まり、77年に特定不況業種離職者臨時措置法、78年に特定不況地域離職者臨時措置法が制定（83年に両法は統合）された。

1979年に第2次石油危機が起こり、1980年代半ばには円高不況が発生した。経済の円高基調の定着と国際競争環境の変化、ME化の進展等によって、日本経済の構造調整が迫られ、企業は減量経営と生産拠点の海外移転に積極的に乗り出すようになった。このころから、産業構造の転換に対応するために労働力需給のミスマッチの解消をはかることが、政府の雇用対策計画の柱とされるようになった。この時期には、正規労働者の労働市場の停滞を補充するためにパートタイム労働者や派遣労働者を積極的に活用する方向での法的整備が行われた。1985年に労働者派遣事業法が制定され、1989年に雇用保険の適用範囲をパートタイム労働者に拡大する措置がとられ、1993年にはパートタイム労働法が制定された。

さらに、1980年代には、急激に進行する高齢化社会に対応するために、高

齢者雇用対策が展開されるようになった。1986年には高齢者雇用安定法が制定されて，事業主に60歳定年制が努力義務とされ，各地に定年退職者を対象とするシルバー人材センターを設置することになった。94年の同法改正では，60歳未満の定年制を禁止し，65歳までの雇用継続を促進するために高年齢雇用継続給付制度が創設された。

［第4段階］ 1990年代のはじめにバブル経済が崩壊すると，日本の景気は長期不況の様相を呈し，90年代末にはデフレ・スパイラルにおちいった。完全失業率は1995年3.2％，1998年4.1％，2000年4.7％，2001年5.0％へと急上昇した。90年代の雇用政策の柱となったのは，労働者派遣事業や有料職業紹介事業の規制緩和による労働市場のマッチング機能の強化と，雇用調整助成金による失業防止策であった。

1993年ごろから大企業は一斉にリストラに着手し始め，内部に抱えていた「過剰人員」を一挙に排出するようになったために失業者が激増した。政府は，こうした情勢に対応するために1990年代の中ごろから「失業なき労働移動」政策を推進し，職安法を改正して民間による有料職業紹介制度を認可した。また，1999年6月に労働者派遣法を改正して労働者派遣事業をそれまでの適用対象業務を限定するポジティブ・リスト方式から非適用対象業務を定めるネガティブ・リスト方式に転換して原則自由化とするといった規制緩和に力を入れ，労働力の需給調整機能の強化をはかった。

他方で，解雇の防止や新規雇用創出のねらいから，雇用調整助成金制度の拡張がはかられた。雇用3事業関連の対策費は，2000年度には7100億円に達した。なかでも大きな割合を占める雇用調整助成金は1999年度には209業種，約25万人が給付の対象となった。しかし，不況は深刻になるばかりで，企業リストラや倒産による失業者の増大を防止，抑制することにおいて，顕著な効果は見られなかった。むしろ，雇用調整助成金に対して，繊維，鉄鋼など構造不況におちいっている衰退産業への補助金化しているとの批判が高まった[4]。その結果，2001年10月に業種指定が廃止され，助成金額も縮小された。

［第5段階］「総合雇用対策」と規制緩和路線の破綻。

2000年代に入ると，「格差社会」「ワーキング・プア」といった言葉が流行し，雇用・労働不安や生活不安が色濃くなった。働いても収入が増えず，将来

に展望がもてないために，若者をはじめとして日本の勤労者全体に労働意欲の低下がひろがっている実態が明らかになった。それにあわせて国民生活のセーフティネットづくりが叫ばれるようになったが，政府の失業・雇用対策には抜本的な転換は見られなかった。

2003年に政府の産業構造改革・雇用対策本部による「総合雇用対策」が打ち出された。これは，医療福祉，環境分野などで新産業・新市場の育成と雇用の創出をはかる「雇用の受け皿整備」，職業紹介，能力開発による「雇用のミスマッチ解消」，地域ニーズを踏まえた雇用創出をはかる「セーフティネットの整備」を課題としたものである。その基調は依然として「雇用のミスマッチ解消」にあり，「フリーター」の大量発生など社会問題化してきた若年者への雇用対策が欠如していた。新市場育成による雇用創出も，その象徴ともいうべき介護サービス労働市場が介護施設の低賃金と過重労働負担から25万人を超える退職者が発生し，フィリピンやインドネシアからの外国人労働を受け入れざるをえなくなっている。また請負偽装派遣など雇用にかかわる不祥事が大企業の下請け事業所で次々と明るみに出るようになった。

2000年代後半以降，日本の労働市場の規制緩和路線の破綻が顕著になったといわなければならない。こうしたことから，産業界の一部に成果主義への反省，パート・派遣労働者の正社員化など長期雇用型労務管理への転換の動きが

---

4) 経済企画庁調査局編『政策効果分析レポート2000』大蔵省印刷局，2000年，「分析2 90年代の雇用政策が失業率に与えた効果について」参照。同分析では，労働者派遣事業と有料職業紹介事業による労働市場のマッチング機能の向上によって，構造的失業率は1990年代初めから半ばにかけて0.2ポイント下がり，雇用調整助成金制度による雇用維持策は，1993年度から96年度にかけて循環失業率を平均0.2ポイント程度引き下げる効果があったとしている。いずれも失業率の上昇を防止する効果をもったと分析しているが，効果を認めたとしてもごく限られたものでしかなく，また，90年代末からの失業率の急上昇を見ると，これらの政策の失業防止効果についてはきわめて疑わしいといわざるをえない。

大竹文雄は，1990年代の雇用調整助成金の効果について，「景気循環による一時的な解雇を減らし，雇用調整助成金の支給先の産業における雇用創出をもたらしているとはいえない。むしろ，雇用が喪失しつつある産業に対する補助金としての機能をもっている」と指摘している（同「転換期を迎える雇用対策」『ECONOMICS & POLICY 2』2000年，106ページ）。

見られるようになってきた。銀行や流通業などパート依存の高かった分野でも正社員化の動きが活発になっている。2008年4月から通常の労働者との均衡待遇，正社員への転換を推進する改正パート労働法が施行された。改正法には正社員化への転換基準が曖昧であるという批判があるが，労働市場を改革する起爆剤となりうるかどうかが今後注目される。

2　失業保険・職業紹介・職業訓練
(1)　雇用保険（旧失業保険）制度

　失業保険の制度は，失業期間中の生活扶助を目的とする熟練労働者の労働組合の相互扶助に起源をもっている。しかし，労働者の相互扶助は19世紀末からの大量失業の発生に対応力を失い，私的保険原理を適用した失業保険が登場した。さらに，大量失業の長期化・慢性化によって保険原理が働かなくなると，失業保険は雇用対策の一環としての性格を強め，保険料を労働者だけでなく企業も国家も負担する国家的規模での強制失業保険制度が成立する（わが国では1947年の失業保険法）に至った。

　失業保険は，①労働者個人の責任でない失業が発生すること，②失業者が労働意欲と能力をもち，たえず雇用機会をもとめていること，③失業者の存在が一般の賃金や労働条件に悪影響をおよぼさないよう社会的下支えをすること，④保険積立金総額と給付総額との均衡を保つこと，などを条件として運営されている。失業保険は，労働者の再雇用を強く促す面をもっているので，給付額は失業前の賃金の60％～80％を原則としている。

　わが国では，さきにふれたように，従来の失業保険制度を発展的に解消するかたちで1975年に雇用保険の制度が発足し，雇用対策の一環としての性格が強化された。

　失業給付（2008年4月現在）は，離職時の年齢が65歳未満の者を対象とし，雇用保険の被保険者であった期間が一定期間以上あって，「失業の状態」にあるときに支給される。「失業の状態」とは，就職したい意思があって，いつでも就職できる能力があるにもかかわらず，職業につくことができない状態を指す。受給期間は，自己都合退職か会社の倒産・解雇かといった離職の理由，短時間被保険者か一般被保険者かの区別，さらに退職時の年齢，被保険者期間の

長さなどによって異なる。たとえば，退職時の年齢が35歳以上45歳未満，一般被保険者で被保険者期間が20年以上で，会社の倒産・解雇のために失業した者は270日の基本手当を受け取ることができる。自己都合や定年退職の者は被保険者期間が1年以上5年未満だと90日，10年以上20年未満では120日の給付である。失業給付金の金額は，離職の日の直前6ヵ月に受けた賃金の合計を180で割り（「賃金日額」），この賃金日額の5割〜8割の金額が受け取ることのできる日額（「基本手当日額」）である。

(2) 職業紹介制度

労働者は一般に雇用情報を入手する十分な手段をもっていない。また労働市場の情報や雇用情報が十分でないと，失業者が特定の地域，産業に滞留したりして，労働力の移動や需給上のさまざまなミスマッチが発生する。そのために，公共職業紹介制度は，求職者と求人者の情報を1ヵ所に集中することによって職業紹介と斡旋を行い，そうした問題を解消するという，労働市場組織化の機能を果たしている。

職業紹介は，イギリスでは19世紀に労働組合の相互扶助，日本では第2次世界大戦前まで「口入れ屋」と呼ばれる民間業者などでやられていたが，不熟練労働者の大量失業問題のへ対応力の限界，中間搾取の弊害などから国または公共団体による公的職業紹介方式が成立（日本では1947年職業安定法）し，公的職業紹介が支配的な位置を占めるようになった。わが国の職業安定法は，家政婦，看護婦，あるいは労働者派遣法で認められた業務を除き，有料の職業紹介所や労働者供給事業を禁止してきた。

しかし，わが国では就職情報産業が成長し，公共職安を通さないケースがあり，職業紹介における公共職安のシェアの低下が問題となっている。また，ヨーロッパ諸国で民間の職業紹介を認めるなど国際的な規制緩和の動きもあり，これまで規制してきた民間の職業紹介事業を労働力需給調整機関として認知する職安法改正が行われ，1999年12月から施行された。また，2004年3月から職安法の改正によって地方自治体の無料職業紹介事業が認められた。

(3) 職業訓練

20世紀に入ると機械労働の普及と相次ぐ技術革新を背景に，技能労働者の恒常的な養成が産業界の至上命題となった。企業内では監督者教育制度

(TWI：training within industry) をはじめとする熟練労働者の養成が取り組まれるようになり，他方で公共職業訓練として半熟練労働者の養成が行われるようになった。また，学校教育も職業技能教育に取り組むようになった。今日の先進工業国では，技能労働者養成はおおむね以上のような企業内訓練，公共職業訓練，学校教育の3本立てで行われており，また公的な技能検定試験による資格認定制度の整備がなされている。

日本では，労働者の企業内特殊技能を訓練するためにOJT（On Job Training）方式による企業内教育が実施されてきた。しかし，1990年代以降，不況の長期化のもとで多くの企業において企業内訓練を実施する余力が狭まり，地域での公共職業訓練や各種の専門学校，大学における技能養成に期待する傾向が強まっている。こうした状況の変化を受けて，わが国の公共職業訓練では，地域の中小企業の要請に応えて在職中の者の訓練や派遣された者への認定訓練，さらには雇用保険受給者の訓練，離職者の再就職支援の訓練などを実施している。公共職業訓練は，雇用・能力開発機構と都道府県の公共職業訓練校の訓練を中心に，最も人数の多かった2001度には約105万人が利用した。さらに近年では，ホワイトカラーの失業の増大に対応するために，大学や大学院，NPO（非営利組織）に多様な訓練コースを委託する状況も見られるようになっている。

第3節　労働市場の変化と失業問題

1　大量失業時代の到来

1970年代の先進工業国の失業水準は，アメリカやイタリアを除いておおむね低かった。しかし80年代に入ると，高度情報化やサービス経済化，経済のグローバル化などを背景に産業構造の転換が顕著となり，失業水準が大きく上昇し，大量失業時代の到来が叫ばれるようになった。

ただし，失業率の変動には，地域によって大きな較差と原因の相違がみられる。アメリカは景気変動との関連性が高く，好景気の続いた1990年代は失業率が低下した。ヨーロッパ諸国の失業率は景気変動による振幅は小さい。ヨーロッパでは，若年労働者の失業率が高く，長期失業者の比率が高いことが失業構造の特徴である。そのために，ヨーロッパの国々の雇用・失業対策は若年者

対策と一般の長期失業者対策の2本柱のかたちをとっていることが多い。

また，先進工業国では新たな特徴として，1990年代に入ってから管理職や事務職，技術職の地位にあるホワイトカラーの失業が目立つようになった。アメリカでは，失業者数に占めるホワイトカラーの割合が，70・80年代の景気後退期には26％～28％であったのに，89～91年の景気後退では34％に達した。日本でも，1992年から93年にかけて1年間で42万人のホワイトカラーが減少する，いわゆる「ホワイトカラーいじめ」現象が起こった。ホワイトカラーはブルーカラーに比べて賃金水準が割高で不況期にも失業率が低いことから，相対的に有利な地位にあるといわれてきた。しかし，今日ではホワイトカラーは産業構造の転換と企業リストラの主なターゲットの1つとされ，雇用上も不安定な地位に置かれるようになっている。

なお，失業率に関する統計は，各国によって失業の定義が若干異なっている。そのため，ILOはガイドラインとして「標準化失業率」を発表している。それによれば，2005年の標準化失業率はアメリカ5.1％，イギリス4.7％，ドイツ9.5％，フランス9.5％，イタリア7.7％，カナダ6.8％，オーストラリア5.2％など，OECD諸国全体では6.6％となっている（表6-3）。

2　非正規労働者の労働市場の拡大

日本の労働市場の構造的変化として注目する必要があるのは，正規労働者市場が停滞もしくは縮小し，パートタイマーやアルバイト，契約社員，派遣労働者といった非正規労働者の労働市場が膨らんでいることである。

まず平均週就業時間が35時間未満の短時間雇用者の数の推移を見ておくと，1980年には10.0％であった。しかし，その後急増し，1990年には15.2％，2000年には20.0％，2005年には24.0％となっている。やはり女性の占める割合が圧倒的であり，2005年の短時間雇用者1266万人中の882万人，約7割が女性である（表6-4）。

雇用者数に占める正規の職員・従業員の割合は，1989年には約81％であったが，2000年には74％弱に，2007年には66％ほどにまで低下した。2007年の雇用者数は6403万人で，正規の職員・従業員の数は3441万人，パート・アルバイト，労働者派遣事業所の派遣社員，契約社員等など非正規の職員・従業

表 6-3　OECD 諸国の標準化失業率[1]の推移　　　　　　　　　　　　　　　　（単位：％）

	1990	1995	1996	1997	1998	1999	2000	2001	2002	2003	2004	2005年
OECD 諸国計	6.1	7.3	7.2	6.9	6.9	6.7	6.2	6.4	6.9	7.1	6.9	6.6
日本	2.1	3.2	3.4	3.4	4.1	4.7	4.7	5.0	5.4	5.3	4.7	4.4
アメリカ	5.6	5.6	5.4	4.9	4.5	4.2	4	4.7	5.8	6.0	5.5	5.1
イギリス	6.9	8.5	7.9	6.8	6.1	5.9	5.4	5.0	5.1	4.9	4.7	4.7
ドイツ[2]	4.8	8.0	8.6	9.2	8.8	7.9	7.2	7.4	8.2	9.1	9.5	9.5
フランス	8.5	11.1	11.6	11.5	11.1	10.5	9.1	8.4	8.9	9.5	9.6	9.5
イタリア	8.9	11.2	11.2	11.2	11.3	11.0	10.1	9.1	8.6	8.4	8.0	7.7
カナダ	8.1	9.5	9.6	9.1	8.3	7.6	6.8	7.2	7.7	7.6	7.2	6.8
オーストリア	—	3.9	4.3	4.4	4.5	4.0	3.6	3.6	4.2	4.3	4.9	5.2
ベルギー	6.6	9.7	9.5	9.2	9.3	8.5	6.9	6.6	7.5	8.2	8.4	8.4
チェコ	—	4.1	3.9	4.8	6.4	8.6	8.7	8.0	7.3	7.8	8.3	7.9
デンマーク	7.2	6.8	6.3	5.3	4.9	5.1	4.4	4.5	4.6	5.4	5.5	4.8
フィンランド	3.2	15.2	14.6	12.7	11.3	10.2	9.8	9.1	9.1	9.0	8.9	8.4
ギリシャ	6.3	9.1	9.7	9.6	11.1	12.0	11.3	10.8	10.3	9.7	10.5	9.8
ハンガリー	—	10.4	9.6	9.0	8.4	6.9	6.4	5.7	5.8	5.9	6.1	7.2
アイルランド	13.4	12.3	11.7	9.9	7.5	5.7	4.3	4.0	4.5	4.7	4.5	4.3
ルクセンブルク	1.7	2.9	2.9	2.7	2.7	2.4	2.3	2.1	2.8	3.7	4.8	5.3
オランダ	5.9	6.6	6.0	4.9	3.8	3.2	2.8	2.2	2.8	3.7	4.6	4.8
ノルウェー	5.8	5.5	4.8	4.0	3.2	3.3	3.4	3.6	3.9	4.5	4.4	4.6
ポーランド	—	13.3	12.3	10.9	10.2	13.4	16.1	18.2	19.9	19.6	19.0	17.8
ポルトガル	4.8	7.3	7.3	6.8	5.1	4.5	4.0	4.0	5.0	6.3	6.7	7.6
スロバキア	—	13.1	11.3	11.9	12.6	16.3	18.8	19.3	18.7	17.6	18.2	16.4
スペイン	13	18.4	17.8	16.7	15.0	12.5	11.1	10.3	11.1	11.1	10.6	9.2
スウェーデン	1.7	8.8	9.6	9.9	8.2	6.7	5.6	4.9	4.9	5.6	6.4	—
スイス	—	3.5	3.9	4.2	3.6	3.0	2.7	2.6	3.2	4.2	4.4	4.5
韓国	2.4	2.1	2.0	2.6	7.0	6.6	4.4	4.0	3.3	3.6	3.7	3.7
オーストラリア	6.7	8.2	8.2	8.3	7.7	6.9	6.3	6.8	6.4	6.1	5.5	5.1
ニュージーランド	5.9	6.6	6.0	4.9	3.8	3.2	2.8	2.2	2.8	3.7	4.6	4.8
EU 15 か国	8.1	10.1	10.2	9.9	9.3	8.6	7.7	7.3	7.7	8.0	8.1	7.9

資料出所：OECD "Employment Outlook 2006"
注：1）「標準化失業率」は，ILO ガイドラインにもとづく。
　　2）ドイツの 1990 年は旧西ドイツ地域，1995 年以降は統一ドイツによる数値。
出所：厚生労働省編『世界の厚生労働 2007』。

員の数は 1732 万人となっている。正規労働者市場の縮小と非正規労働者市場の拡大がめざましいといってよい。男女あわせて 1164 万人のパート・アルバイトの中心は女性で 909 万人，78 ％を占め，派遣・契約社員についても女性が約 5 割を占めている（表 6-5）。

　労働省の調査によれば，パートなどの非正社員の雇用割合は，産業別では卸売・小売業・飲食店で 43.0 ％，サービス業で 28.6 ％，不動産業 25.2 ％，製造

表 6-4 短時間雇用者数および構成比の推移（非農林業）

計	総数			女性			短時間雇用者総数に占める女性の割合
	雇用者数（万人）	短時間雇用者数（万人）	雇用者中に占める短時間雇用者の割合（％）	雇用者数（万人）	短時間雇用者数（万人）	雇用者中に占める短時間雇用者の割合（％）	（％）
1960	2,106	133	6.3	639	57	8.9	42.9
1965	2,713	168	6.2	851	82	9.6	48.8
1970	3,222	216	6.7	1,068	130	12.2	60.2
1975	3,523	351	10.0	1,136	198	17.4	56.4
1980	3,886	390	10.0	1,323	256	19.3	65.6
1985	4,231	471	11.1	1,516	333	22.0	70.7
1990	4,748	722	15.2	1,795	501	27.9	69.4
1995	5,161	896	17.4	2,000	632	31.6	70.5
2000	5,252	1,053	20.0	2,089	754	36.1	71.6
2001	5,259	1,205	22.9	2,112	829	39.3	68.8
2002	5,216	1,211	23.2	2,104	835	39.7	69.0
2003	5,220	1,259	24.1	2,118	861	40.7	68.4
2004	5,243	1,237	23.6	2,146	857	39.9	69.3
2005	5,280	1,266	24.0	2,171	882	40.6	69.7

資料出所：総務省統計局「労働力調査」。
注：1）短時間労働者とは調査対象週において就業時間が 35 時間未満であったものをいう（季節的，不規則的雇用者を含む）。
　　2）雇用者数は休業者を除く。
　　3）1960, 70 年の数字は時系列接続用に補正していない。

業 18.7 ％，運輸・通信業 18.0 ％，金融・保険業 16.7 ％などとなっている。また，企業が非正社員を雇用する理由については，「人件費の節約のため」「景気変動に応じて雇用量を調節するため」「1 日，週の中の仕事の繁閑に対応するため」といった理由が高い割合を占めている（労働省「就業形態の多様化に関する総合実態調査」1999 年）。

　もう 1 つの現象として，1990 年代に入って若年層の「フリーター」化がひろがり，若年無業者とみなされる「ニート」は 2006〜07 年に 62 万人存在していると発表されている。若年層の失業率は 15〜24 歳の層で 9.4 ％（2011 年 1 月）となっている。正社員での入職が困難といった新卒者に対する就職状況の厳しさがフリーター化する一番の原因になっていると見られるが，正社員として入職しても早期退職する若年者も多い。わが国の若年層にかつては見られなかった「働く」意識の多様化がひろがっていることが推測される。

表6-5 雇用形態別にみた雇用者の内訳および非正規の職員・従業員の
割合の推移（実数）　　　　　　　　　　　　　　　　（単位：万人）

		2003年平均	2004年平均	2005年平均	2006年平均	2007年平均
男女計	就業者	6,304	6,316	6,343	6,369	6,403
	雇用者	5,343	5,372	5,407	5,481	5,561
	雇用者（役員を除く）	4,948	4,975	5,007	5,088	5,174
	正規の職員・従業員	3,444	3,410	3,374	3,411	3,441
	非正規の職員・従業員	1,504	1,564	1,633	1,677	1,732
	パート・アルバイト	1,089	1,096	1,120	1,125	1,164
	労働者派遣事業所の派遣社員	50	85	106	128	133
	契約社員・嘱託	236	255	278	283	298
	その他	129	128	129	141	137
男性	就業者	3,707	3,701	3,711	3,718	3,744
	雇用者	3,152	3,152	3,164	3,191	3,232
	雇用者（役員を除く）	2,853	2,851	2,864	2,894	2,941
	正規の職員・従業員	2,410	2,385	2,357	2,375	2,402
	非正規の職員・従業員	444	466	507	517	538
	パート・アルバイト	235	236	247	247	255
	労働者派遣事業所の派遣社員	13	28	42	49	53
	契約社員・嘱託	125	136	149	150	161
	その他	71	66	69	71	69
女性	就業者	2,597	2,615	2,633	2,651	2,659
	雇用者	2,191	2,220	2,243	2,290	2,328
	雇用者（役員を除く）	2,095	2,124	2,143	2,194	2,234
	正規の職員・従業員	1,034	1,025	1,018	1,036	1,039
	非正規の職員・従業員	1,061	1,098	1,125	1,159	1,194
	パート・アルバイト	855	860	872	878	909
	労働者派遣事業所の派遣社員	37	57	63	78	80
	契約社員・嘱託	111	119	130	133	137
	その他	58	62	60	70	68
非正規の職員・従業員の割合（％）						
男女計		30.4	31.4	32.6	33.0	33.5
男性		15.6	16.3	17.7	17.9	18.3
女性		50.6	51.7	52.5	52.8	53.5

注：割合は，内訳の合計に対するものである。
　　非正規の職員・従業員は，パート・アルバイト，労働者派遣事業所の派遣社員，契約社員・嘱託および「その他」の合計。

3　外国人労働者問題

　経済の国際化に伴って雇用も国際化し，海外とくにアジア諸国では日本で働くことを希望する人々が増えている。これらの外国人は，海外と密接な経済関係をもつ大企業が語学力その他の専門知識を活用するために合法的に採用した者もあるが，1990年代前半には不法入国，不法就労のケースが急増した。外国人労働者の総数は，合法・不法を合わせて1990年に26万人，1999年に67万人，2006年には92.5万人と推計されている。外国人労働者の受け入れは他国に比べてまだ少ないが，労働市場に及ぼす影響は次第に大きなものとなっている。

　外国人労働者の受け入れをめぐっては，専門的知識や技能をもつ外国人については異論がないものの，単純労働者に関しては，国内労働条件への悪影響を危惧する労働団体から反対が強く，経済団体の中にも慎重論が存在してきた。しかし，国内中小企業の人手不足の深刻化や欧米諸国のより進んだ受け入れ状況を考えるならば，受け入れの環境を整備して対応していくことが避けられなくなっている。受け入れの環境に関して，厚生労働省は，外国人労働者の募集や採用の適正化，労働条件や労働時間の明示，労災給付の確保といった「外国人労働者の雇用・労働条件に関する指針」を作成している。2007年10月1日から，すべての事業主に対して外国人の雇用状況の届出が義務づけられた。

　外国人単純労働者を受け入れるとするならば，国内労働者も合意できる条件の整備が必要である。伍賀一道は，次のような課題を指摘している[5]。

　第1は，日本人労働者に適用されている労働基準法や最低賃金制などの労働保護法，職業安定法，労働組合法，さらに社会保障制度などを平等に外国人労働者にも適用しなければならない。

　第2に，外国人労働者を雇おうとする企業に対して，上記の点を守らせ，かつ違法行為を取り締まるために，職業安定所職員や労働基準監督官などの増員と体制の充実がはかられなければならない。

　第3に，外国人労働者の流入がわが国の労働市場に与える悪影響，とくに失

---

5)　伍賀一道「国際化，リストラクチュアリング下の雇用・失業」戸木田嘉久編『リストラクチュアリング・労働と生活』大月書店，1990年，参照。

業の増加を回避するために労働時間の短縮を実現する必要がある。

4 転換期にある日本の労働市場と雇用慣行

西ヨーロッパ諸国は1980年代以降高水準の失業に見舞われたが，それらの国々に比べると日本の労働市場の状況は群を抜いてよかった。その理由について，OECD『日本経済への提言』(対日経済審査報告書，1996年) は，1990年代前半までを大要以下のように評価していた[6]。

OECDの他の諸国と比べて，日本の失業率が低かったのは，新規失業者が少ないことと失業継続期間が短かったことによるものである。ただし，日本には，パートタイム労働者のなかにもっと長時間働く意欲をもった者が多く，また不景気のときには非労働力化する女性が多い。そうした非自発的パートタイム労働者や就労意欲喪失者を含めると，日本の実際の失業率は2倍にもなると推測される。日本の労働市場が優れている理由として，勤続年数の長い従業員の比率がアメリカやドイツ，イギリスと比べて高く，大企業の男性ホワイトカラーに偏ったものであるとはいえ，そうした長期雇用という慣行が労働移動率を減少させ，雇用の安定性と企業内での人的投資に有効に結びついてきた。また，残業時間と残業手当を通じて景気の変動が賃金と労働時間の変化に吸収される仕組みがあった。

しかし，同報告書は，日本の労働市場には重大な転換期が訪れており，失業率の上昇圧力が高まるとして，また次のように指摘していた。

「日本の雇用慣行は，1990年代前半の長い不況にも耐えることができたように思われる。しかし，現在経済に影響を与えている急速な構造の変化は，日本の労働市場に大きな変化をもたらすと思われる。長期雇用や年功賃金制度のような，高い成長率と労働力の増加を前提とする日本の雇用慣行は，低い成長率，労働力の高年齢化，日本企業による海外生産の急増を背景とすると，効率が良いとはいえない。たとえば，急速な高年齢化によって，年功賃金制度を維持することは経済的に困難になるであろう。さらに，技術及び構造上の急速な変化のために，将来，職場内 (OJT) 訓練は人的資本を蓄積す

---

6) 経済企画庁調整局編『OECDによる日本経済への提言』1997年, 第4章, を参照。

るための主要な手段ではなくなるかもしれない。また，コーポレート・ガバナンスの変化によって，企業が従業員よりも株主を優先せざるを得なくなり，これによって，日本の労使関係の間にある暗黙の了解が一部崩れるおそれがある。労働市場の慣行が変化に適切に対応できなければ，中長期的に失業率の大きな上昇圧力になるかもしれない。」[7]

OECDの報告書は，一方で日本のこれまでの雇用慣行を評価しながらも，他方でそれがもはや限界にきていることを指摘し，当面失業率が上昇することがあっても長期的視点から労働市場の規制緩和に取り組むことを提言したものであった。

こうした国際的提言に沿うかたちで，日本の政府・産業界は1990年代後半になるとこれまでの雇用慣行を維持する努力を放棄し，失業率の上昇をやむなしとする風潮をつくり出し，企業の従業員リストラに拍車をかけるようになった。その結果，完全失業率は急速に上昇して，2002年には5.4％に達した。

わが国がこれまでの労働市場慣行を容易に維持できない状況にあることは疑いないが，はたして規制緩和の促進が国民の雇用の安定に長期的にプラスかどうかはまったく確証がない。失業者を増大させる企業リストラを放置し，新たに効果的な失業の防止策や雇用の創出策を講じないならば，国民のあいだには単に雇用不安が大きくなるだけである。

さきのOECDの報告書は，「労働市場が一般によく機能しているために，日本は過去数十年間に新たな政策イニシアチブはほとんど実施していない」と指摘していた。この点は，雇用・失業に関するセーフティネット対策についてとくに妥当するといってよいであろう。さきに日本の労働市場政策の推移について見たように，かつての積極的な労働力流動化政策は高度経済成長のもとでの労働移動促進政策であり，高水準な経済成長が見込める限りは大量失業問題などを懸念することはなかった。しかし，1980年代に登場した雇用調整助成金で労働市場の雇用調整をはかろうとする政策は，90年代の不況の深刻化と失業者の激増にはほとんど効果をあげられなかった。また90年代に入ってからは労働市場の需給調整機能を強化するためにさまざまな規制緩和が実施されて

---

7) 同上，93ページ。

きたが、それらも失業の防止や雇用創出に目に見える効果をあげたとはいえない。

第4節 雇用・失業対策の新たな動向と課題

1 「雇用のミスマッチ」論への疑問

わが国の失業率上昇の主な原因として、政府関係の説明でよくいわれるのは「雇用のミスマッチ」である。かつて2000年度の『労働白書』は、4％台にある失業率について、その約4分の1は需要不足によるミスマッチ、それ以外の4分の3は求人側と求職側のミスマッチによる構造的摩擦的失業であるとした。

しかし、雇用のミスマッチの具体的内容は曖昧である。近年では、この言葉が安易に使われるようになって、業種のミスマッチ（業種によって求人倍率にばらつきがあること）、職種のミスマッチ（資格を必要とする専門職や技術職などの求人倍率が高い）、年齢のミスマッチ（業種・職種によって45歳以上の求人倍率が大きく異なること）、雇用形態のミスマッチ（正規社員の求人倍率が低く、パートタイムや派遣社員といった非正規社員の求人倍率が高いこと）、IT能力のミスマッチ（パソコンの操作など企業がもとめる能力と求職者の保持する能力にギャップがあること）、さらには労働意欲のミスマッチ（「きつい、汚い、危険」のいわゆる3K職場や夜勤、残業を嫌がること）などまであげられたりしている。

労働力の需給関係や雇用にさまざまなミスマッチが存在することは否定できない。めまぐるしい技術革新、消費ニーズの変化、労働様式の変化、衰退産業と成長産業の存在といった経済システムのもとでは、さまざまな種類のミスマッチが存在することは避けられない。今日の経済社会の急激な情報化、サービス化、高齢化、グローバル化などによってミスマッチが大規模かつ構造的になっていることも視野に入れなければならないであろう。とりわけ、日本経済においては、企業が労働者の技能について内部で養成訓練する余裕を失い、労働市場に即戦力をもとめる即戦力求人型になっていることが、「雇用のミスマッチ」現象を際立たせる状況となっているともいえるであろう。

しかし、こうした雇用のミスマッチ論が全面的に正しいものかとなれば、疑問が生じざるをえない。まず高水準の失業であっても、経済不況に起因する需

要不足の要素がきわめて小さく評価されてしまう。また，従業員に対する解雇は企業側からはほとんどなんらかのミスマッチを理由にできるので，企業リストラによる従業員解雇もすべてやむをえないものとされる。さらに公共的な失業対策の課題はもっぱらミスマッチの解消になってしまう。

はたして，今日の失業問題とその対策のあり方をミスマッチ論ベースで処理してよいものであろうか。

第1に，ミスマッチ論からは，労働市場の安定化をはかる方向性が見えてこない。ミスマッチ論に依拠した政府の雇用対策の枠組みは，短期的な対策としては職業紹介機能の活性化と職業訓練システムの多様化，長期的には労働市場の規制緩和と新市場・新産業の育成による雇用創出をめざす，といったものである。しかし，職業紹介制度は実際のところ求人数が求職数を大幅に上回る好景気の時期に有効に機能する場合が多く，その逆である不況期には期待薄である。職業訓練についても，民間企業が望む専門的な資格・技能を持つ即戦力を短期間で養成訓練することは困難である。さらに新市場・新産業の育成についても，一朝一夕になるものではない。1990年代にあれほど期待されたIT産業も，現在では逆に不況の牽引車になっている。

第2に，ミスマッチ論は，求人側の判断基準に依拠しているものが多く，求職側の要求や生活条件が軽視されがちである。とくに賃金や労働時間といった労働条件，さらには性別，年齢別にかかわるものに関して，求人側の一方的なミスマッチ論がまかり通ることは，労働条件の悪化を招き，労働市場の公正で健全な姿をゆがめるおそれがある。ミスマッチは，差別や不平等のない労働市場のルールをふまえたうえで，主として技能，職種のレベルで論じられるべきであろう。

「雇用のミスマッチ」論の濫用は，ミスマッチが容易に解消できないとして結局は高水準の失業を是認するものである。もちろん，職業紹介機能の活性化と職業訓練システムの多様化，新市場・新産業の育成による雇用創出はいずれも重要な課題であり，今後引き続いて政策上の努力がなされる必要がある。しかし，雇用不安の解消と労働市場の安定化に向けて取り組まなければならない重要課題がほかにもある。とりわけ，企業に対して雇用の維持・確保の努力を促す仕組みと，雇用を守る社会的な規範とルールがもとめられている。以下に

のべる解雇権の制限やワーク・シェアリングは，そうした意味から重要な検討課題である。

2 解雇法制をめぐる問題

　使用者の解雇権を制限するのか，それとも緩和するのか，この選択が高率の失業問題をめぐる政策的争点の1つとなっている。ヨーロッパでは，1980年代後半から，失業率の高止まりは解雇法制が厳しすぎることに原因があるのではないか，解雇権の規制緩和は雇用創出効果があるのではないかとの議論がたたかわされるようになった。日本でも，1990年代後半から，失業率の高まりを背景に，労働力の移動を円滑にするには解雇規制をもっと緩やかにすべきであるとの主張が見られるようになっている。

　ただし，ヨーロッパ諸国と日本ではまず解雇法制の状況が異なっている。ドイツでは1951年以来，一般的な解雇制限を定めた解雇制限法が存在する。使用者の解雇権は，同法と，障害者や妊産婦，職業訓練生などを対象とする特別解雇制限規制立法や解雇を禁止する者を明示する労働協約によって制約がなされてきた[8]。フランスでは，解雇全体の共通規制を定めた1973年の法律に上乗せされるかたちで，経済的解雇特別規制として1989年に「経済的理由による解雇の防止と職業転換の権利に関する法律」が制定されている。同法では，解雇の予防と労働者の雇用保障の観点から，使用者には特別の手続き・義務が課せられている[9]。イギリスでも1970年代以降，不公正な解雇を規制する法的ルールが整備されてきている[10]。日本では，「制定法による直接的規制の欠如と判例法ルールへの依存」[11]といわれるように，使用者の解雇権の濫用を無効とする裁判所の判例があるが，解雇権を直接に制限する法制度はない。

　解雇には，労働者側に理由（病気や能力不足，職務怠慢，職務規律違反）がある場合と，整理解雇といった経営上の必要による使用者側の理由があるが，

---

8) 根本到「ドイツにおける整理解雇法理の判断枠組」『季刊労働法』196号，参照。
9) 川口美貴「フランスにおける経済的理由における解雇」『季刊労働法』196号，参照。
10) 唐津博「イギリスにおける整理解雇法ルール」『季刊労働法』196号，参照。
11) 同上，110ページ。

ここで問題となるのは使用者側の理由である。日本の法律では，民法で期間の定めのない労働契約について当事者の「解雇の自由」を認めている。他方，労働基準法は，第19条で「使用者は，労働者が業務上負傷し，又は疾病にかかり療養のために休業する期間及びその後30日間並びに産前産後の女子が第65条の規定によって休業する期間及びその後30日間は，解雇してはならない」として解雇を制限し，第20条で解雇の予告は30日前にしなければならないことを定めている。

使用者による一方的な解雇は，労働者の失業に直結し生活に深刻な影響を及ぼす。そうしたことから，第2次世界大戦後は使用者本位の「解雇の自由」は認めないことが次第に国際的な動向となった。わが国では，「使用者の解雇権の行使は，それが客観的に合理的理由を欠き社会通念上相当として是認することができない場合には，権利の濫用として無効になる」(日本食塩製造事件・最高裁第二小法廷昭和50・4・25判決)という最高裁判例によって，解雇権濫用法理が確立されてきた。また，整理解雇に関しては，①人員削減には高度の経営上の必要性があること，②解雇を回避するあらゆる努力を尽くしたこと，③被解雇者の選定基準と人選の仕方が合理的かつ公正であること，④労働者個人および労働組合に対して必要な説明・協議を行い，納得を得る努力が尽くされていること，という4つの要件が判例法理として確立されてきた。

こうした解雇権濫用法理と整理解雇4要件の存在によって，わが国の企業は従業員を安易に解雇できない状況にあるといわれている。OECDが1999年に作成した雇用保護制度指数を用いた国際比較によれば，日本はOECD 27ヵ国中ノルウェーとポルトガルに次いで「解雇が難しい国」に分類されている[12]。

しかし，はたして日本は，解雇がそんなに難しい国であろうか。

わが国で各種の紛争解決機関に寄せられる民事上の個別の解雇相談は年間4万件弱あるが，解雇訴訟は年間約3000件ほどにすぎず，解雇権濫用法理と整

---

12) 他方，OECDの1994年のデータは，日本を多くのヨーロッパ諸国より解雇が容易な国に分類している。また，法の規定のみを指数化した国際比較では，日本をアメリカと並んで最も規制の少ない国に分類する研究もある。基準の取り方による違いが見られ，評価は一致していない。これらの点については，中田祥子「解雇法制と労働市場」『日本労働研究雑誌』No.491，2001年6月号，参照。

理解雇4要件は，法廷の場以外ではそれほど解雇防止の効力を有してはいないと考えられる。わが国の多くの企業では，「希望退職」というかたちでの退職勧奨，強制的な出向，転籍が日常的に行われている。解雇訴訟は，現実には多くの時間と資金を必要とし，労働組合が存在していなかったり，その支援がない場合に労働者が訴訟を起こすことはほぼ困難である。

わが国で解雇権を規制する現実的な課題からいえば，労働契約の締結の仕方の基本的な不備をなくすことがまずあげられる。定年はるか前に退職勧奨，出向，転籍させられるといった状況をあらためていくには，雇用時の労働契約においてそうした強制がなされないことを明記する必要がある。また労基法の解雇の予告期間も，雇用保険の受給に3ヵ月かかることや再就職の準備の期間が必要なことなどを考慮すると，勤続年数にかかわらず一律30日間という現行の制度はあまりにも短いといわなければならない。

ところで，現段階における解雇規制の緩和論と強化論は，それぞれどのような論拠にもとづいているのであろうか。

規制緩和論では，解雇を制限すると企業から外部労働市場への転職が阻まれ，企業の雇用創出が不活発になり，いったん失業した者の再就職も困難になる。また，雇用関係や労働市場は，パートタイマーや派遣労働者など非正規労働者が増大して柔軟な構造となりつつあり，解雇規制はこうした動向に反して労働市場の構造を硬直化する，というものである。他方，規制強化論は，労働者の長期雇用保障には，労働者の自己に対する人的投資，すなわち自分が雇われた企業に必要な特殊技能を身につけ熟練を高める努力を行うという経済的合理性が期待されるが，短期に解雇されるかもしれない状況では，労働者はそうした努力をしなくなる可能性がある。また規制を緩和しても，不況期には人員の削減が主たる目的なので，転職先の確保や雇用の創出がなされるとは限らないこと，正規労働者はいったん解雇されると，再就職時にはパートタイマーや派遣労働者の身分に格下げを余儀なくされ雇用不安を増大させる，といった考え方である[13]。

結局，解雇規制をめぐる問題は，長期雇用保障の社会的経済的合理性をどのように考え，また雇用に対する解雇法制の効果をいかに評価するかにかかわっており，さらには雇用の意義を国民的な見地からどのように考えるかにかかわ

っているといえるであろう。

　ここでは，以下のような点を指摘しておこう。

　第1に，長期雇用保障が，労働者の特殊企業内熟練に対する意欲と努力を高めるということについては，今日では労働経済学などによって再評価されるようになっており，異論は少ないと思われる。日本の雇用慣行である年功制度なども，企業内におけるスキルの蓄積という面からすれば，労働者だけでなく企業自身にもメリットがあることが再評価される。また，長期雇用保障が，労働者の勤労意識と企業に対する愛着心を維持し高める効果があることは，日本の終身雇用制度の効果として以前から評価されてきた点である。長期雇用保障に社会的経済的な合理性が認められれば，解雇規制は維持もしくは強化すべきことになる。

　第2に，日本では，解雇された場合の転職先を見つけることは，諸外国に比べて非常に困難である。年齢差別や性差別，賃金差別が広範に存在しており，また，それまで特定の企業内で身につけていた知識や技能的熟練が他所で正当に評価され受け入れられる機会はかなり少ない。したがって，転職環境が未整備な状況のもとで解雇規制を緩めることは，やはり労働者の雇用不安を大きくするおそれがある。

13）　解雇法制をめぐる法学・経済学における議論については，土田道夫「解雇権濫用法理の法的正当性」，常木淳「不完備契約理論と解雇規制法理」（いずれも『日本労働研究雑誌』No. 491，2001年6月号）を参照。また，櫻井稔『雇用リストラ』（中公新書，2001年）は，日本の雇用リストラの実態をふまえて，解雇制限法を制定する必要性を主張している。

　近年では，解雇制限を積極的に根拠づける見解が各方面から登場している。一部の労働法研究者は，解雇は単に労働者に経済的不利益を与えるだけでなく，人格に対するマイナス評価，労働による自己実現の侵害といった精神的不利益を伴うものであるので，このことが解雇制限の根拠づけになるという人格的利益論を提起している。労働経済学サイドからは，すでにふれたように，整理解雇法理は労働市場の安定によって労働者の企業特殊熟練的な人的資本投資への意欲を増進させ，それが経済システム全体の効率性を促進するものであるという見解がなげかけられている。また一部の経済学者からは，雇用保険や年金に連動するセーフティネットとしての重要性が指摘されている。それらの論者・論点については，和田肇「整理解雇法理の見直しは必要か」『季刊労働法』196号，を参照されたい。

第3に，解雇権の制限が失業率の水準を高止まりにするという理解も根拠に乏しい。ドイツで，雇用創出効果があるとの理由で1996年に解雇制限法の適用除外事業所を拡大する法改正がなされたが，その後こうした規制緩和による雇用創出効果は統計的に認められていない[14]。むしろ解雇制限を緩めれば，企業は安易に解雇に走って，失業率がさらに高くなる事態を招くことも予想されよう。とくに日本では，企業が，必ずしも経営危機ではないのに，将来を見越して攻勢的に人員縮小策をとり，その結果余剰人員を生み，整理解雇につながるおそれがある[15]。

　雇用は，国民の最も基本的な生活基盤を担っており，フランスなどではそれゆえに雇用を公共財とみなしている。たとえ営利的な私企業であっても，解雇権の法的制限というかたちで雇用確保の責任が課されるのは，雇用にはそうした国民の生活保障にかかわる公共性があるからである。その意味で，わが国の解雇権濫用法理と整理解雇の4つの要件は，雇用の公共性をふまえた明確な法理であるといえるが，すでにのべたように，法制化されていないので社会的規範として定着していない。わが国でも，ヨーロッパ諸国並みに解雇規制立法がもとめられている。

3　ワーク・シェアリング

　第4章ですでにふれたように，ワーク・シェアリングは労働時間の短縮によって就業者の数を増やそうとする政策である。ワーク・シェアリングには，以下のようなタイプが指摘される。
　①　賃金の切り下げを伴うワーク・シェアリング
　②　賃金を切り下げないワーク・シェアリング
　③　パートタイム労働を活用したワーク・シェアリング

　上記の①と②は，正規労働者を対象とする政策であり，残業の規制，年次有給休暇の拡大，法定労働時間の短縮といった措置を内容としている。その際，賃金の切り下げを伴うものとするか，しないかによって労働者の受ける影響が

---

14)　根本到「ドイツにおける整理解雇法理の判断枠組」前掲，92ページ。
15)　和田肇「整理解雇法理の見直しは必要か」『季刊労働法』196号，12ページ。

大きく異なってくる。西ヨーロッパの労働組合は，労働者の生活水準を下げないようにすべきとの考えから，当然②を要求してきた。①に関しては，第2次世界大戦中にナチス・ドイツが実施したことがある。戦後も，個別企業レベルでの事例が少なからず見られるが，それらは政府の政策というよりも，経営難に見舞われた企業の従業員解雇回避のための一時的，緊急避難的な措置としての性格を有している。

③に関しては，1990年代の後半になって注目されるようになったオランダの例がある。オランダは，1980年代には12％を上回る失業率であったが，1998年に4.0％にまで低下した。同国はもともとパートタイム労働者の比重が高かったが，オランダ政府は女性の就業促進や失業の抑制という観点からパートタイム労働を積極的に推進した。女性の就業促進，増大する高齢者の早期退職や短時間労働への移行といった観点から，今後こうしたタイプのワーク・シェアリングを検討する国が増えていくと思われる[16]。

ただし，ワーク・シェアリングにどのような政策効果があるのかをめぐって，さまざまな議論があることに注意しなければならない。賃金の切り下げなしの時短では，企業側は労働コストの増大による経営環境の悪化，国際競争上の不利を主張するであろう。労働者の生活を守ろうとする労働組合は，賃下げの時短には容易には賛成できないであろう。こうした労使の利害対立のほかに，失

---

[16] パートタイム労働の積極的活用論を唱えた研究に，アメリカのパートタイム問題研究者ヒルダ・カーンの『パートタイム労働の再検討』（Hilda Kahne, *Reconcieving Part-Time Work: New Perspectives for Older Worker and Women*, 1985）がある。カーンは，パートタイム労働の新たな重要性として，人々の「寿命の増大と労働，家族，レジャー，退職のあいだの時間配分に対する新しい態度」に注目し，稼得労働とそれ以外の生活のための時間配分を性的役割やライフスタイルに合わせて弾力化する必要があり，その最有力手段がパートタイム労働であるとした。カーンは，パートタイム労働の旧概念と新概念を区別している。旧概念とは低賃金で低級な仕事を内容とするものであり，新概念は労働時間は短いがフルタイム労働と格差のない賃金や労働条件が保障されるものである。

カーンのいうように，近い将来欧米諸国においてはパートタイム労働の新しい概念と新しい形態が成立する可能性はあるが，日本では新しい変化は少なく，現状では旧概念と旧形態にとどまっているといわなければならない。

業対策としての効果についても，ワーク・シェアリングによる雇用創出は所詮一時的でしかなく，景気の回復，経済の成長こそ政策目標として優先すべきという主張がある。また，失業対策としても，正規労働者を対象にしたワーク・シェアリングだけでは，若年者，高齢者，女性の就業促進問題を解決できないという指摘もある。ヨーロッパの中でも，北欧のスウェーデンでは労使，政府ともにワーク・シェアリングは重視していない。同国ではフルタイムをもとめるパートタイム労働者の要求が強いことや，所得低下に対する労働組合の警戒感が強い。したがって，ワーク・シェアリングは，そうしたさまざまな問題に対する効果を慎重に考慮して推進されるべき政策であるといえよう。

　日本の場合は，ワーク・シェアリングを導入することにはさまざまな問題と困難がある。ワーク・シェアリングの導入が，緊急避難的な「雇用の維持」を理由にした賃金・一時金の引き下げに矮小化されないよう，労働条件に関する諸問題の解決とあわせて取り組むことが検討されなければならない。課題として，①残業規制としてまずサービス残業をゼロにする，②政府が年間360時間まで認めている残業時間の長さをヨーロッパ並みの150時間とする，③有給休暇取得率を100％にする，④法定労働時間を短縮する，⑤パートタイム労働者の均等待遇を確立する，⑥男女賃金の均等化をはかる，といったことが指摘される[17]。

　日本の場合，とくに困難なのは，労働者の職務内容が明確でないことである。すでに第4章でふれたが，日本では労働者1人1人の雇用が，欧米のように職務内容，職務区分の明確なポストに対応していない。「労働者が属する職能資格（及びこれに対応する賃金）と職務ポスト（職名）・職務内容は，おおよそ

---

[17]　日本の場合，ワーク・シェアリングの導入はまず残業規制，それもサービス残業をなくすことから着手しなければならない。米津孝司は，次のように指摘している。
　「民間の調査によれば1労働者のサービス残業の月平均は約29時間にのぼり，金額に換算すれば6万円以上のタダ働きであるとされ，サービス残業削減による雇用効果は90万人とされている。しかしサービス残業というのは不払い労働として本来違法な状態である。この違法な状態の改善がワーク・シェアリング策として語られざるをえないところに，労働時間後進国日本の悲しい現実があることは，やはり指摘しておかなくてはならない。」（同「ワークシェアリングと労働法」『季刊労働法』194号，38ページ）

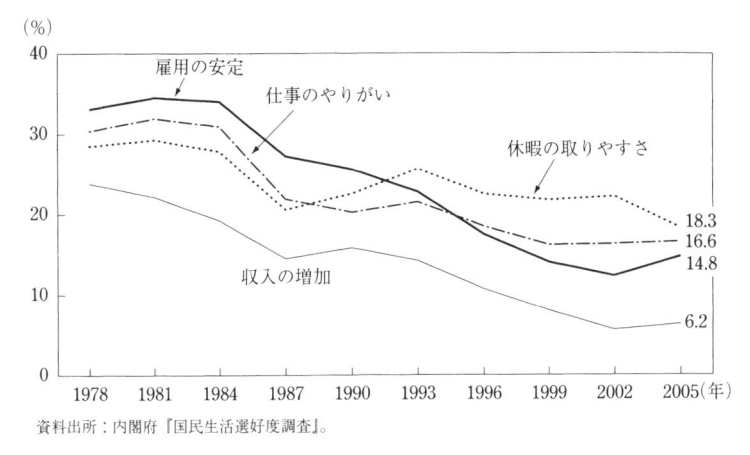

図6-3 雇用と仕事の満足度の低下

（凡例：雇用の安定、仕事のやりがい、休暇の取りやすさ、収入の増加）

2005年の値：18.3、16.6、14.8、6.2

資料出所：内閣府『国民生活選好度調査』。

の対応関係にはあるものの，個々の人事処遇において両者は切り離されている」[18]。そのために，西ヨーロッパ諸国とは違った工夫や試みが必要とされる。すなわち，第5章でふれたような，これまでの労働契約方式に根本的なメスを入れる改革がもとめられる。

4　長期雇用保障と正規労働市場の再確立

　1990・2000年代を通じて，日本の労働市場は大変貌を遂げた。この変貌を主導したのは，企業の正社員減らしとパート，派遣労働者への転換，成果主義による賃金管理といった人件費削減政策およびそれを支援した政府の規制緩和政策であった。しかしすでにふれたように，その結果，日本の労働者には，若年層から中高齢年齢者層に至るまで深刻な労働意欲の低下現象が見られるに至った。

　2008年版の『労働経済白書』は，内閣府の『国民生活選好度調査』にもとづき，企業における非正規労働者の増大や成果主義的賃金の導入を背景に労働者の仕事満足感が大幅に低下している事実を指摘した。「雇用の安定」について満足と答えた人の割合は，1978年の33％から2005年には14.8％に減少し，

---

18)　同上，38ページ。

「仕事のやりがい」は 30.5 ％から 16.6 ％に，「収入の増加」は 23.7 ％から 6.2 ％に低下した。『白書』は，「正社員になれない就業者の不安や不満が高まっている。非正規雇用はコスト削減には有効でも，職業能力を高めず，労働生産性向上にはマイナス」と指摘し，また，国際競争の中で否定的な評価を受けてきた長期雇用や年功序列賃金制度など日本的な雇用慣行への再評価が登場していることを指摘している。

　働く人々の労働意欲の水準は，自らの雇用や就労が安定しているか，仕事のやりがいがどうか，収入と生活の将来の見通しがどうかといった要素から成り立っている。しかしながら，日本の労働者の多くが，それらの満足感や明るい見通しを失うに至っている。かつて日本は，労働者の高い労働意欲と勤勉さが日本経済を支えてきただけに，将来の日本経済の命運が左右されかねないきわめて異常な事態に陥っているといわなければならない。日本の企業と政府は，こうした事態を認識して一大転換をはかることが迫られている。その方向は，若年者の正規採用と職場定着化，パートや派遣労働者の正社員化を軸とする長期雇用保障と正規労働市場の再確立にあるといってよい。

第7章　社会保障の原理と制度

　社会保障制度が成立して，半世紀以上を経た。国民の生活の安定，貧困の防止，健康の維持・改善，とりわけ人間としての尊厳の保障などの面で，その果たしてきた役割を否定する人はほとんどいないであろう。

　しかし今日，社会保障制度は大きな改革の波に洗われている。どういう理由で改革がもとめられ，何が改革の焦点になっているのであろうか。

　わが国では，1980年代以降社会保障制度の大幅な見直しがなされてきた。その背景となったのは，高齢化社会が急ピッチで進み，年金・医療・介護といった高齢者関連のニーズが増大してきたこと，他方，日本経済は高度成長時代が終わり，低成長時代を迎え，社会保障負担の増大にどのように対応していくのかが大きな課題となったことである。

　改革の特徴はというと，「社会保険主義」といわれるように，社会保障財源を確保するために社会保険を強化・拡充することであった。公的介護サービスを社会保険方式としたことや，さらに独立した高齢者医療保険制度が導入されたことなどが，今日の改革の性格をよくしめしている。

　しかし，社会保障は，社会保険と公的扶助をミックスしたものであって，必ずしも社会保険だけを柱にしているわけではない。また，社会保険にはその役割とともに，限界もある。以下では，社会保障の理念と仕組みをあらためて振り返り，現状と改革の方向を再検討してみよう。

第1節　社会保障制度の仕組み

1　社会保障の対象と方法

　社会保障制度の国際的な成立過程については，すでに第3章でふれた。第2次世界大戦後，社会保障の国際的普及に積極的な役割を果たしたのはILOであった。ILOは，1952年に所得保障と医療保障を中心的内容とする102号

（社会保障の最低基準に関する）条約を定めたが，これは，わが国を含めて多くの国で社会保障法制が整備される指針となった。この条約は，社会保障の対象範囲について，①医療，②疾病，③失業，④老齢，⑤業務災害，⑥家族手当，⑦出産，⑧廃疾，⑨遺族という9部門の社会的事故をあげて，総合的な対応の必要性を提起し，とくに社会保険と公的扶助の整備を各国に促した[1]。

わが国の社会保障制度の基本的な構想を提起したのは，社会保障制度審議会の『社会保障制度に関する勧告』(1950年) である。憲法第25条の生存権保障の規定を受けて，同『勧告』は次のようにのべていた。

「社会保障制度審議会は，この憲法の理念とこの社会的事実の要請に答えるためには，1日も早く統一ある社会保障制度を確立しなくてはならぬと考える。いわゆる社会保障制度とは，疾病，負傷，分娩，廃疾，死亡，老齢，失業，多子その他困窮の原因に対し，保険的方法又は直接公の負担において経済保障の途を講じ，生活困窮に陥った者に対しては，国家扶助によって最低限度の生活を保障するとともに，公衆衛生及び社会福祉の向上を図り，もってすべての国民が文化的社会の成員たるに値する生活を営むことができるようにすることをいうのである。」

「保険的方法又は直接公の負担において経済保障の途」を講じるというのは，社会保険制度による所得保障のことを指しており，「国家扶助によって最低限度の生活」を保障するというのは生活保護の制度による所得保障を指している。わが国の社会保障は，中核的な社会保険およびそれを補完する生活保護を所得保障の2つの柱とし，それに非所得保障の性格をもつ社会福祉と公衆衛生を加えた制度とされたのである。

2 社会保険から社会保障へ

以上のように，社会保障における所得保障の柱は社会保険と公的扶助である

1） ILOにおける社会保障制度の普及活動の展開については，佐藤進『社会福祉の法と行財政』勁草書房，1980年，および樋口富男「社会保障についてのILOの基準進展の軌跡と展望」秋田成就編『国際労働基準とわが国の社会法』日本評論社，1987年，を参照。

が，どうして社会保険と公的扶助をミックスすることが必要なのであろうか。

社会保険は，生活リスクをプールし分散する保険技術によって，就労者から失業者へ，健康者から病人へ，収入のある現役世代から収入のない老人世代へといった所得移転を行う経済的制度である。まず，社会保険にすべての国民を加入させることによって所得保障を行う。ただし，社会保険のみですべての国民の最低限の生活をカバーすることはできない。社会保険の対象としない，あるいは予測しない事故が原因で貧窮におちいったり，社会保険の給付だけでは最低生活を営めない人々も存在する。そこで，そうした人々に対して，生活資金を補給する公的な扶助制度が必要となる[2]。これら両制度を補完的に組み合わせることによって，全国民にナショナル・ミニマムを保障しようというのが社会保障の基本的な考えである。

ところで，社会保険と公的扶助は，制度としてはそれぞれの歴史をもっている。社会保険と公的扶助を個々に注目するだけなら，あえて社会保障を論ずる必要はない。両者のミックスによって，社会保険と公的扶助のそれぞれにはない何ものかが追加されたのである。追加された何ものかとは，国民の最低生活を保障するという理念とそのための所得再分配機能である。社会保障で新しいことは，その考えであって個々の制度ではない，といわれる所以である。

第2次世界大戦終了後，ILOの機関誌に，フランスにおける社会保障プランを推進したピエール・ラロックの「社会保険から社会保障へ」と題する論文が発表された。この「社会保険から社会保障へ」こそ，第2次世界大戦の前と後の社会政策の画期的な変化を表す標語であった。社会保障は，社会保険と公的扶助を統一し，それによって国民的な最低生活保障の制度となったのである。

---

[2] 社会保険と公的扶助の関係については，次のような説明がわかりやすい。
「社会保険は，生活困窮の原因となるような各種の社会的事故を類型的にとらえこれに規格に応じた給付をなして所得の減少を防ぎ，公的扶助は最終的な保障としてその足りないところを補う。すなわち，（ア）社会保険の対象外，（イ）社会保険の予測しない個別的な特殊な原因による窮乏，（ウ）社会保険の給付の不足などによって最低生活水準を割る者が生じた場合には，公的扶助による保護が必要になる。」（西原道雄編『社会保障法〔第3版〕』有斐閣双書，1987年，11ページ）

第2節　社会保険と公的扶助

1　社会保険の原理と特徴

　保険一般の原理にふれておくと，保険は人々の現在や将来にわたる経済状態を保持するために，事故や災害からそれを守り，被害を軽減する経済的保障の制度である。事故や災害に対する集団的な備えとして共同基金を形成する共済といった方法があるが，共済は合理的な数理計算を欠き，給付にも限度があって，経済的保障に限界をもつ。保険は，保険に参加した全員に経済的保障を行うことを目的とする社会的な相互扶助の組織であり，合理的数理計算を土台とする。合理的数理計算とは，事故や災害の発生傾向を統計的に把握し，確率計算を基礎に経済的保障の必要水準との関係で保険（保険料と保険金）を組織するものである。保険制度は，保険契約者，保険者，被保険者の三者によって構成される。

　保険においては保険料と保険金が等価関係になければならない。この関係を実現するために採用されるのが給付・反対給付均等の原則である。給付・反対給付均等の原則は，危険同質性や保険事故の同一性にもとづく保険参加者平等待遇の原則ともいわれる。さらに，この原則を実現するための保険団体の財政原理が，総保険金支出と総保険料収入との収支相等の原則である。

　社会保険は，国民に対する所得保障のためにこうした保険の原理と技術を導入した制度であるが，民間の保険とは，以下にのべる重要な違いがある。

　第1に，保険加入が，社会的に強制されることである。これは社会保険の目的と性格を考えれば当然のことであるが，他方ではそのことによって，保険料を満足に支払えない貧困者や低所得者も加入の対象に含まれる。その結果，わが国の近年の国民健康保険のように，加入世帯の約2割の453万世帯が滞納世帯（2008年6月時点）になったり，保険財政が慢性的に赤字構造におちいるといった状況が生まれることになる。

　第2に，社会保険では，雇用主負担や国庫負担があることである。労災保険は全額雇用主負担である。わが国の健康保険や厚生年金保険は労使折半の負担が通例である。わが国の介護保険は，保険給付総額の半分を保険料と利用料で

まかない，あとの半分は公的資金でまかなう仕組みである。社会保険に公的負担があることは，これもまた，国民を社会的に扶養するという社会保険の社会政策目的からすれば変則ではないが，しかし他方で，保険本来の財源確保のあり方のあいだに矛盾を内包することになる。

第3に，上にあげた事情から，社会保険では給付・反対給付均等の原則は成立しない。さらに，社会保険では給付・反対給付均等の原則は成立しなくても，収支相等の原則のみ妥当するとの説[3]があるが，それすらも形式的な妥当性であって，実質的な財政原則とはいえない。

結局，社会保険には，非保険的要素として国庫負担や，年金保険の場合の賦課方式といった社会的扶養の要素が混入しているのであって，実はその点に社会保険の意義があるといってよい。この点を軽視して社会保険を民間の保険と同質のものと考えることは，社会保険の本質に関する誤解を生みかねない。

社会保険に関してもう1点考察を要する問題がある。イギリスの1942年のベヴァリジ・プランあるいはわが国の1950年『勧告』もそうであるが，社会保険と公的扶助が所得保障の2つの柱とされながら，社会保険がまず中核とされ，公的扶助がそれを補完するものとされたのはなぜかという点である。

まず重要な点は，社会保険は国家による国民の扶養を直接の目的にしたものではないことである。それは，国民が国民自身で相互扶助を組織したもの，あるいは，労働者階級内部で相互扶助のために所得再分配を組織したものといえる。資本主義社会では自助が生活の原則であり，賃金収入で暮らす労働者階級全体が賃金の一部を拠出して保険基金を形成し，その基金からの給付よって事故や疾病，災害時，老後の所得保障を行う，いわば個人の自助を階級全体の自助に発展させた経済制度であるといってよい。したがって，社会保険が所得保障の中核とされるのは，生活の自助という面でも賃金収入を前提にするという面でも，保険方式が資本主義の経済原則や賃金制度にもっともなじむものとみ

---

[3] たとえば，わが国の社会保険論の大家であった近藤文二の説。彼は，「社会保険の場合には収支相等の原則は守られているが，給付・反対給付均等の原則は必ずしも守られていない」「社会保険の場合には，収支相等の原則のもとに，保険料計算が行われ，それゆえにこそ，われわれは社会保険を保険とみるのである」とのべている（近藤文二編『社会保障入門』有斐閣双書，1968年，10-11ページ）。

なされるからである[4]。

 ただし、さきほど指摘したように、社会保険は国家による扶養を直接目的にしたものではないが、国民の相互扶助を実現するために国家が全国民を強制的に加入させ、場合によっては国庫負担を行うという「国家的扶養性が加わった保険」である。また、社会保険は保険原理が働かないとはいっても、保険としての形式のもとで制度がつくられ運用されるので、保険の給付は無制限ではなく、その対象や水準には制限がある。保険料をかけ忘れたり、負担できないとなると、「負担なき受益は排除」される。自助的な保険原理と国家的扶養性との矛盾した関係が社会保険の特質であるといってよく、またそのことが外見的に社会保険の本質をわかりずらくしているのである。

 社会保険において、多数の国民の拠出で形成される保険積立金は巨額になるが、これらの積立金はしばしば資産運用の名目で社会保障と関係のない公共投資の財源に利用されたり、はなはだしい場合には、軍費の調達財源にされることもある[5]。

 わが国では、ながらく財政投融資の運用財源とされてきたが、財政投融資改革によって2001年4月から年金資金運用基金が発足し、国内外の株式・債権市場で資産運用がなされるようになった。

2 公的扶助の原理と仕組み

 わが国で生活保護と呼ばれている公的扶助は、国によって国家扶助、国民扶助、社会扶助などと呼び方は違うが、その基本特徴としてあげられるのは、①

---

4) 相澤與一『社会保障の基本問題』未来社、1991年、62-63ページ。
5) わが国の公的年金財政は、保険料収入が給付額を大幅に上回り、積立金が増え続けてきたが、2000年代にはいると支出が収入を上回るようになった。厚生労働省による2009年財政検証結果によれば、2009年度の厚生年金の収入は34.9兆円、支出は35.8兆円、年度末の積立金額は144.4兆円であり、積立度合は約4倍である。

　積立金の必要性については、急激な変化に対応するためのバッファーであるとか保険料の将来の値上げを抑制するためと説明されてきた。しかし、日本の厚生年金の4年間分という積立度合は、イギリス1.2ヵ月分（1993年）、アメリカ17.8ヵ月分（1994年）、ドイツ1.5ヵ月分（1989年）といった諸外国の積立度合と比べると例外的に高い水準である。

貧困の事実を公的に認定された者に対して，最低生活の基準にもとづき現実の生活との差額を給付する，②慈恵的な救貧と異なって，国民は保障を受ける請求権をもつ，③扶助請求者に対してミーンズ・テスト（means test，資力調査）が行われる，④財源は国・地方自治体の公費である，などの点である[6]。

表7-1　社会保険と公的扶助

	社会保険	公的扶助
給付要件	定型的事故	生活困窮
給付内容	定型的	必要即応
資力調査	なし	あり
貧困に対し	事前予防	事後的
対　　象	（一部）	全国民
財　　源	拠出等	一般歳入

出所：西原道雄編『社会保障法〔第3版〕』有斐閣双書，1987年，11ページ。

公的扶助で重要なことは，貧困の事実を認定するためにミーンズ・テストが行われることである。これは扶助を申請した本人やその家族の経済力（所得収入，資産）や就労能力，生活内容，さらには親族扶養の可能性を調べて，給付を受ける資格があるかどうかを認定し，資格がある場合はどの程度の給付を行うかを決めるためのものである。申請者はこの調査を拒否できない。

わが国の生活保護制度は，公的扶助のそうした特徴をよくしめしている。

生活保護法は，第1条で，「国が生活に困窮するすべての国民に対し，その程度に応じ最低限の生活を保証するとともに，その自立助長を目的とするもので，この制度の実施に対する究極責任は国がもつ」とし，国家責任による最低生活保障の原理をうたっている。第2条では，「国民はすべてこの法律の定める要件を満たす限り，保護請求権を無差別に与えられる」とし，保護請求権の無差別平等の原則を定めている。第3条では，「この法律により保障される最低限の生活は，健康で文化的な生活水準を維持することのできるものでなければならない」として，保障の内容を明らかにしている。第4条では，「保護は，生活に困窮する者がその利用し得る資産，能力，その他あらゆるものを，その最低限度の生活の維持のために活用することを要件として行われ，民法上の扶養や他の法律による扶助は保護に優先して行われなければならない」として，補足性の原則を定めている。

公的扶助にはさまざまな問題があるが，とくに保障すべき最低生活の水準を

---

[6]　佐口卓『社会保障概説〔第2版改訂〕』光生館，1996年，12-15ページ。

どのように設定するのかという問題と，ミーンズ・テストが被保護者にスティグマ（「恥辱」の意味）をもたらすという問題がある。

最低生活水準の設定をめぐって，絶対的水準論と相対的水準論が交錯してきた。絶対的水準論とは，栄養学的社会学的な方法で最低生活に必要な家計品目を積み上げてその価額を算出し，最低生活の絶対的な水準を決めようとする方法である。わが国の1958年まで採用されたマーケット・バスケット方式がその典型である。しかし，この方法では，国民の生活水準が上昇したり社会的意識が変化すると，それとのギャップが生じてしまう。そこで，国民の生活水準や社会的意識との相対的な関係で決めようとするのが相対的水準論である。わが国では，1962年の社会保障審議会勧告で「最低生活水準は，一般国民の生活の向上に比例して向上するようにしなければならない」とされ，その後，中央社会福祉審議会も「生活保護において保障すべき最低生活の水準は，一般国民生活における消費水準との比較における相対的なものとして設定すべきものである」と意見具申した。マーケット・バスケット方式に代わって1964年まで採用されたエンゲル方式，1965年からの格差縮小方式（政府の経済見通しによる消費支出の伸び率に格差縮小分を上乗せする方式），1984年から採用され今日に至っている水準均衡方式（政府の経済見通しによる消費支出の伸び率を修正して扶助基準の改定率を決める方式）は，相対的水準論の視点に立ったものである。水準均衡方式では生活扶助基準が下がることもある。

ミーンズ・テストが被保護者のプライバシーをおかす恐れがあり，社会的なスティグマを引き起こすという問題については，それらを回避するために，方法を緩和することやテストを廃止することが議論されてきた。しかし，各国とも問題の根本的な解決の方法を見出すには至っていない。

第3節　日本の社会保障の特質と現状

日本の社会保障制度の特質として，次のような点が指摘される。

まず第1に，社会保障制度審議会の1950年『勧告』は，「統一ある社会保障制度」の早期確立をもとめたが，その後，社会保障基本法といった単一の包括的な実定社会保障法はつくられなかった。社会保障制度は法体系としての体系

性をもたないで，個々の制度が必要に迫られて創設され，あるいは拡張されていくというプロセスをたどってきた。

第2に，社会保険の制度も，勤労者の各階層ごとに分立するかたちでつくられ，勤労者全体をカバーする統一した制度が設けられなかった。そのために，制度間での負担と給付に格差があり，加入者に低所得層の多い国民健康保険や国民年金では給付水準が低くされてきた。そうした社会保険では，保険財政をまかなうために一定の割合で公費の負担がなされ，それによって社会保険でありながら国家による社会福祉事業的な色彩をおびることになった。他方，大企業では，社会保険を企業福利施設の一環に取り込むことが行われてきた。

第3に，後節でのべるように，制度および制度の運用面で中央集権的な性格がきわめて強かったことも重要な特質の1つとしてあげられる。

すでにふれたように，日本の社会保障制度は，社会保険・公的扶助・社会福祉・公衆衛生という4つの分野で構想された。公衆衛生は通常社会保障の関連諸施策として扱われることが多いので，以下では，それを除く分野の現状について概観しておこう。

1 社会保険制度

現在，医療保険・年金保険・介護保険・雇用保険・労災保険（労働者災害補償保険）の5種類がある。医療保険は労働者・サラリーマン向けの職域保険とそれ以外の住民向けの地域保険とにわかれている。年金保険は，全国民に共通する基礎年金部分とそれに上乗せされる職種ごとの報酬比例年金という制度になっている。各制度の状況は以下のようである。

［医療保険］　医療保険は，被保険者や被扶養者が医療機関で被保険者証を提示して診察や治療を受ける仕組みである。

2007年3月現在，被用者保険では，中小企業で働く従業員やその家族が加入する政府管掌健康保険（2008年10月から運営組織が国から全国健康保険協会に変更。通称「協会けんぽ」）に3594万人，大企業で働く従業員の組合管掌健康保険に3047万人，国・地方の公務員および学校教職員の共済組合に944万人，その他（生活保護，船員保険等）169万人が加入している。他方，農業者や自営業者，被用者保険に加入していない人を対象とする国民健康保険には

5127万人が加入している。なお，2008年度から国民健康保険に加入していた75歳以上の高齢者1300万人が，後期高齢者医療制度という新しい保険に移された。

健康保険と共済組合は，保険料は労使折半を原則としている。保険料率は，2004年実績で政管健保8.2％，組合健保7.84％（平均），国公共済6.344％（平均），地方共済7.327％（平均）となっている。政管健保では患者負担を除いた給付費の一定割合を国が負担する。

国保は，給付費の50％の国庫負担があり，残りが被保険者に課される。保険料（税）の賦課方法には，被保険者均等割，世帯別平等割，加入者の住民税額に一定割合を掛ける所得割，固定資産税額に一定割合を掛ける資産割があり，自治体によって具体的な方法が異なる。また1世帯最高限度額が設けられている。2005年度の被保険者1世帯当たり平均保険料（税）調定額は14万2083円，世帯所得の8.4％である。市町村の医療費や被保険者の所得構成に相当なばらつきがあるために，市町村間では同じサービスを受けても国保の保険料負担には相当な差が生じている。1人暮らしの人が住民税額は同じでも東京では年間14万円，神戸では48万円を負担している（「国保負担トンデモ格差」『朝日新聞』2001年2月14日）。

患者は，医療機関の窓口でかかった費用の一部負担金を支払う。2003年4月から，健康保険の本人は3割，家族は外来3割・入院2割，国保は3割となっている。

［年金保険］　わが国の公的年金制度の体系は，1985年に国民基礎年金が導入されて2階建ての仕組みに再編成された。1階部分は全国民共通の国民（基礎）年金，2階部分はそれに上乗せされる報酬比例の被用者年金（厚生年金保険と共済年金）である。さらに，その上に企業年金（厚生年金基金，適格退職年金，確定拠出年金など）を加えて，わが国の年金制度は3階建てといわれることもある。基礎年金の導入によって，「1人1年金」の原則が確立され，それまで年金加入が任意であったサラリーマンの妻も独立した年金権をもつこととなった。

2009年現在，国民年金の加入者は20歳以上から60歳未満までの全員で6940万人，一般被用者向けの厚生年金は3444万人，共済年金は国・地方・私立学

第7章 社会保障の原理と制度　153

図7-1（その1）　年金制度の体系（数値は，注釈のない限り2009年3月末）

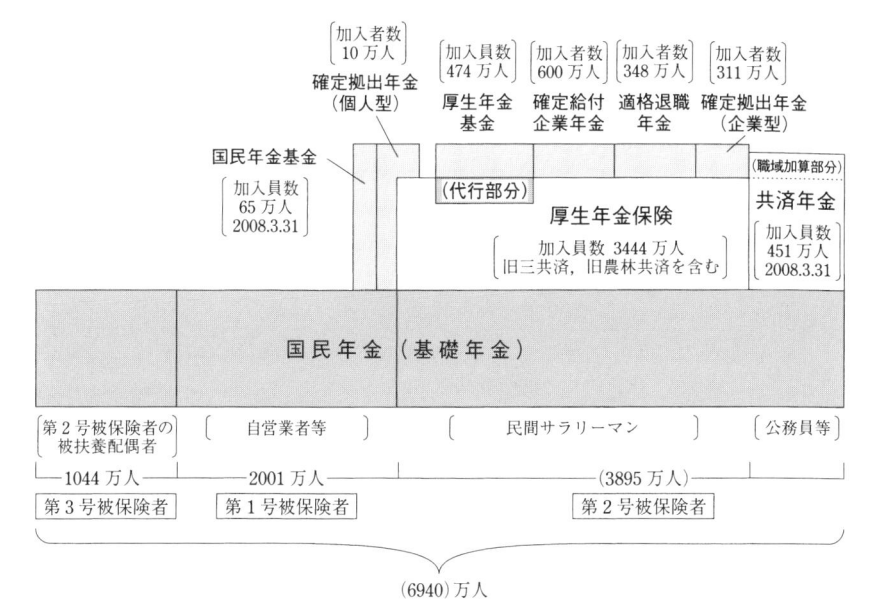

```
                    ┌加入者数┐ ┌加入員数┐┌加入者数┐┌加入者数┐┌加入者数┐
                    │ 10万人 │ │474万人 ││600万人 ││348万人 ││311万人 │
              確定拠出年金   厚生年金  確定給付  適格退職  確定拠出年金
               （個人型）     基金    企業年金    年金    （企業型）
                                                      ┌職域加算部分┐
   国民年金基金              （代行部分）                共済年金
   ┌加入員数 ┐                  厚生年金保険          ┌加入員数 ┐
   │ 65万人 │                  加入員数 3444万人      │ 451万人 │
   │2008.3.31│                 旧三共済，旧農林共済を含む  │2008.3.31│

                    国 民 年 金 （基 礎 年 金）

┌第2号被保険者の┐┌ 自営業者等 ┐┌    民間サラリーマン    ┐┌公務員等┐
│ 被扶養配偶者 │
├── 1044万人 ──┼── 2001万人 ──┼──────（3895万人）──────┤
│第3号被保険者│ │第1号被保険者│      第2号被保険者

                       （6940）万人
```

注：厚生年金基金，確定給付企業年金，適格退職年金および私学共済年金の加入者は，確定拠出年金（企業型）にも加入できる。
　　国民年金基金の加入員は，確定拠出年金（個人型）にも加入できる。
　　適格退職年金については，2011年度末までに他の企業年金等に移行。
　　第2号被保険者等は，被用者年金被保険者のことをいう（第2号被保険者のほか，65歳以上で老齢または退職を支給事由とする年金給付の受給権を有する者を含む。）。
　　（ ）内の数値は，時点が異なる数値を単純に合計して得られた暫定値。

校等451万人である。厚生年金の掛け金率は月収の15.704％で労使の折半であるが，毎年引き上げられ最終的に18.30％に固定されることになっている。共済年金は12.23％～15.154％で労使の折半である。

　国民年金は，農業者や自営業者，学生を被保険者（第1号被保険者約2001万人）とする一般部分と全年金制度に共通する国民基礎年金の部分を含んでいる。このために保険料は，一般保険料と被用者年金制度（第2号被保険者3895万人・第3号被保険者1044万人）から基礎年金拠出金として国民年金に拠出される部分から成り立っている。国庫負担は，国民年金にあっては基礎年金給付費の3分の1と事務費の全額，厚生年金にあっては基礎年金拠出金の3

図 7-1(その 2) 加入者の種類と保険料 (2009 年10月 1 日現在)

職業等	加入制度と保険料		保険料
	加入制度		
自営業者, 農業者, 学生等 (20 歳以上 60 歳未満で下記以外の人)	国民年金【第 1 号被保険者】		1万 4660 円（月額）※毎月 4 月に 280 円*ずつ引き上げ, 最終的に 1 万 6900 円*に固定。
被用者	厚生年金適用事業所に雇用される 70 歳未満の人（民間サラリーマン等）	国民年金【第 2 号被保険者】 ＋ 厚生年金	月収の 15.704 %（労使で折半。本人負担は月収の 7.498 %）※毎月 9 月に 0.354 %ずつ引き上げ, 最終的に 18.30 %に固定。
	公務員 私立学校教職員	国民年金【第 2 号被保険者】 ＋ 共済年金	加入共済制度により総報酬の 12.23 %～15.154 %（労使折半）
	専業主婦等（被用者の配偶者であって主として被用者の収入により生計を維持する人）	国民年金【第 3 号被保険者】	保険料負担は要しない。(配偶者の所属する被用者年金制度（厚生年金または共済年金）が負担。)

注：*2004 年度の賃金水準を基準として価格表示したもの。実際に賦課される保険料額は, 2004 年度価格の額に, 賦課される時点までの賃金上昇率を乗じて定められる。このため, その額は今後の賃金上昇の状況に応じて変化する。

分の 1 と事務費の全額, 国・地方の共済組合では国庫と地方公共団体がそれぞれ基礎年金拠出金の 3 分の 1 と事務費の全額を負担する。国民年金の一般保険料（第 1 号被保険者), は定額で月額 1 万 4660 円（2009 年度) 円であるが, 毎年引き上げられ, 最終的 (2017 年度) に 1 万 6900 円に固定されることになっている。専業主婦等国民年金の第 3 号被保険者は, 配偶者の所属する被用者年金制度が負担するので保険料負担は要しない。

老齢（退職）年金の支給開始年齢は 1994 年の年金法改正で 60 歳から 65 歳へ段階的に引き上げられることになった。公的年金の受給者数（延人数）は, 2009 年度末で 5988 万人, その内訳は厚生年金 2814 万人, 国民年金 2779 万人, 共済年金 395 万人となっている。重複のない実受給者数は 3703 万人である。年金支給総額は, 50 兆 3000 億円に達し, 日本の名目 GDP の 1 割を超える大きさとなっている。

老齢基礎年金の2009年度の給付額は，20歳から60歳まで40年間保険料を納めた者は年額79万2100円（月額6万6008円）である。基礎年金は老後生活のナショナル・ミニマムを保障するというのが制度の趣旨であるが，この額は，とうていナショナル・ミニマムとはいえない低い水準である。

　[介護保険]　介護保険制度は，市町村が保険者となり，国と都道府県，医療保険者が市町村を支える仕組みをとっている。財源は，保険料と公的資金（国25％，都道府県12.5％，市町村12.5％）で半分ずつまかない，介護サービスにかかる費用の1割を利用者の自己負担としている。

　保険料は40歳以上のすべての国民から徴収されるが，そのうち65歳以上の高齢者（第1号被保険者。2007年12月末2727万人）の保険料は3年に1度の介護保険事業計画で決められ，2006～2008年は4090円である。40歳以上64歳までの人々（第2号被保険者）の保険料は，国が各医療保険者ごとの総額を設定して，それにもとづき医療保険者ごとの額を設定する。

　介護保険の給付を受けるには，本人か家族あるいは依頼を受けた者が市町村の窓口で申請を行い，市町村が行う心身の状況調査とそれにもとづく介護認定審査会の審査判定によって，要介護の認定を受けなければならない。2007年12月末の要介護（要支援）認定者数（総数）は450.6万人，第1号被保険者に対する割合は16.5％となっている。要介護認定は，受けられるサービスの内容や量が異なる5段階の要介護度，要支援，自立に分けて判定される。自立と認定されたものは，保険の給付を受けることができない。介護サービスを提供する事業者には，居宅サービス事業者と介護保険施設とがあり，介護保険の対象となる給付は，訪問介護（ホームヘルプ）や訪問入浴，訪問看護，通所介護（デイサービス）などの在宅サービス，介護老人福祉施設（特別擁護老人ホーム）や介護老人保健施設，介護療養型医療施設などにおける施設サービスである。

　なお，保険給付の対象となる介護サービスの内容や量に制限があるために，サービスの上乗せを行っている市町村が少なくない。さらに，国は認めていないが，高齢者のあいだから要望の強い保険料の負担減免措置を独自の判断で講じている市町村もある。

　[労働保険]　労災保険と雇用保険をまとめて労働保険と呼ぶ。労災保険は，2008年度末現在で約260万事業所，約5242万人に適用されている。全額事業

主負担で，使用者の掛金率は事業の種類に応じ賃金総額の 0.6～14.4％となっている。雇用保険は 2009 年 5 月時点で被保険者 3750 万人，受給者数約 70 万人である。財源は事業主と被保険者の保険料，国庫負担金でまかなわれている。労使の負担割合は，1000 分の 11.5 のうち，1000 分の 8 の失業給付に要する費用は労使折半，雇用安定事業等に使われる 1000 分の 3.5 は事業主負担である。わが国の雇用保険は，中小零細企業の加入率が低いこと，完全失業者に占める受給率が海外の国々に比べて低いことなどの問題がある。

2 生活保護制度

生活保護法による生活保護の扶助には，従来から生活・教育・住宅・医療・出産・生業・葬祭の 7 種類あったが，2000 年度から介護扶助が加わった。生活保護の給付は，要保護者，その扶養義務者，または同居の親族の申請にもとづき決定される。急迫した要保護状態にあるときは，申請を待たずに職権で必要な保護を行うことができる。費用は，全額を国と地方公共団体が負担する。生活保護給付は，世帯単位を原則としている。また，「補足性の原理」が採用されており，所得や資産の不足分を補給することが条件となっている。さらに，民法上の扶養義務が優先するという原則がある。

1980 年代後半から 90 年代初めまで生活保護世帯数は減少する傾向にあったが，その後不況の強まりを背景に増加に転じ，2005 年には 100 万を突破し，2007 年の月平均受給者数は 154 万 3521 人，110 万 5275 世帯に達し，生活保護率は 12.1 ‰（パーミル：千分率）である。保護開始の理由は，かつては傷病が多かったが，近年では失業による収入の喪失，医療の急迫保護などが加わり多様化している。厚生労働大臣によって設定される扶助の基準は2008年度で，高齢者単身世帯（68 歳）は東京都区部等 8 万 820 円，地方郡部等 6 万 2640 円，母子世帯（30 歳，4 歳，2 歳）は東京都区部等 16 万 6160 円，地方郡部等 13 万 2880 円などとなっている。保護を受ける期間は，高齢者世帯や障害者世帯の増加によって長期化する傾向にある。高齢者世帯や障害者世帯を除いても保護期間 3 ～10 年の世帯割合が増えており，10 年以上の世帯割合も減らず，貧困の固定化がうかがわれる。

3 社会福祉の制度

　老人，児童，心身障害者などの援護を目的として，施設でのケアを提供したり，手当を支給したりする制度である。1950年以来，共通の基本事項を定めた社会福祉事業法，および個別領域にかかわる法律（児童福祉法・身体障害者福祉法・精神薄弱者福祉法・老人福祉法・母子福祉法）が制定されてきたが，2000年に社会福祉事業法が大幅に変更され，名称も社会福祉法となった[7]。

　1980年代に入ってから，急速な人口構造の高齢化のもとで，保健・医療・福祉の連携を強化し在宅介護の充実をはかる高齢者保健福祉政策が，わが国の最も重要な福祉課題の1つとして位置づけられるようになった。1989年に「高齢者保健福祉推進10か年戦略（ゴールドプラン）」，1994年に「新・高齢者保健福祉推進10か年戦略（新ゴールドプラン）」が策定され，それらによる基盤整備をもとに1997年に介護保険法が制定された。介護保険制度によって，それまで高齢者福祉サービスと高齢者医療サービスに分かれていた介護サービスが制度的に統一された。高齢者保健福祉サービスは，介護保険制度下で，全国の地方自治体が計画する「介護保険事業計画」に組み込まれた各種の事業として提供されている。

　保育に欠ける乳幼児をケアする保育所は，2005年4月現在2万2570ヵ所（公営1万2090ヵ所，私営1万480ヵ所），定員は約205万人，利用児童数は約199万人である。利用児童数が定員を下回っているが，地域的な偏在によって保育所の不足しているところがあり，入所待機者は全国で3～4万人ある。また，共働き夫婦の増大や親の就労形態の多様化によって延長保育，夜間・休日保育，一時預かりなどのニーズが増大しており，それらに応えることが今後の保育体制の重要な課題となっている（わが国の少子化対策については，第8章を参照）。

　児童手当は，2007年4月現在，12歳到達後の最初の年度末までの児童を対象に，3歳未満一律月1万円，3歳以上は第1子・第2子月5000円，第3子

---

[7] 主な変更点は，社会福祉事業の種類がひろげられたこと，社会福祉法人の認可条件が緩和されたこと，社会福祉サービスに関する苦情処理のシステムが設けられたこと，市町村に対して地域福祉計画の策定が義務づけられたことである。

以降は月1万円となっている。所得制限がある。なお，2009年9月に発足した民主党政権のもとで「子ども手当」を創設する準備がなされている。これは，支給対象を中学生までとし，支給額を増し，さらに所得制限をなくすもので，実現すれば現行の児童手当は廃止される。

障害者福祉の分野は，1981年の「国際障害者年」以降，政府の政策が促進されるようになった。1993年に障害者基本法が成立し，1995年には「障害者プラン――ノーマライゼーション7か年戦略――」が決定された。1996年の推計によれば，18歳以上で在宅の身体障害者は約293万人，施設入所の障害者は15万4000人，身体障害児の数は，在宅と施設入所をあわせて約8万9600人であった。身体障害者手帳の交付数は，1994年度末で約375万人，知的障害者（児）の数は，在宅と施設入所をあわせて，1995年の調査で約41万3000人であった。

障害者福祉のサービス利用については，行政の措置制度が廃止され，2003年度から利用者が施設や事業者を選択して契約を交わし，障害者からの支援費支給の申請に対して市町村が支給を決定する支援費制度が導入された。さらに2006年度から地域生活と就労促進をうたう障害者自立支援法が施行され，障害種別ごとに提供されてきたサービスを市町村主体のサービス提供に一元化し，介護保険サービスに類似した新しいサービス体系への移行がはかられた。今までは障害の種類（身体障害，知的障害，精神障害など）によって異なっていた各専門施設も，一つの基準に統一され，新たな障害程度区分の判定システムに移行することとなった。しかし他方で，障害者自立支援法は，受けるサービスに応じて一定割合（当面1割）負担を求めるという従来の応能負担から応益負担への転換を打ち出し，そのために負担能力の低い障害者と家族に大きな不安を投げかけている。

第4節　社会保障と地方自治

わが国の社会保障制度は中央集権的な色彩がきわめて濃厚であった。どうしてこのような性格が形づくられたのであろうか[8]。

憲法第25条は，「国は，すべての生活部面について，社会福祉，社会保障及

び公衆衛生の向上及び増進に努めなければならない」として，国の責任を規定している。「国の責任」とは，普通は中央政府の直接責任を意味するが，中央政府がすべてを行うことは不可能である。したがって，「国の責任」は，中央政府と地方自治体が分担もしくは共同して担う「公的責任」として理解され，社会保障行政の主体も個々の制度の性格に応じて中央政府と地方自治体の双方に分配される。しかし，わが国は，戦前まで地方自治制度が未確立で，戦後は地方自治制度と社会保障制度を並行して構築しなければならなかったので，出発点において中央政府が社会福祉，社会保障，公衆衛生の制度設営に基本的な責任を担う必要があった。その結果できあがったのが，厚生省設置法と厚生省組織令で国の所管事務を定めるとともに，他方でその一部もしくは全部を地方自治体に再配分するという構造である。

こうした構造のもとで，具体的な国と市町村の関係を形成したのが，行政的には，自治体に社会福祉，社会保障，公衆衛生関連の行政機関または施設（社会福祉事務所，児童相談所，保健所など），職員（社会福祉主事，児童福祉司，医師資格の保健所長など）などの設置を法的に義務づける必置規制と，生活保護の給付認定や社会福祉施設への入所・利用を認定する措置権を国から自治体に委任する機関委任事務の制度であり，財政的には，措置費や必置の施設・職員を維持する経常的経費などを保障する国庫負担金，地方交付税の制度であった。

戦後社会保障のこうした中央集権的システムを振り返ると，さまざまな歴史的功罪があげられる。

第1は，保護基準や福祉施設の入所基準，処遇内容の設定は国に留保されてきたが，国はサービス受給者のニーズや自治体の実際にかかる費用からかけ離れた低い基準や内容を設定する傾向が強かった。このために，劣悪な生活保護基準を告発する「朝日訴訟」や，国庫負担金の「超過負担」に関する自治体の国を相手どった訴訟が起こった。

第2は，高度経済成長期の急速な都市化，家族と地域の解体，夫婦共働きの

8）　詳しくは，成瀬龍夫「わが国の社会保障と地方自治」『総合社会福祉研究』（総合社会福祉研究所）第10号，1997年2月，を参照してほしい。

増大，あるいは高齢化社会の進展などを背景に，地域社会で多様な福祉ニーズが膨らんできたが，中央集権的で画一的な福祉行政はこれに柔軟に対応できず，他方，地方自治体も「3割自治」といわれる行財政能力の限界によって，十分な対応ができない状況が続いてきた。

　第3は，上述のような問題はあったが，ナショナル・ミニマムの視点からいえば，中央集権的な行政には評価される側面がなかったわけではない。たとえば，社会福祉の措置制度である。全国画一的で民間施設をも包摂する措置制度のおかげで，わが国の保育所，老人ホーム，障害者施設などは，全国どこでも，農村部であろうと都市部であろうと一定，同質のサービス水準を維持し，公営であろうと民営であろうとサービスの内容と水準にほとんど格差なしに整備がなされてきた。もしもこうした制度がなく，自治体まかせ，あるいは民間まかせであったならば，財政力の乏しい農村部などでは社会福祉施設の維持・整備は困難となり，公営か民営かといった設置形態の違いによってサービスには大きな格差が生じていたであろう[9]。

第5節　わが国の社会保障制度改革の動向

　1982年7月，第2次臨時行政調査会は，「租税負担と社会保障負担を合わせた全体としての国民の負担率（対国民所得比）は，現状（35％程度）よりは上昇することにならざるを得ないが，徹底的な制度改革の推進によって現在の西ヨーロッパ諸国の水準（50％前後）よりかなり低位におしとどめることが必要である」として，社会保障制度の大幅な見直しをもとめ，今後の国民負担の増大は租税負担よりも社会保障負担に重点を置くことを答申した。

　1980年代には，生活保護に対する国庫補助金の削減，社会保険料や福祉使用料の値上げ，社会福祉措置制度の措置権の機関委任事務から団体事務への変更，地方自治体の社会福祉行政における民間委託，民営化などが進められた。

9）　社会福祉の措置制度に関しては，成瀬龍夫・小沢修司・武田宏・山本隆著『福祉改革と福祉補助金』ミネルヴァ書房，1989年。および成瀬龍夫「社会福祉措置制度の意義と課題」『彦根論叢』（滋賀大学経済学会）第309号，1998年10月，を参照してほしい。

1990年代に入ると、政府は21世紀に向けての社会保障改革の構想づくりに着手した。1991年に政府諮問機関である社会保障将来像委員会が答申を出し、95年7月に社会保障制度審議会が『社会保障体制の再構築（勧告）』を出した[10]。

1950年『勧告』に対比される歴史的重要性をもつといわれた95年の『社会保障体制の再構築（勧告）』で示された改革の方向は、次のような点に要約できる。90年代後半に実施された制度改革とあわせてのべておこう。

第1は、今後の社会保障制度の中核を社会保険とすることを再確認したことである。そうした観点から、新たに導入される公的介護サービスの制度は社会保険方式によるべきであるとし、また介護保険の導入を契機に医療保障制度の全体的な見直しを行うべきであるとした。

公的介護サービスを社会保険方式と税方式のいずれで制度化するかについては、国会内外で論争となったが、1997年12月に社会保険による制度が国会で可決され、その後の準備過程を経て、2000年4月から施行された。ただし、保険制度の内容について十分な議論が煮詰められないままに制度化を急いだので、実施後に要介護認定の方法、高齢者の保険料負担のあり方などさまざまな問題が露呈することになった。

医療保障制度について、1997年8月、厚生省は「21世紀の医療保険制度（厚生省案）——医療保険及び医療提供体制の抜本的改革の方向」を発表した。その主な内容は、①本人3割など患者負担の大幅引き上げ、高額療養費制度の廃止あるいは縮小、②差額医療の拡大、③参照薬価償還制度の導入、④大病院外来の専門分野への限定、慢性疾患の入院・外来は定額制とするなどの診療報酬制度の見直し、⑤急性期病床と慢性期病床別による病床削減、医・歯学部定員削減など医療供給体制の再編・縮小、⑦政管健保国庫補助金廃止、保険者間財政調整、総報酬保険料制の導入、すべての高齢者からの保険料徴収、などである。これらは、政府がすでに着手しているか、あるいはこれから着手しようとする医療制度改革のメニューを示していた。

---

10) 社会保障制度審議会の3大勧告といわれる1950・1962・1995年の各『勧告』の時代的背景や歴史的対比については、社会保障制度審議会の50年の歴史を回顧した『社会保障の展開と将来』（社会保障制度審議会事務局編）法研、2000年、が参考になる。

医療制度の改革をめぐって，最も大きな焦点になったのは，高齢者医療保険制度の創設問題である。1997年に日本医師会，経団連が医療保険から独立した新しい高齢者医療保険の構想を打ち出した。高齢者全員を対象に，主として公費で財政をまかない，高齢者が支払う保険料は年金収入とリンクさせるという構想である。しかし，保険料の負担を公平にできるか，介護保険との関係をいかに調整するかといった問題点が懸念され，健保連や日経連，労働組合ナショナルセンターである連合からは，サラリーマンの被用者保険と自営業者を中心としている国保とで，別々に高齢者を抱えていく方式が示された。

　懸案であった高齢者医療制度は，2006年6月国会で与党によって「長寿医療制度」（後期高齢者医療制度）が強行可決され，2008年4月からスタートした。その仕組みは，全市町村が加入する広域市町村連合を保険者，75歳以上の後期高齢者全員を被保険者とし，公費負担5割（国：都道府県：市町村＝4：1：1），被保険者の保険料1割負担，後期高齢者支援金（健保，国保等各医療保険の0～74歳の被保険者）約4割という割合で，約10.3兆円の財源を調達しようとするものである。後期高齢者の保険料は年金から天引きされる。75歳以上の高齢者を別立ての保険としたことについては，高齢者の入院医療費や終末期医療費の削減をねらう「医療費適正化」政策が背景にある。しかし，この後期高齢者医療制度に対しては，制度開始後まもなく，高齢者の保険料負担の軽減措置が不十分なことや数年以内に値上げが予定されることから，高齢者いじめの「姥捨て山」の制度として社会的批判が高まった。

　第2は，社会福祉の制度の民営化である。従来の措置制度を廃止し，自治体の役割は施設入所に関する調整機能や公費による費用助成にとどめ，民間サービスを積極的に活用するために，サービスの利用者と事業者の契約制に切り替えることが打ち出された。1999年11月，「社会福祉基礎構造改革」を行う社会福祉事業法等8法改正案が国会に上程され可決された。これによって，戦後日本の社会福祉制度の性格と仕組みは大きく変わることとなった。その要点をあげると，社会福祉サービスの供給方法は，公的責任にもとづく措置方式から利用者と事業者のあいだの民法上の直接契約方式へと変わった。サービスの供給組織は，公共団体・社会福祉法人から社会福祉法人・NPO・民間営利企業へひろげられた。利用者の費用負担は，応能負担（所得に応じた負担）から応

益負担（サービスの内容に応じた負担）へと性格が変わった。市町村の役割は，施設入所に関する措置権者から調整者および公的助成者となった[11]。

第3は，公的年金制度について，給付水準を勤労世代の所得水準とバランスをとること，公的年金の役割を「生活の安定にかかわる基本的なニーズ」に対応するものとし，21世紀には被用者年金制度の一元化が実現されるべきであるとしたことである。

公的年金制度は5年ごとに財政再計算が行われてきた。政府は，1999年再計算を1980年代から進めてきた年金制度改革の総仕上げ，「終着駅」として位置づけ，厚生省は1998年2月『21世紀の年金を「選択」する（平成9年度版年金白書）』を発表した。それらは，現行制度の給付設計を維持する案や，保険料率を引き下げ給付総額を抑制する案，さらには厚生年金の廃止（民営化）案を含むものであった。1999年再計算は，政党，経済団体，労働団体等のあいだでかつてない年金改革の論争を巻き起こした。結局，1999年秋の国会に上程された年金改革法案は，年金給付総額を2割削減することを目標とし，そのために，①賃金スライド制の廃止，②年金の支給開始年齢を65歳に繰り上げ（1994年再計算で決まっていた措置を5年早める），③厚生年金の報酬比例部分の5％削減，④新たにボーナス部分からの保険料徴収，⑤在職老齢年金の年齢幅の拡大，を内容とするものであった。1999年再計算は，必ずしも政府が期待したような年金制度改革の「終着駅」にはならず，基本的な改革は21世紀に持ち越されることになった。

2004年の改正で，5年ごとの財政再計算をやめ，最終的な保険料水準をあらかじめ定めて保険料率を自動的に調整する「保険料水準固定方式」が導入された。これにともない政府は，少なくとも5年に1度「財政の現況及び見通し（財政検証）」を作成し公表することとなった。

1999年に地方分権一括法が成立し，機関委任事務が廃止され，行政事務は国が責任をもつものと地方自治体が責任をもつものとに基本的に整理された。

---

11)「社会福祉基礎構造改革」の内容については，成瀬龍夫「覆される社会福祉の公共性」『住民と自治』（自治体研究社），No. 437，1999年9月。および垣内国光「社会福祉基礎構造改革とは何か」『賃金と社会保障』（労働旬報社），No. 1250・50，1999年5月下旬・6月上旬合併号，を参照されたい。

国から県へ，県から市町村へ権限の移譲がなされ，社会保障に関する従来の必置規制もいくつか廃止もしくは緩和された。しかし，この地方分権化は，地方自治体の条例制定権など地方自治の自由を拡大したものの，自治体への税源移譲といった自主財源を拡大する措置を伴わなかったので，きわめて不十分な改革にとどまった。

第6節　社会保障の再構築

1　社会保険主義の限界

1980・90年代に推進されたわが国の社会保障改革は，21世紀の高齢社会への備えを目標に展開されてきた。しかし，遺憾なことに年金，医療，介護，社会福祉のどの分野も国民の老後生活不安を解消するまでには至っていない。

不安を解消できていない理由は，改革の性格があまりにも財政視点に偏り，国民に負担増をもとめる社会保険の拡大に力点をおきすぎてきたことにあると思われる。患者の窓口負担，介護保険の利用者負担など保険料以外の負担が大きくなり，こうした点についても国民の不満が強くなっている。

わが国の社会保険は，その多くが制度的な行き詰まりや財政難を抱えるようになっている。社会保険が財政難に陥りやすいのは，国民健康保険を見ればわかるように，高齢者や低所得者といったハイリスク集団を無理やりに保険制度に包摂する仕組みをとっていることに第1の原因がある。それにもかかわらず，国庫負担の割合が低いこと，あるいは雇用主負担の水準も低いことが指摘される[12]。社会保障における社会保険の役割を否定するわけではないが，社会保険にはおのずから合理的な限界がある。わが国の社会保険は，その限界を超えて拡張されているために，持続可能性を失っていると考えられる。

2　社会保険方式か公費負担方式か

今後の社会保障のあり方を展望するとき，分岐点になってくるのは，社会保

---

[12]　社会保障の国庫負担に関する国際比較に関しては，成瀬龍夫『国民負担のはなし』自治体研究社，2001年，第5章，参照。

険方式か公費負担方式かの問題である。これまでの社会保険主義で進むのか，それともその限界を見極めて公費負担主義を新たに採用するのか，あらためて検討してみる必要がある。

　里見賢治は，両者を普遍性・権利性・公平性・選択性について対比し，公費負担方式がすぐれていることを次のように主張している[13]。

　里見は，まず公費負担方式には旧来のミーンズ・テストを伴う選択的公費負担方式とそれを伴わない義務教育の例に見られるような普遍的公費負担方式のあることを区別し，その上で，普遍性については，普遍的公費負担方式ではニーズのみを要件として給付されるが，社会保険は「負担なくして受益なし」という排除原理を伴うこと，権利性については，資産や所得の多寡にかかわらず権利として受給できるが，社会保険では排除された者は権利がなくなること，公平性に関しては，財源調達の面で，公費負担方式は水平的公平性と垂直的公平性に配慮した課税政策が可能であるが，社会保険方式の場合には，定額制にしろ報酬比例制にしろ社会保険料が多かれ少なかれ逆進性をもち，垂直的公平性に欠ける面があること，選択性については，いずれの方式も，サービスの量的・質的十分性が確保されれば同じである，としている。

　結局，社会保険方式と公費負担方式は，どちらが社会保障の目的により適合しているかという基準で選択されなければならないが，上記の対比のように，公費負担方式の方がより適合性が高いといってよい。

　里見は，「社会保険方式でしか構成できない少数の領域を除けば，それ以外の領域では公費負担方式が採用されるべきである。たとえば，公的年金では基本（基礎）年金制度，医療保障制度，介護を含む社会福祉サービスなどは，将来的にはすべて公費負担方式が採用されることになろう」[14]と，今後の展望をのべている。

　筆者なりに補足していえば，年金制度も医療保険制度も介護保険制度も，制度サービスの基礎的な部分や高齢者・低所得者などのハイリスク集団に対する

---

13)　里見賢治「社会保険方式の再検討」社会政策学会編『高齢社会と社会政策』ミネルヴァ書房，1999年，4，を参照。
14)　同上，79ページ。

サービスに関しては，社会保険方式から税方式を基本としたものに切り替える必要がある。具体的にいえば，公的年金制度におけるナショナル・ミニマム保障の部分である基礎年金は国庫一般財源による方式に移行すること，介護保険は，一部の選択性の強いサービスを除いて，基本サービスは税財源による措置方式をベースに再構築すること，医療保険は高齢者医療費の無料化や低水準の定額負担方式を再設定すること，サラリーマンや自営業者の一部負担についても受療機会に影響を与えない負担限度を明確にすること，などである。これらの改革は，社会保障本来のナショナル・ミニマム保障の使命を制度的にも財政的にも明確化しようとするものである。

　他方，社会保障の財源を考えるとき，社会保険か公的負担かの問題とともに，社会保険の保険料負担における使用者負担と被用者負担の関係についても視野に入れなければならない。社会保障における社会的扶養の責任の担い手を使用者と国のいずれの側にもとめるべきかを考えると，被用者対象の社会保険制度では，第一義的な担い手は使用者側にもとめるのが正当である。この点で，1980年代以降のわが国の社会保障改革は，使用者負担の位置づけがきちんとなされない傾向が続いてきたといってよい[15]。

　21世紀の高齢社会に向けて，わが国の社会保障はあらためて半世紀前の制度創設の原点ともいうべき「社会保険から社会保障へ」に立ち戻ることを必要としている。

---

15)　工藤恒夫「社会保障の目的と財政」『21世紀の社会保障』(社会政策学会年報第41集) 御茶の水書房, 1997年, II, を参照。

第8章　少子・高齢社会と社会政策

第1節　少子・高齢化のインパクト

1　人口構造の少子・高齢化

　2007年10月1日現在における日本の65歳以上人口は2746万人，総人口に占める割合は21.5％となっている。75歳以上人口は1270万人，9.9％である。65歳以上人口を男女別で見ると，男性は1170万人，女性は1576万人で，女性の65歳以上人口の割合は24.1％となっている。

　国立社会保障・人口問題研究所の中位推計（2006年）によると，65歳以上人口は今後とも増大して，2012年には3000万人，2018年には3500万人を超え，高齢者人口の増加がピークとなる2042年には3863万人になると見込まれている。高齢化率は2013年に25.2％と日本人の4人に1人が65歳以上となり，2035年には33.7％で3人に1人，21世紀の半ばには2.5人に1人が65歳以上になると見込まれている。

　人口構造が高齢化しているのはグローバルな動向である。国連の定義では，総人口に占める65歳以上人口の割合が7％を超えると「高齢化社会」（aging society），14％を超えると「高齢社会」（aged society）と区別されるが，この定義にしたがえば，ヨーロッパや日本などの先進地域は2005年には15.3％と高齢社会になっている。アフリカ，日本を除くアジア，中南米などの開発途上地域は5.5％であるが，発展途上国の中でもロシア，中国，韓国などは高齢化社会の段階にある。

　日本が諸外国に比べて際立っているのは超速ともいうべきそのスピードである。65歳以上人口の割合が7％から14％に達した所要年数（倍加年数）は，フランス115年，スウェーデン85年，イギリス47年なのに対して日本はわずか24年（1970年の7.1％から1994年の14.1％へ）である。日本のこうした急速なテンポでの高齢化は，今後も2030年ごろまで続くと予測されている。

表 8-1 高齢化の現状（2007 年 10 月 1 日）

		総数	男性	女性	性比
人口（千人）	総人口	127,771	62,310	65,461	95.2
	高齢者人口（65 歳以上）	27,464	11,703	15,760	74.3
	前期高齢者（65〜74 歳）	14,761	6,937	7,822	88.7
	後期高齢者（75 歳以上）	12,703	4,766	7,938	60.0
	生産年齢人口（15〜64 歳）	83,015	41,745	41,270	101.2
	年少人口（0〜14 歳）	17,293	8,861	8,431	105.1
構成比（％）	総人口	100.1	100.0	100.0	
	高齢者人口（高齢化率）	21.5	18.8	24.1	
	前期高齢者	11.6	11.1	11.9	
	後期高齢者	9.9	7.6	12.1	
	生産年齢人口	65.0	67.0	63.0	
	年少人口	13.5	14.2	12.9	

資料：総務省「推計人口」（2007 年 10 月 1 日現在）。
注：「性比」は，女性人口 100 人に対する男性人口。
出所：内閣府『2008 年版 高齢社会白書』。

表8-2 世界人口の動向等

	1950 年	2005 年	2050 年
総人口（千人）	2,535,093	6,514,751	9,191,287
65 歳以上人口（千人）	130,847	477,358	1,492,055
先進地域	64,119	185,644	325,560
開発途上地域	66,729	291,714	1,166,495
65 歳以上人口比率（％）	5.2	7.3	16.2
先進地域	7.9	15.3	26.1
開発途上地域	3.9	5.5	14.7
平均寿命：男性（年）	45.0	63.9	73.1
：女性（年）	47.8	68.3	77.8
合計特殊出生率	5.0	2.7	2.0

資料：UN, World Population Prospects: The 2006 Revision.
注：1）平均寿命および合計特殊出生率は，1950〜1955 年，2000〜2005 年，2045〜2050 年。
  2）先進地域とは，ヨーロッパ，北部アメリカ，日本，オーストラリアおよびニュージーランドからなる地域をいう。
   開発途上地域とは，アフリカ，アジア（日本を除く），中南米，メラネシア，ミクロネシア，ポリネシアからなる地域をいう。
出所：表 8-1 に同じ。

　人口の高齢化のインパクトを考えると，とくにこのスピードが重要な問題となる。
　合計特殊出生率が 2.1 以上であればその国の人口は増加し，2.1 以下であれば人口が減少すると考えられ，人口学的に後者の状態が続くことを「少子化」

とみなしている。

　日本では出生率の低下によって子供の数が減少する傾向も急速である。1 人の女性が生涯に産む子供の数（合計特殊出生率）は，1920 年代には 5 人を超えていたが，30・40 年代を通じて低下しはじめ，60 年代には 2 人台となり，70 年代後半以降 2 人を割るようになった。少子化も日本だけの現象ではない。1960 年代の中ごろからまず西ヨーロッパと北米で注目されはじめた現象である。世界保健機構（WHO）の発表（2008 年 5 月）によれば，世界各国の合計特殊出生率は日本 1.3，アメリカ 2.1，フランス 1.9，英国，スウェーデン，ノルウェー，フィンランドは 1.8，ドイツ 1.4，イタリア 1.4，中国 1.7，韓国 1.2である。合計特殊出生率の低下は先進工業国共通の現象といってよいが，2008 年に世界で最低は韓国となっており，工業化や都市化が進みつつある発展途上国も低下しつつある。

2　少子・高齢化の影響

　急速な少子・高齢化の進展に直面して，わが国では 1980 年代以降その社会的経済的な影響の重大さが強調されてきた。とりわけ高齢化との関連で，次のような点が議論され，国民生活の面でも実感されるようになってきた。

　第 1 は，すでに第 7 章でふれたように，年金，医療，介護といった高齢者関連の社会保障ニーズの増大である。わが国の高齢者のなかで「年金生活者」，すなわち主として年金によって老後生活費をまかなう人々の数はいまや 6 割に達している。このことは，年金制度が名実ともに日本人の老後経済生活の支柱となっていることを意味する。高齢者はまた罹病率が高いので，老人医療費の増大をまねいている。さらに，心身の能力が低下する高齢者には看護，介護，家事支援などが必要である。わが国では，1970 年代まで介護は家族まかせで，老人ホームは圧倒的に不足し，家族介護や施設介護の機会にめぐまれない老人の「社会的入院」が問題となった。1980 年代後半から公的介護サービスの整備が緊急課題とされるようになり，2000 年 4 月から公的介護保険制度が発足した。

　第 2 に，わが国の労働力供給構造の変化が進んでいることである。労働力人口において占める高齢者の割合は急速に高まっている。65 歳を過ぎても元気

で働いている人や働く意欲のある人は，いまでは珍しくない。日本の高齢者の労働力人口比率（65歳以上人口に占める65歳以上労働力人口の割合）は22.6％（2000年）で，アメリカ12.8％（2000年），ドイツ2.7％（1999年），フランス1.5％（1999年）などの欧米諸国に比べきわめて高い水準にある。高齢になっても健康で働く人が増えることは年金，医療，介護等の社会的費用の節約とも関連してくるので，こうした高齢者の労働ニーズに対応する多様な就業環境の整備が推進されるようになっている。

　第3に，高齢者が増えるにしたがって地域の生活環境のあり方が見直されるようになっている。階段の段差など移動の障害をなくす住宅や地域の生活空間のバリアフリー化などはその一例である。在宅福祉を重視してきたヨーロッパの高齢社会では高齢者専用住宅が大量に建設されてきたが，日本ではまだ本格的な手がつけられていない。

　少子化の影響については，家族生活のあり方をはじめとする日本社会の再生産へのさまざまな問題とともに，経済面では将来における若年労働力の不足，保険料を払い込む世代の縮小による年金制度へのインパクトなどが指摘されてきた。

　他方，日本が高齢化社会に足を踏み入れた1970年代から，人口高齢化は日本社会の活力を低下させ，経済成長を阻害するのではないかという，いわゆる「高齢化危機」論が唱えられるようになった。その内容は，将来的に若年労働力不足に陥り，労働コストが著しく高まる可能性があるとする労働力危機論，現役世代1人当たりの要扶養老人の数が今後2倍にも3倍にも増え，社会保障負担の増大が日本経済の活力を奪ってしまうとする活力低下論，年金制度が財政的に崩壊してしまうとする年金危機論などが主なものである。高齢社会の到来は，日本の社会経済構造に深甚な影響をもたらしていることは疑いないが，ただし，一方的な「高齢化危機」論については，問題を過大に評価してきたむきがある。

第2節　高齢社会と福祉政策の枠組み

1 「高齢化危機」論の問題点

まず,「高齢化危機」論には,将来見通しに関する方法にいくつかの問題がある。

そもそも,今日の社会において「老年」および「老年人口比率」の年齢基準をどのように考えるかという問題がある。「人生50年」だった過去と,平均寿命が大幅にのびて,高齢者の健康,就労,社会活動への参加状態が大きく変化した「人生80年」の現在を,同じ65歳という年齢基準で測ることは必ずしも適切ではない。これは,高齢社会における現役世代による老年世代扶養人数を考えるとき,従来のように老年人口指数から単純に「3人で1人を養う」といった予測を行うことの問題性につながる。

むしろ,現実にマッチした現役世代による老年世代扶養人数の考え方として,①実際に働いている人を重視して,生産年齢人口よりも労働力人口をベースにする,②実際に働いている人が自分を含めてどれだけの扶養人数を担うことになるのかをより正確に測るために就業者人口をベースにする,③看護,介護,保育など非貨幣的な側面まで含めて現役世代の生活維持責任を測るために生産人口を分母,総人口を分子にする,といった方法などが考えられる。こうした方法を採用すると,65歳以上基準の老年人口指数よりもはるかに現役世代の扶養人数は少なくなる[1]。

もう1つは,21世紀の日本経済は低成長が続くことはほぼ確実であるが,生産年齢人口や労働力人口1人当たりの実質経済力がまったく変化しないということは考えられない。仮に,20年後,30年後に生産年齢人口1人当たりの実質経済力が1.5倍,2倍になれば,たとえ生産年齢人口1人当たりの老人扶

---

1) ①については,里見賢治「『高齢化社会』論と福祉政策」『社会問題研究』(大阪府立大学社会福祉学部)第32巻第2号,1983年3月,参照。③については,清山洋子『高齢社会を考える視角』学文社,1995年,参照。それらの紹介については,成瀬龍夫『日本経済の動向と社会保障の変化』(日本生活協同組合連合会医療部会「虹のブックレット No.39」),1996年,参照。

養負担が1.5倍, 2倍になっても, 実質的負担は増えないことになる。また, 人口高齢化によって生産年齢人口が減少し老年人口が増大しても, 生産年齢人口の減少分と老年人口の増大分をカバーする程度に経済成長率が保持されれば, やはり実質的な負担は変化しない[2]。

人口高齢化に伴う老年世代の扶養負担の問題が経済的に決して軽いなどといっているわけではないが, 実質経済力の将来的な上昇を考慮しない「高齢化危機」論は誇張された議論であるといわざるをえない。

2 社会保障と世代間の公平問題

日本では, 1980年代以降, 高齢化社会への対応として老人保健制度や介護保険制度の導入, 医療・年金さらに社会福祉の制度見直しなど, 「社会保障構造改革」といわれる一連の制度改革が推進されてきた。「高齢化危機」論を背景にしながら, こうした制度改革の具体的な方向と内容を主導するキーワードとなってきたのは「世代間の公平」である[3]。

社会保障にかかわる「世代間の公平」には, 次のような2つの論点がある。1つは, 人口の高齢化で, 現役世代の老人扶養の負担が重くなり, とくに年金に関係する世代間の負担と給付が著しく不公平になっていくので, 世代間の公平をはかるように制度改革を行うべきだというものである。もう1つは, これまで社会保障において高齢者は低所得あるいは無収入であることを理由に負担はできるだけ軽減されてきたが, 今日の高齢者はゆたかとなり, もはや「社会的弱者とはいえない」ので, 医療費の窓口負担や介護保険の保険料, 利用者負担など, 高齢者自身の負担を大幅に拡大すべき, というものである。

こうした世代間問題, いい換えれば世代間の所得移転関係のあり方をいかに考えるべきであろうか。

まず第1に注意しなければならないのは, 世代間の所得移転は, 年金のように社会保障制度の枠内で検討を必要とする問題と, 社会保障の枠内だけで論じ

---

2) 宮島洋『高齢化時代の社会経済学』岩波書店, 1992年, 参照。
3) 社会保障と世代間の公平をめぐる議論に関しては, 成瀬龍夫『国民負担のはなし』自治体研究社, 2001年, 第3章, を参照してほしい。

られない問題があることである。

年金制度をめぐる世代間の公平問題は，2つの要因がからまって生じている。1つは，わが国の人口高齢化がきわめて早いスピードで進行し，保険料を払う人の数が減っていくのに給付を受ける人の数が増えていることである。もう1つは，わが国の公的年金制度が完全な賦課方式でなく，積立方式の形式を維持しているために世代ごとに保険料と給付の水準に格差が発生していることである。年金制度の財政方式が積立方式を採用していると，急速な人口高齢化は世代間の負担と給付の不均衡・不公平を引き起こす。賦課方式を採用していても，急速な人口高齢化は同じような問題を発生させる。ただし，賦課方式のもとでは，積立財源の枯渇による年金制度の財政破綻といった問題は起こらない。

これらの問題を解決するには，あとでのべるように，わが国における老後生活保障のナショナル・ミニマムの水準を明確にして，それを税財源の国民基礎年金を通じて実現すること，年金財源の確保はそれとともにより完全な賦課方式への移行を推し進めること，といった抜本的な制度改革がもとめられる。

世代間の所得移転については，公的なレベルでも社会保障だけでなく，公教育，公共事業などにおいてその関係がどうなっているか，さらに私的なレベルで親の教育費の負担，親から子への財産相続関係がどうなっているか，といった問題をひろく視野に入れる必要がある。社会保障では，現役世代から老年世代への所得移転がなされているが，公共事業ではむしろ老年世代が現役世代であった時期の負担によって建設された社会資本が現役世代によって主に利用されている。財産相続では，わが国の年々の財産相続額は年々の年金給付総額に匹敵する規模となっている。このように，トータルな所得移転関係を視野に入れると，現在の世代間の負担と受益では，必ずしも現役世代が不利で老年世代が得をしているとはいえないという見方も成り立つのである。

次に，高齢者はもはや社会的弱者ではないという点については，どうであろうか。「社会的弱者」という言葉については，生理的弱者と経済的弱者という2つの次元が考えられる。生理的次元でいえば，高齢者は昔に比較していくら健康状態が大幅に改善されているといっても，加齢に伴い労働能力が低下し罹病率が高くなることは避けられない。この意味で，高齢者はやはり弱者とみなしてよく，健康面では他の世代に比べて不利であり，医療費負担で現役世代が

老年世代をカバーし、その結果世代間の不公平が生じることは、年齢という自然的な理由からしてやむをえないといわなければならない。高齢者に過重な保険料や利用料を課し、そのために高齢者が医療サービスや介護サービスを受けることをあきらめるといった事態をまねいてはならない。

経済的次元では、すでにふれたように、わが国の高齢者の半分以上がもっぱら年金収入で生活する状態になっており、また年金外収入も大半の高齢者はきわめて低水準である。他方、わが国の高齢者はフローの所得が少なくても、ストックの面では勤労者世帯の平均以上にあるということがよく引き合いに出される。しかし、これも、資産所得で生活費を補充している高齢者は、ごくわずかでしかない。とくに、公共住宅が少なく、政府の住宅政策として持ち家主義が推進されてきた日本で、現役のころに多額のローンで入手した持ち家をもっているからという理由で、社会保障の高負担をもとめる根拠にすることは適当ではない。

3 年金制度のサスティナビリティ

年金制度は、高齢社会の必需品としてますます存在意義を高めているが、他方で年金危機が叫ばれ、その制度的な維持可能性も大きな関心事となっている。年金制度を維持するうえで、将来の財政的な破綻を避けることは最も重要な課題の1つである。しかし、年金制度のサスティナビリティの問題はそれだけではない。高齢社会にふさわしい老後生活のナショナル・ミニマム保障の機能を果たせるように年金制度を設計し直すことが最も基本的な課題である。

そうした視点から、今後の年金制度改革の方向として指摘されるのは、公的年金制度が保障すべき老後の生活ミニマムに関して、どのような内容、水準とするかを明確にすることである。

これまでの日本の年金制度をめぐる議論では、年金が何を保障すべきかに関して従前所得保障説と最低生活費用保障説が並存してきた。定年退職前の収入水準は人さまざまであるが、ほとんどの人は退職しても急に生活水準を下げることはできないので、年金はその人の退職前の所得の一定割合を保障すべきだというのが従前所得保障説である。それに対して、就労期には収入水準に個人差があっても、老後生活は個人的な生活差よりも経済的安定を重視すべきであ

り，すべての高齢者に平等に最低生活費用を給付するのが年金の役目だというのが最低生活費用保障説である[4]。これらのいずれに力点をおくかによって年金制度のあり方が大きく異なってくる。どちらかといえば，社会保険の積立方式は従前所得保障説になじみ，租税財源による賦課方式は最低生活費用保障説になじむ制度である。

今日，基礎年金と所得比例年金の2階建て方式の年金制度を採用している国では，基礎年金で老後生活のナショナル・ミニマムを保障し，比例部分で退職前所得の一定割合を保障するという考え方に立っている。日本も，1980年代半ばに国民基礎年金が導入され基本的に2階建て方式に移行した。しかし，基礎年金の水準が低く，ナショナル・ミニマム保障と呼べるレベルに達していない。今後は，最低生活費用保障の視点によって，基礎年金のナショナル・ミニマム保障機能をもっと強める方向で改革が進められることになろう。また，そうした方向での改革を進める場合，老後の最低生活費に関する理論的実証的な調査研究が必要である[5]。

現行の2階建て方式の年金制度は，今後長期にわたって維持されるとしても，国民基礎年金の水準が高くなれば，付加的な制度である所得比例部分は相対的に縮小し，私的な個人年金にまかせる部分がひろがっていく可能性がある。また，これまで職域と地域で分立してきた制度は，国民基礎年金の役割が大きくなるにつれて一元化の方向をめざす動きが強まると考えられる。

第3節　少子化の原因と対策

1　少子化の原因と背景

少子化は，すでに見たように高齢化とともに先進工業国に共通の現象である。

---

[4]　岩田正美「高齢者の生活費用と社会政策」京極高宣・堀勝洋監修『長寿社会の社会保障』第一法規，1993年，を参照。

[5]　わが国では，老後生活費に関して，「いくら必要か」という金額の試算は多いが，中身に関する分析や本格的な研究はきわめて数が少ない。岩田正美『老後生活費』（法律文化社，1989年）は，老後生活費の調査研究の問題状況と方法を検討するうえで参考になる。

そこで，先進工業国共通の少子化の原因を検討し，そのうえで日本の特殊な要因を探ってみよう。

先進工業国の少子化の原因については，よく知られているものとして親の子に対する教育投資と女性の職場進出を重視するゲーリー・ベッカーの説がある。ベッカーは，経済成長のもとで生活水準が上昇すると，親は子どもを沢山産み育てるよりも，少数の子どもにより多く教育投資を行って子どもの質を高めようとする傾向にあること，また，女性の職場進出によって労働力率の上昇と出産率の低下が起こることを指摘した。

ベッカー説は間違っているとはいえないが，ほかにも説明の方法があろう。まず，少子化の基礎には農業社会から工業社会への転換があげられる。農業社会では，子どもは家族経営の農業労働のための重要な労働力，つまり生産財であった。しかし，資本主義的な工業社会では家族内労働力として子どもの数を多くする必要がない。また，農業社会では，子どもは親の老後の面倒を見る役割を担っており，いわば社会保障財のような意味があったが，工業社会では家族が解体して子どもによる親の扶養は困難である。それに代わって年金制度や高齢者福祉サービスが発展する。要するに，親にとって子どもを産み育てる目的や必要性が根本的に変化したことが，工業社会における少子化の第1の理由としてあげられる。多子多産の必要性がなくなった工業社会のもとで，ベッカーのいう経済的要素が作用していると考えられる。

さらに，少子化の原因は結婚のレベルと子育てのレベルでの検討が必要である。結婚のレベルでは，若年者の高学歴化や高水準な失業等で晩婚化が進むと，当然出生率の低下が起こる。子育てのレベルでは，夫婦共働きのもとで家事・育児の負担が女性に偏ったり，教育費等の経済的負担が大きかったりすると，子どもを産むことへの心理的抑制が働くと考えられる。

わが国の少子化の原因をめぐっては諸説があるが，今日ほぼ定説化しているといってよいのは，晩婚化説と子育て負担過重説である。このうち，とくに日本的要因として重視すべきと思われるのは後者である。

晩婚化については，男女ともに年齢別未婚率が上昇してきた。とくに25歳〜29歳の女性の未婚率は1970年の20.9％が2005年には59.9％へと上昇している。高学歴化や職業進出を背景に女性の経済力が高まり，自由な独身生活を続

けたいとか，離退職による生活水準の低下を避けようとする意識が強まっている。ただし，厚生労働省の調査によれば，未婚者の約9割以上は「いずれ結婚するつもり」と答えており，一生結婚する意志のない女性がわが国で増えているわけではない。

他方，子育ての過重負担は，女性の多くが仕事と子育ての両立を困難に感じており，子どもの教育費がかかりすぎることから，出産に対する心理的抑制が働いているという事実にもとづいている。わが国の女性にとって仕事と子育ての両立が困難な理由は，男性が家事・育児に参加する割合がきわめて低い——『厚生労働白書』(2006年版)によれば，6歳未満の子どものいる世帯では，母親の1日当たりの育児時間は平均3.03時間，父親のそれはわずか0.25時間，家事時間は母親7.14時間，男親0.48時間である——こと，保育所や学童保育所が地域社会で十分に確保されず，保育所の入所待機が全国で数万件もあることである。また，子育ての経済的負担の重さも軽視できない。文部科学省の子どもの学習費に関する調査では，幼稚園から高校まで100万円（私学のみでは200万円）かかり，厚生労働省の子どもの養育費に関する調査では，保育所から大学まで1人当たり2000万円かかると推計されている。わが国の子育て負担の過重は，このように家庭内負担の男女不平等に加えて，社会的な保育・教育サービスの不足と高負担に起因している。

ヨーロッパでは若年者の高失業率が晩婚化の一因になっていると考えられるが，日本ではこれまでのところそうした要因は大きくはない。しかし，将来を考えると，日本でも若年者の失業率が次第に上昇しつつあり，それが追加的要因となる可能性がある。

2　少子化問題の政策課題

少子化が社会経済的に好ましくない問題であるとすれば，政府は出生率を向上させる政策をとる必要があるが，どのような政策が有効であろうか。

まず先進工業国のなかで少子化対策の成功例として注目されるのは1980年代のスウェーデンである。スウェーデンは，1960年代後半には出生率が1.6までに低下した。スウェーデン政府は，出生率の低下を食い止めるために育児休暇制度や児童手当の充実などさまざまな対策を講じ，その結果1990年に出生

率は 2.13 にまで上昇した。しかし，スウェーデンは，その後再び低下しており，出生率の低下を防止することは容易でないことをしめした。

　こうした諸外国の経験や日本の少子化の重要な原因の1つである子育て負担の過重状況などをふまえて，日本の場合も，育児休業補償制度の大幅な拡大，保育所の整備による利用待機の解消，児童手当の改善あるいは支給対象や支給額を拡大し，所得制限をなくす子ども手当の新設，家事・育児負担の男女平等化の推進などに積極的に取り組む必要があろう。これまでに政府は，それらを課題とするエンゼルプラン（1994年），新エンゼルプラン（1999年）を決定し，また地方自治体の多くもこれに倣って地域のエンゼルプランを作成して少子化対策を進めてきた[6]。ただし，わが国の少子化対策は，出生率の向上を直接の目標に掲げていないので，スウェーデンのような抜本的な内容に欠けている。そのために，エンゼルプラン開始後も日本の出生率の低下には歯止めがかからなかった。エンゼルプランのもとで1995年から「緊急保育対策等5か年事業」が取り組まれ，延長保育や学童保育の整備は一定進んだが，保育所の入所待機児童は依然として3～4万人を超えている。

3　ワーク・ライフ・バランス

　21世紀に入って，ワーク・ライフ・バランス（「仕事と生活の調和」）が先進工業国の新たな課題となっている。ワーク・ライフ・バランスは，1980年代後半に，保育や家庭との両立に悩んで離職するワーキング・マザーが多かったアメリカで，働く母親をつなぎとめるために企業が保育サポートを導入するワーク・ファミリー・バランスとして始まったといわれている。これが，男性

6）「子育て支援総合計画」（通称「エンゼルプラン」）は，改組前の文部省，厚生省，労働省，建設省の4つの省がそれぞれの少子化対策を持ち寄ってまとめられたものである。1999年12月に策定された新エンゼルプランは，①保育サービス等子育て支援サービスの充実，②仕事と子育ての両立のための雇用環境の整備，③働き方についての固定的な性別役割分業や職場優先の企業風土の是正，④母子保健医療体制の整備，⑤地域で子どもを育てる教育環境の整備，⑥子どもたちがのびのび育つ教育環境の実現，⑦教育に伴う経済的負担の軽減，⑧住まいづくりやまちづくりによる子育ての支援，を内容としている。

社員の保育参加，さらに全従業員の私生活に配慮するワーク・ライフ・バランスへと展開され，アメリカでは企業の業績向上につながるビジネス戦略として展開されるようになった[7]。また経済のグローバル化を背景に，EU 諸国においても公的な社会政策の課題としてとりあげられるようになった。EU では 2000 年に雇用社会相理事会で「女性と男性の家庭生活と職業生活へのバランスのとれた参加に関する決議」が行われた。

日本でも，少子化対策や男女共同参画の視点から関心が払われてきたが，2007 年末，政府，地方公共団体，経済界，労働界の合意により，「仕事と生活の調和（ワーク・ライフ・バランス）憲章」「仕事と生活の調和推進のための行動指針」が政労使による調印の上，決定された。行動指針は，2017 年を目標年次に超過労働時間 60 時間以上の雇用者の割合を現状の 10.8 ％から半減させること，年次有給休暇取得率を現状の 46.6 ％から 100 ％にすること，育児休業取得率を女性で 72.3 ％から 80 ％に，男性で 0.5 ％から 10 ％に引き上げることといった目標値をかかげている。

しかし，目標実現を担うのは企業である。企業意識が大きく変化しないかぎり，政府のかけ声だけでは目標を達成する可能性は疑わしい。また，日本では，企業が非正規従業員に大きく依存しており，再就職など転職環境なども整っていないので，労働者全体へのワーク・ライフ・バランスの普及にはこうした雇用構造が大きな障壁となるおそれがある[8]。

第4節　高齢社会と国民負担の増大

人口構造の高齢化にともなって，社会保障負担が増大している。日本の 1970 年の社会保障負担率は 5.4 ％であったが，2000 年には 14.4 ％，2008 年には 15.0 ％となっている。このように社会保障負担率が高まってきたのは，医療・年金・介護にかかわる国民の社会保険料の負担が増大してきたためである。

---

[7]　パク・ジョアン・スックチャ『会社人間が会社をつぶす——ワーク・ライフ・バランスの提案——』朝日新聞社，2002 年。
[8]　大沢真知子『ワークライフバランス社会へ』岩波書店，2006 年，終章。

ただし，社会保険を社会保障制度の中心に据えてきたドイツなども同様の傾向にある。医療が国営で，公的年金が基礎年金を中心にしているイギリスでは，社会保障負担率が低い代わりに租税負担率が高い。

わが国では，こうした社会保障の国民負担の増大とかかわって，国民負担率の上昇は日本経済の活力を低下させ成長を阻害するとの理由から，国民負担率を50％以下に抑制すべきであるという第2次臨時行政調査会の答申が1980年代はじめに出された。以来，今日までこの方針が政府の政策の基調とされてきた。第7章でふれたが，具体的には，社会保障の整備・拡充は租税よりも社会保険を中心に対応し，社会保障のあり方も公的な福祉だけでなく民間の市場福祉を拡大して，社会保障の国民負担の増大が進んでも，国民負担率についてはそれを一定の水準以下に抑制するというものである。

しかし，今日では，国民負担に関する考え方や国民負担率の上限設定の根拠について多くの問題が投げかけられている。以下，それらを簡単にのべておこう[9]。

第1に，国民負担率とは，租税負担と社会保障負担の合計額が国民所得に占める割合のことである。租税負担と社会保障負担は，どちらも国民に強制的に課せられる負担であるが，両者の性質は基本的に異なっている。租税負担は，納税者にとって特定の反対給付のない負担であるが，社会保険料は拠出者1人1人にとって医者・医療機関から必要な治療が受けられるとか，老後に年金の給付が受けられるとか，個別具体的な反対給付が保障された負担である。こうした違いがあるので，両者を一体として扱うことは適当ではない。ちなみに，国際的には租税負担率と社会保障負担率がそれぞれ統計的に示されることはあっても，それらを合計した「国民負担率」という概念は統計上も政策的にも用いられていない。

第2に，「国民負担」といいながら，問題にされてきたのは公的な負担のみであって，私的な負担が考慮外である。しかし，社会保障がカバーする国民生活の分野は，公的負担が多ければ私的負担が少なく，反対に公的負担が少なければ私的負担が多くなるという関係にあるものが少なくない。なぜならば，社

---

[9] 成瀬龍夫『国民負担のはなし』前掲，第1章，参照。

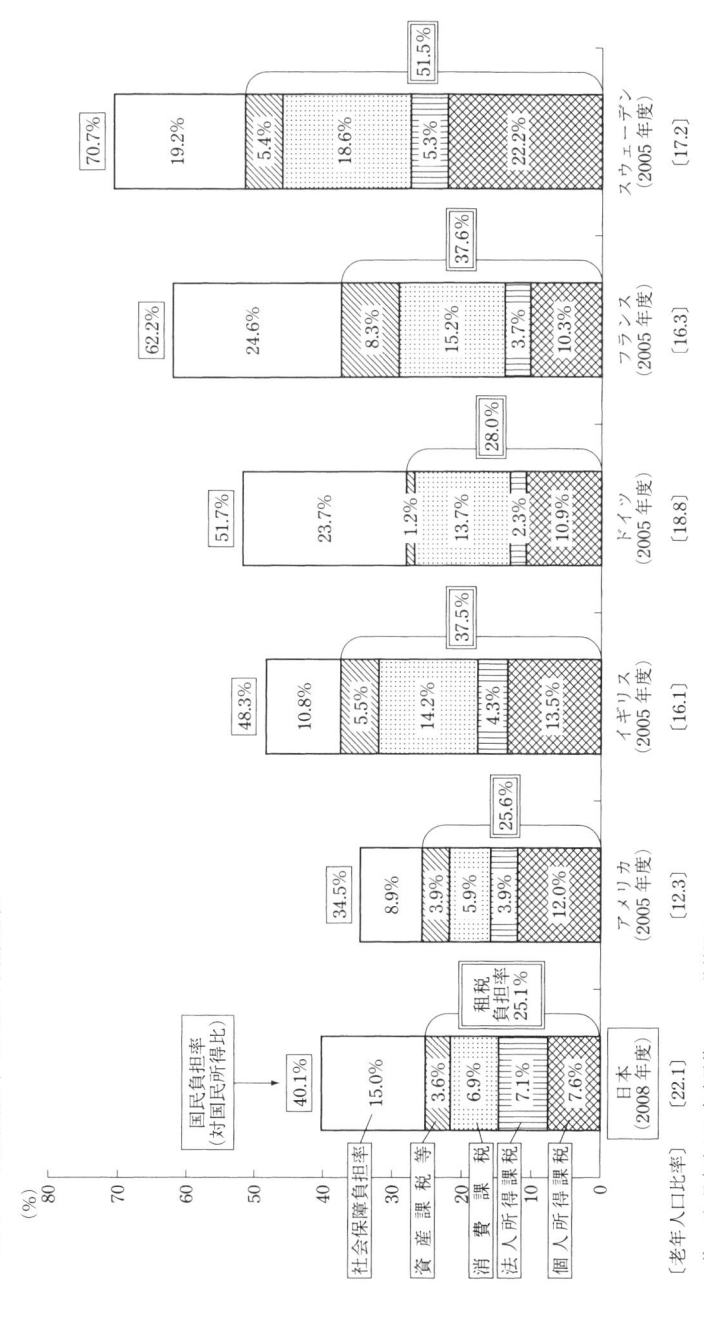

第8章　少子・高齢社会と社会政策　181

図 8-1　国民負担率の内訳の国際比較

	日本 (2008年度)	アメリカ (2005年度)	イギリス (2005年度)	ドイツ (2005年度)	フランス (2005年度)	スウェーデン (2005年度)
国民負担率	40.1%	34.5%	48.3%	51.7%	62.2%	70.7%
社会保障負担率	15.0%	8.9%	10.8%	23.7%	24.6%	19.2%
資産課税等	3.6%	3.9%	5.5%	1.2%	8.3%	5.4%
消費課税	6.9%	5.9%	14.2%	13.7%	15.2%	18.6%
法人所得課税	7.1%	3.9%	4.3%	2.3%	3.7%	5.3%
個人所得課税	7.6%	12.0%	13.5%	10.9%	10.3%	22.2%
租税負担率	25.1%	25.6%	37.5%	28.0%	37.6%	51.5%
[老年人口比率]	[22.1]	[12.3]	[16.1]	[18.8]	[16.3]	[17.2]

注：1) 日本は2008年度予算ベース、諸外国は、OECD "Revenue Statistics 1965-2006" および同 "National Accounts 1994-2005" 等による。
2) 租税負担率は国税および地方税合計の数値である。また所得課税には資産性所得に対する課税を含む。
3) 四捨五入の関係上、各項目の計数の和が合計値と一致しないことがある。

出所：財務省。

会保障は個人や家庭が私的に負担していたものを社会的公的負担に代替させるものであって,それによって負担の軽減や効率化,総費用の節約をはかろうとするものであるからである。公的負担の水準が高くなっても,それによって私的負担が軽減されれば,国民のトータルな負担は重くはならない。

　第3に,国民負担率の上昇が経済の活力を弱め,成長を阻害するといった想定は正しいであろうか。宮島洋は,国民負担率とマクロ経済の因果関係の統計的実証研究を行って,人口の高齢者比率と社会保障関連支出比率,国民負担率のあいだには正の相関関係があることを認めたが,国民負担率とマクロ経済指標とのあいだには明確な関係は検証できなかった。宮島は,「成長率との関係を含め,国民負担率と経済パフォーマンスとのごく弱い負の相関関係には注意しなければならないが,国民負担率の上昇,即,経済の停滞,活力の疎外というステレオタイプの議論・主張は過剰反応との誇りを免れない」と指摘している[10]。このように,国民負担率とマクロ経済の関係は不明確であるにもかかわらず,国民負担率が上昇すれば経済活力が低下するという図式が長期にわたって政府の財政経済政策の基礎に置かれてきた。また,国民負担率の上限設定も,なぜ50％なのか,合理的な根拠が説明されてこなかった。

　1980年代以降の国民負担率抑制政策の結果,日本の2000年度の租税・社会保障負担率は36.9％,2008年度は40.1％と低く抑えられている。国際比較をすると,アメリカはほぼ日本と同水準の34.5％(2005年度),イギリスは48.3％(2005年度),ドイツとフランスは51.7％(2005年度),62.2％(2005年度)となっている。スウェーデンは日本よりも30％以上高い70％台にある。スウェーデンの高齢化率は日本よりも低い17％台であるが,日本の租税・社会保障負担率の低さとスウェーデンの高さとは対照的である。

　しかし,国民負担率に関して以上のような問題があるとすれば,国民負担率をいたずらに抑制することは,社会保障に向ける経済資源配分を過少にし,高齢社会に向けての社会保障の整備・充実を遅らせる結果となる。

　わが国は,国民負担率の呪縛から解き放たれて,21世紀の高齢社会にふさわしい国民負担の水準と国家財政の構造を形成していかなければならない。

---

10)　宮島洋『高齢化時代の社会経済学』前掲,39ページ。

第9章　福祉国家と福祉社会

第1節　福祉国家の意味したもの

1　「福祉国家」の多義性

「福祉国家」という言葉は，社会保障と完全雇用を重視する国家という狭い意味から，社会主義に対抗するために産業の部分的国有化や計画経済など政府が広く経済に介入する修正資本主義の国家という意味まで，さまざまに理解されてきた。しかし，多くの人が一致して認めてきた定義はない。ある特定の国，たとえば戦後のイギリスやスウェーデンだけをモデルにすると，他の国には厳密にはあてはまらないからである。

そのために，福祉国家間の共通性と差異性に多くの関心が払われてきた。その共通性については，少なくとも資本主義国が第2次世界大戦後，その程度や熱意に差があっても，1948年の国連世界人権宣言を「福祉国家の原理」として受容したことをあげてよいであろう[1]。国連世界人権宣言は，すべての人々に普遍的に適用される社会的経済的権利を次のようにうたっていた。

「何人も自らおよびその家族の健康と福祉にとって十分な生存権を有する。それには衣食住，保健医療，必要な社会サービス，失業，疾病，障害，配偶者の喪失，老齢，不可抗力によるその他の生活能力の喪失の場合に保障を受ける権利を有する。」

しかし，国によるさまざまな違いとその原因については，経済的要因を重視する論者と政治的要因を重視する論者のあいだで議論がかわされてきた。経済的要因を重視する論者は，福祉供給のレベルは経済発展のレベルとのあいだに直接的な関係があって，福祉供給の範囲や種類を決めるのは，イデオロギーや

---

1) Norman Johnson, *The Welfare State in Transition*, 1987. 青木郁夫・山本隆訳『福祉国家のゆくえ』法律文化社，1993年，14ページ。

政治体制よりも，経済発展のレベルだとするものである。たとえば，アメリカの政治社会学者ウィレンスキーは，福祉国家の発展度合いを一国の社会保障費の国民総生産に対する比率にもとめて，この比率の大きさは経済発展の水準，人口高齢化の度合い，社会保障制度の経過年数という3つの要因によるものであり，各国の政治勢力の状態や政府の政治姿勢とは無関係であるとする経済的決定論を主張した[2]。現在でも，国ごとの違いは経済的発展のレベル上の違いであるとする見解が根強く存在する。

しかし，こうした説明だけでは，ある国が福祉国家かどうか，あるいはいかなる福祉国家かを考える場合に十分ではない。とくにいかなる福祉国家かといった違いを考えるには，各国の政治構造——たとえば，社会保障の財源調達の方法は，左翼政党の議会勢力の大きさといった政治的要素が強く作用する——を重視する必要がある[3]。イギリスにおける第2次世界大戦後の労働党政権の役割，スウェーデンにおける社会民主党の長期政権と福祉優先政策，1980年代におけるイギリスのサッチャー政権の登場と反福祉国家路線への転換などを振り返ると，福祉国家のあり方はそれぞれの国の政治構造との関係が無視できない。

ここで筆者なりに福祉国家の基本的な特徴を指摘しておけば，第1に，国民の生存権を認めそれに対する国家責任を明確にしていること，つまり，さきほどふれた国連世界人権宣言のうたっている普遍的な社会的経済的権利を国家として受容していること，第2に，その国家責任を，社会保障を通じるナショナル・ミニマム保障のかたちで制度化していること，第3に，社会保障制度や累進課税制度など，所得の社会的再分配のための行財政制度を整備していること，があげられる。国家による所得移転（社会保障費）が国民総生産に対して大きな割合を占めるようになったのは上記の結果，あるいはまた国民と政府がこれらの要素を政治的選択の上で重きをおいてきたことの経済的な結果であるとい

---

2) H. L. Wilensky, *The Welfare State and Equality*, 1975. 下平好博訳『福祉国家と平等』木鐸社，1984年，参照。なお，ウィレンスキー説に対するコメントは，武川正吾『福祉国家と市民社会』法律文化社，1992年，3-4ページを参照。
3) 武川正吾『福祉国家と市民社会』前掲，参照。

える。

　1980年代に入ると，先進諸国で福祉国家の見直しが始まり，福祉国家の輪郭が不鮮明になりだしたが，少なくとも1970年代までの福祉国家を理解しようとするならば生存権，社会保障，ナショナル・ミニマム，所得再分配の4つがキーワードとしてはずせない。他方，ある国が政治的に福祉国家を志向し，経済的に社会保障費を通じる所得移転が大きな割合を占めるようになっているとしも，それがただちに福祉国家としてのパフォーマンスをしめすわけではない。福祉国家のパフォーマンスは，国民のあいだで第1次的貧困がどの程度消滅しているか，所得の平等化がどの程度進んでいるか，完全雇用がどの程度達成されているか，あるいは性的人種的な差別がいかに解消されているか，などの実績でまず基本的な評価がなされなければならない。

2　福祉国家の歴史的意義

　福祉国家の歴史的な意義は，本来は生存と生活の自助・自己責任が原則であるはずの資本主義のもとで，国民大衆にそれらの原則によらない，社会的権利にもとづく生活保障の仕組みを手に入れさせた点にあるといってよいであろう[4]。

　資本主義社会の国民にとって，国家が自分たちの生活を保障してくれる仕組みが存在するようになったことは，画期的なことである。資本主義国家がこうした状態を認めたのは，いかなる理由と背景によるものであろうか。

　歴史的には20世紀に入って，恐慌と失業，貧困問題，労働運動の高揚，社会主義体制の成立とファシズムの台頭に対する対抗の必要性など，多くの要因があげられる。とくに第2次世界大戦後，資本主義国家が程度の差はあれ社会保障制度の整備に力を注ぎ，福祉国家の様相を強めざるをえなかったのは，冷戦構造のもとでの社会主義体制への対抗という背景があった。

---

[4]　林建久『福祉国家の財政学』有斐閣，1992年。また，成瀬龍夫『生活様式の経済理論』御茶の水書房，1988年，では，福祉国家の意義に関して，生存権や教育権，住宅権，年金権といった社会的権利を媒介に労働者のニーズを公的に充足する生活の枠組みを発達させ，労働力再生産の負担を労働者の家族から資本や国家に代替させる生活様式を形成したことをあげている（同上，247-248ページ）。

したがって，旧ソ連・東欧の社会主義国の衰退が顕著になってきた1980年代になると，資本主義体制内では反福祉国家勢力の猛烈な巻き返しが始まった。「1980年代に登場した新自由主義あるいは新々自由主義などと呼ばれる各国の政権は，総体としての社会主義圏の衰弱を背景にして，対抗文化としての緊張から解放された福祉国家内部における元来の反福祉勢力の復権」[5]とみなされるものであった。反福祉国家勢力は，とくに国家による生存権保障，社会保障を通じてのナショナル・ミニマム保障といった考え方を強く否定した。

第2節　福祉国家の限界と見直し

1　福祉国家に対する批判

　福祉国家は，資本主義国家のめざす普遍的方向として定着するかにみえた1970年代に混乱状態を見せるようになった。福祉国家の最先進国イギリスにおいてさえ，「1950年代，60年代には，あらゆる政党の政治家の間で，福祉国家についての相当程度の合意（コンセンサス）があった。だが，このコンセンサスは1970年代に左翼政治家や労働組合の闘士がその要求を増大させるにつれて，おおむね消滅した」[6]といわれる状況となった。福祉国家の危機をめぐって，①経済危機，②政府の過重負担，③財政危機，④正統性の危機，といった要因が論議されるようになった[7]。

　福祉国家に対して高まった批判は，2種類に分けることができる。1つは，さきほどふれた「反福祉国家」の立場に立ついわば外在的な批判である。もう1つは，福祉国家に欠陥はあるとしても，その存続と改善を主張する立場に立つ内在的批判である。

　反福祉国家勢力の台頭については，さきほどふれた社会主義圏の崩壊という背景に加えて，福祉国家先進国のイギリスやスウェーデンの経済停滞の原因が，

5）　林建久著『福祉国家の財政学』前掲，参照。
6）　William A. Robson, *Welfare State and Welfare Society*, 1976. 辻清明・星野信也訳『福祉国家と福祉社会』東京大学出版会，1980年，viiページ。
7）　Norman Johnson, op. cit., 邦訳，前掲，第2章，参照。

「大きな政府」を生み出した福祉政策にあるとされ，それらが新自由主義，市場原理主義，「小さな政府」への転換論にはずみをつけた。イギリスではサッチャー政権の福祉国家見直しの行政改革，アメリカではレーガン政権のサプライサイドの政策によって，政府の社会サービス補助金の削減，福祉サービスの民営化や市場化などが展開された。

日本でも，来るべき高齢化社会への備えとともに，「イギリス病」「スウェーデン病」におちいらないために日本型福祉社会を構築する必要があるとする議論が強まり，1976年に第2次臨時行政調査会が発足し，80年代に入ると「臨調行革路線」といわれる政府の補助金削減を柱とする社会保障見直しが一斉に着手されるようになった。

福祉国家に対する内在的な批判者からも，福祉国家のさまざまな限界が指摘された。たとえば，イギリスの行政学者W・A・ロブソンは，その著『福祉国家と福祉社会』(1976年) において多くの問題点を指摘した。

ロブソンによれば，戦後イギリスでは，社会サービスの目標と範囲が，①個人の社会的経済的権利をいっそう保護する，②障害者の生活を援助し訓練や教育を用意する，③公的教育システムによって青少年を育成する，④公衆衛生の目標が，本来の目標である疾病の予防と治療から，あらゆる年齢やライフステージにおける国民全体の健康を達成することにおかれるようになる，⑤文化の鑑賞を福祉の一部として位置づけ，芸術の助成やレクリエーション施設を用意する，といったかたちで拡大した。その結果，社会サービスはその対象者に中流階層を含むようになって，所得再分配の要素が希薄になってしまった。貧困者の生活水準が改善され，貧困の意味するものが絶対的な水準でなく中流階層の生活水準を基準とした相対的なものとなった（この現象を理論的に代表したのが，貧困に関するピーター・タウンゼントの"deprivation"「相対的な社会的機会喪失状態」の定義）。その結果，社会サービスは「なにびともそれ以下に落ち込むことを許されない生活のナショナル・ミニマム水準を樹立するという，その本来の目的から定義することは，もはや不可能」[8]となった。これは，いい換えれば，第1次的貧困への対応を想定した所得保障型のナショナル・ミ

---

8) 同上，邦訳，27-29ページ。

ニマムをキーワードとする伝統的な福祉国家の定義を維持することが困難になったことを意味する。

　彼はまた，次のようにいう。福祉国家を支えてきたのは，社会全体に存在する市民の共同意識や公共心であった。しかし，社会サービスの地域格差や不平等を解消するために中央政府の権限と役割が大きくなり，「福祉国家は中央集権化する国家」とみなされるようになった。その結果，市民の公共事務への関心が低下し，中央政府依存の傾向が強まった。中央集権的な福祉国家のもとで，市民の参加，協同，地方自治といった福祉社会の諸要素の弱体化が痛感されるようになった[9]。

　ロブソンは，「対応する福祉社会なくして真の福祉国家の享有はありえないこと，両者は相互補完的であること，そして，イギリスの社会および政策に福祉国家建設の目標と矛盾する要因があまりにも多いため，われわれはいまだその目標達成にきわめて限られた成果しかおさめていないこと」[10]を指摘し，福祉社会となるために，誰もが福祉国家において享受する権利を補完する義務を理解し受け容れることや，権力が多元化している福祉社会での力の節度ある行使をもとめた。

　アメリカの福祉資本主義の状況を踏まえたN・ギルバートは，『福祉国家の限界――普遍主義のディレンマ』(1985年)において，社会的市場と経済的市場のあいだに適切なバランスが必要であるという視点から，福祉国家の限界を論じた。彼は，アメリカの社会的市場（社会的な福祉サービスの供給）は1960・70年代を通じて大きく膨らんだが，それらは経済的市場で生み出される経済的余剰でまかなわれるものであり，福祉に対する公共的な財政支出が経済的余剰の水準を超えて拡大されたのではないかとの疑問を示した。その理由は，上に取り上げたロブソン同様，福祉サービスがナショナル・ミニマム基準を超えて追求されるようになったことである。

　「公正なナショナル・ミニマム基準の設定は，長くきわめて複雑な政治的妥協の経過を必要とする。しかし，その過程での際立った政治的要求は，幸福

---

9) 同上，邦訳，212-215ページ。
10) 同上，邦訳，215-216ページ。

増進という捉えどころのないきわめて抽象的な要求によって弱々しいものとなってしまう。ミニマム基準のもっともらしい定義に含まれる福祉サービスの大きさには多様な形態がありうる一方，幸福の追求を促進すると考えられる福祉サービスの範囲には限界がないといってもいいくらいである。さらに，苦しみを減らすことと幸福を促進することとの間の理論的スケール上に，ミニマム基準が引き上げられるにつれて給付水準に基づく明確な区別が次第にあいまいになる点がある。その転換点で，これらの二つの目的を分かつ線は，意図と傾向に解消させられる。

　福祉国家の目的が経済的依存と貧困の削減に対する関心を超えて人間的発展と生活の質の向上という使命を帯びるにつれて，1970年代までに，この線はすでに超えられていた。」[11]

　ロブソンやギルバートの以上のような論点を念頭において福祉国家の限界を再考すると，以下のような問題が指摘されよう。

　第1に，社会保障・社会サービスが一定の水準まで整備されてくると，ナショナル・ミニマムの水準をさらに向上させようとする合意が得られにくくなってきたことである。とくに教育や医療，住宅，高齢者福祉サービスなどは対象が低所得者層とは限らないので，社会保障・社会サービスの対象を国民一般にひろげるか，低所得・貧困層に限定していくか，いわゆる「普遍主義」(universalism)か「選別主義」(selectivism)かの問題が合意形成を次第に複雑なものにしていった。対象を国民一般にひろげていくと，政府や企業の負担だけでなく，国民一般の「高福祉高負担」も避けがたくなるが，そうした費用負担と財源調達の方法は国民の合意をいっそう複雑で困難なものにしてきた。

　第2は，福祉国家の中央集権化とその弊害である。福祉サービスのすみずみまで政府の行財政コントロールがなされると，官僚主義的な中央集権の弊害が目立つようになった。とくに日本では中央集権的な福祉行政の画一的硬直的な仕組みと運営が批判の的となった。そのために，中央政府の責任と役割を限定して社会サービスの分権化を進め，地方自治体の役割をより大きくするとか，

---

11) Neil Gilbert, *Capitalism and The Welfare State*, 1985. 関谷登監訳『福祉国家の限界』中央法規出版，1995年，187ページ。

福祉供給システムを多元化し，国民のサービス選択の自由や地域社会での参加を助長していく方向が不可避とされるようになった。「社会福祉から地域福祉へ」「与える福祉から参加する福祉へ」「福祉国家から福祉社会へ」などといわれるようになったのは，そうした変化を示している。

2 福祉国家の行方

　反福祉国家勢力の批判の基礎にあるのは，社会サービスに対する公共財政の支出の度合いが大きくなりすぎ，それが資本蓄積を阻害し，経済活力を奪っているという「過剰負担」論である。しかしながら，これまで福祉国家とみなされてきた国で，そうした認識を妥当とする確証が示されたことはない。福祉国家の社会政策が経済成長に与えたマイナスの影響は，あってもわずかであり，むしろ労働力の保全と生産性の上昇に寄与して資本蓄積をカバーする役割を果たしてきたとする主張が少なくない[12]。

　福祉国家の危機論や限界論の高まりによって，一部にはすでに福祉国家を過去のものとして扱う風潮さえあるが，はたして福祉国家の行方はどうなるのか。反福祉国家勢力の主張のように福祉国家は解体されるべきもの，あるいは解体できるものであろうか。

　その答えは否，いかに批判が高まろうとも，福祉国家を解体してしまうことは不可能であると思われる。なぜならば，もしも福祉国家が解体されてしまえば，勤労者の大半が無権利・無保護の状態に放置され，19世紀の状態に逆戻りする状況をまねかざるをえなくなる。そうした逆もどりを大半の国民が認めるはずはなく，「大衆の生活を国家ないし社会が保障するというシステムをいったん手に入れた大衆が，これを放棄することはありえない」[13]と考えられるからである。さらに今後の資本主義の社会的経済的な安定とシステムの正統化の確保からしても，福祉国家をなんらかのかたちで存続させていくことは不可欠である。N・ジョンソンは，次のように指摘している。

　「現在福祉国家は大部分の資本主義諸国において攻撃にさらされている。確

---

12) Norman Johnson, op. cit., 邦訳，前掲，33-34ページ。
13) 林建久著『福祉国家の財政学』前掲，参照。

かに福祉国家は現状では疑いもなく不十分であるとはいえ，労働者を資本主義がもたらす最悪の状態から守り，その生活に改善をもたらしてきたことも事実である。同時に，福祉国家は資本蓄積を援助し，資本主義システムを正統化してきた。こうした明らかな矛盾が存在しているにもかかわらず，福祉国家を解体することは，労働者の生活水準の低下に帰結するであろう。福祉国家の解体は，労働者を市場の無制限な無政府状態にまったく無保護のまま放り出し，階級・地位・権力のより大きな不平等をもたらすであろう。」[14]

　市場原理と自由競争，生活の個人責任の原則のうえに立つ資本主義体制にとって福祉国家の価値観や原則はそれらと根底で反する面をもっている。同時に資本主義体制は，体制固有の原理や原則がもたらす弊害を修正して資本蓄積の円滑化をはかり，資本主義のシステムに対する国民的な正統化を確保するためには，福祉国家と共存していかなければならない。現代の資本主義はこうした宿命的な矛盾を抱えている体制であるといえよう。

　福祉国家の限界論にかかわって，次の点を付言しておこう。

　福祉国家は，旧来の貧困を縮小させたことは疑いないが，それを完全に解消することはできなかった。そして，旧来の貧困が縮小する一方で，戦後の経済成長のもとで貧困の性質や形態が変化し，1960・70年代ごろから先進工業国には「新しい貧困」と呼ばれる社会的な病理現象がひろがってきた。福祉国家の社会政策は当初，一部国民の貧困の主たる原因である低所得問題の解決を使命とすると考えられていたが，こうした「新しい貧困」を国民全体にかかわる問題として取り組まなければならなくなってきた。それは，国民の生活要求がナショナル・ミニマム基準を向上させるというよりも，従来のナショナル・ミニマム保障の枠組みで対処できない多様で複雑な生活要求がひろがったと理解してもよいものである[15]。

　社会保障・社会サービスのあり方を考えるとき，このことは次のようなことを意味している。第1に，社会保障・社会サービスは，もはや弱者救済のためのものではなく，国民すべてに生活の安定と安心を保障するシステムとしての普遍的な位置づけがもとめられるようになったことである。第2に，国民すべ

---

14) Norman Johnson, op. cit., 邦訳，前掲，209ページ。

てに生活の安定と安心を保障するシステムを構築することは，政府の行財政責任だけでは限界があることである。今日，福祉国家を超えて，福祉社会の多元的なあり方が積極的に問われるようになっているのは，こうしたところに理由があると考えなければならない。

　もう1つは，福祉国家には資本主義経済に特有の不安定さがつきまとわざるをえないことである[16]。景気や国家財政の状況に左右されて，社会保障の伸縮が起こる。好景気と成長が続き，国家財政の順調な時期には社会保障の整備が進む一方，不況や財政危機の局面では，失業者や貧困者が増えて社会保障の役割がとくに重要となる時期であるにもかかわらず，給付の抑制や縮小がなされる。

　かつては，こうした不安定さを少なくする福祉国家の財政政策として，ケインズ主義によるフィスカル・ポリシー（好況期に国民に社会保障制度を通じて社会的貯蓄をさせ，不況期には給付の拡大や公共事業投資による貯蓄の活用で失業者の雇用と有効需要の創出を行う政策）が唱えられた。しかし，1970年代以降になると，不況が循環的性格だけでなく構造的性格をもち，また政府が

---

15)　ロブソンも，「福祉国家は本来，貧困およびそれと結びついた諸悪を除去する手段と考えられていた。さまざまな福祉サービスが大多数のイギリス人の生活水準を計り知れないほど改善した。しかし，それらは貧困の量と度合いを確かに減少させはしたが，貧困を完全に除去するには至らなかった」（『福祉国家と福祉社会』前掲，ixページ）と指摘し，また福祉国家の社会政策の課題の変化について次のようにのべている。
　「福祉国家が直面する問題は第二次世界大戦終結以来大幅に増大した。当時はソーシャル・ポリシィが克服すべく予定された主要な害悪は，現金収入の欠如と信じられていた。それが，今日では，麻薬中毒，過度のギャンブル，乳児殴打，妻女虐待，精神または身体障害，アルコール中毒，崩壊家庭，児童の放任ないし虐待，学童の怠学，野蛮行為，無頼の生活，無教育者，性病，その他人間のさまざまな欲求不満，無知，怒り，悲惨などを含むと認識されている。これらの病理現象は貧困からのみ起こるものではなく，社会のあらゆる層に見られる。福祉国家はそれらの現象の若干のものを減少させ予防するうえで相当の進歩を遂げたが，問題の範囲が広がるにつれて，福祉国家は国民全体の福祉にかかわるものであり，金銭的援助やそれに伴う物的サービスを必要とする個人や家族にのみかかわるものではないことが明らかになった。」（同上，xページ）

16)　林健久著『福祉国家の財政学』前掲，参照。

常時巨額の財政赤字を抱えて，財政政策の効果が乏しくなる状況が生まれるに至った。加えて，経済のグローバル化が進み，福祉国家は国際経済関係からの影響を敏感に受けるようになった。

　資本主義経済の安定と成長は福祉国家を維持していくうえで重要な要件である。とはいえ，福祉国家につきまとう経済的不安定性は今後も避けられそうにない。福祉国家の限界を乗り越えるためには，以下で検討するように福祉国家を支える福祉社会の構築が必要である。さらにまた最終章で論じるように，21世紀の社会目標を明確にし，経済的市場に対する社会的市場のリーディング・ファクターとしての重要性をグローバルに築き上げることが必要である。

3　ベーシック・インカムの構想

　近年，福祉国家の主軸である社会保障に対する代替構想として浮上しているベーシック・インカム（Basic Income：「基本所得」）についてふれておこう[17]。

　すでにのべたように，社会保障は完全雇用の実現と両立させることを前提とし，労働者本人負担であれ企業負担であれ，勤労者の労働を前提とする収入からまかなわれる保険料を給付財源とする社会保険を制度的中核としており，こうした労働と給付財源の関係から「ワークフェア」型の社会的給付という性格を有している。福祉国家では，一方で，社会保障を充実すればするほど租税・社会保障負担率が上昇していくので，「福祉国家は重税国家」といった批判が存在してきた。1980年代以降の改革では，社会保険主義が強まるとともに，生活保障の性格が色濃かった失業手当に就労促進的措置が導入されるなど，そのワークフェア的傾向が目立つようになった（その典型の1つは，ドイツの労

---

17)　ベーシック・インカム構想については，小沢修司『福祉社会と社会保障改革――ベーシック・インカム構想の新地平――』高菅出版，2002年。および同書に対する成瀬の書評「ベーシック・インカムとその可能性」『賃金と社会保障』No.1341，2003年3月上旬号，をあわせて参照してほしい。ほかに，すぐれた解説書として，山森亮『ベーシック・インカム入門――無条件給付の基本所得を考える――』光文社新書，2009年，宮本太郎『生活保障　排除しない社会へ』岩波新書，2009年，立岩真也・斉藤拓『ベーシック・インカム　分配する最小国家の可能性』青土社，2010年，参照。

働市場改革である。2003年に成立したハルツ法は長期失業者向けの失業給付金を削減し、社会保障の見返りに勤労奉仕や職業訓練などの制度を強化した）。

しかし、失業対策に効果がみられず、完全雇用を前提とするワークフェア型の社会保障の原理的有効性に対する疑念がひろがってきた。それとともに、完全雇用はもはや幻想であるとして、新たな非ワークフェア型の所得保障の構想として浮上してきたのがベーシック・インカムである。

ベーシック・インカム構想について、小沢修司は、「就労の有無、結婚の有無を問わず、すべての個人（男女や大人子どもを問わず）に対して、ベーシック・ニーズを充足するに足る所得を無条件で支給しようとする最低限所得保障の構想である。社会保障給付（租税ならびに社会保険による）のうちの現金給付部分（「保険」「扶助」「手当」）をすべてこれに置き換え、その財源を勤労所得への比例課税ならびに各種所得控除の廃止に求めようとする租税＝社会保障政策構想なのである」と説明している[18]。また、その社会的効果について、①性別や結婚、就労の如何を問わないことで、所得保障が性別分業にもとづく家族像から解放される、②ミーンズ・テストが不要になり、社会保障における選別主義か普遍主義かの議論を終わらせる、③新たなセーフティネットの土台の上で、個々人は自分の人生設計に応じて就労による金稼ぎや社会貢献、生活の質の向上といった多様な道を選択できるようになる、といった点を指摘している。

きわめて魅力的な理念と楽観的な社会的効果が強調されているが、それは別として、この構想の実行可能性については、現段階では問題なしとしない。

第1に、ベーシック・インカムの財源については所得税、環境税、消費税などが提案されているが、仮に所得税が採用されるとすると、税自体が勤労者の稼得収入に拠っているので、給付面では労働と切り離せるかに見えても、財源面では所得の源泉である労働との関係を断ち切ることはできないので、トータルにはワークフェアと無縁と言い難い。

第2に、ベーシック・インカム構想は、あくまで所得保障の新たな構想である。少子高齢社会のもとでますますニーズが膨らんでいる医療や介護といった

---

[18] 小沢修司、同上、104ページ。

ケア・サービスをどのように扱うのかが必ずしも明確ではない。社会保険方式を否定すれば原則無料でサービスを公的に提供するか，さらに一定の領域を民営化するしかない。社会保険方式を一部に残すとすれば，ワークフェアとの関係では原理的に不徹底となる。

　第3に，国民生活のリスクのマネジメントの視点から見て，ベーシック・インカムは社会保障よりも優れているといえるであろうか。社会保障は，生活リスクに対するマネジメントとして，「揺りかごから墓場まで」といわれるように総合的体系的なシステムである。ライフステージで発生するニーズやリスクに対して個人および家族単位で個別的に所得保障やサービス保障を行おうとするものであるから，総合的体系的にならざるをえない。そのことは，ニーズやリスクの種類，原因をきめ細かく把握して対処するという社会保障の長所であるといってよいが，反面きわめて複雑なシステムとなり，ニーズが画一的硬直的に処理されたり，労働や他の所得との関係が給付条件とされたりするといった制約もあるのが短所である。これに対してベーシック・インカム構想においては，ライフステージにおいて予想されるニーズやリスクを具体的に考慮せず，個人は，給付されるベーシック・インカムで自分のニーズの基礎的な充足やリスク・マネジメントをはかることになる。しかし，こうした方法だけでは，かなりの問題が危惧される。仮に，日常の衣食住はまかなえるとしても，子育てや教育，介護，病気の治療といったサービス分野でのリスクは，出費が大きく個人負担の差も大きい。ベーシック・インカムのもとではリスクへの対応は原則自由，かつ自己責任である。個人や家族が重要なリスクを背負っている場合は，平均的な基準の支給額では到底対応できない生活困難の事態が多数生まれるであろう。

　最後に，その導入には，多大な政治的困難が予想される。大半の国々では，ベーシック・インカム構想にはまだ有力な社会的支持層が形成されていない。現代社会における2大有力勢力である経営者団体と労働団体は，基本的には社会保険型の所得保障を好む傾向がある。その方が，目前の市場経済と雇用関係になじみ，労使両勢力にとって管理と利害調整がしやすいと考えられるからである[19]。

　今後の展望として，ベーシック・インカムへの国民的関心を盛り上げ，数十

年をかけて部分的段階的に拡大していくことが必要であると思われる。

第3節　福祉社会と福祉多元主義

1　福祉社会の意味

　福祉国家の限界論が高まるのに比例して,「福祉社会」という言葉が頻繁に登場するようになった。しかし,「福祉社会」という語は,「福祉国家」以上に意味が明瞭でない。福祉国家は, 多義的ではあるが, それが使用されるようになった歴史や実体, モデルとされる国が存在するが, 福祉社会には必ずしもそうしたものはない。

　しかし, 福祉社会の意味は, さきにふれた福祉国家批判の2つの潮流, すなわち反福祉国家勢力によって主張されてきた意味と福祉国家の内在的批判者によって主張されてきた意味とに分けることができよう。前者の場合には, 福祉社会とは市場原理を最大限にベースとした社会で, 福祉は自助や民間の市場サービスにまかせるべきであるとし, 国家の役割は基本的に否定するか, あるいは選別主義的なサービスに限定すべきだとするものである。かつてわが国で唱えられた家族福祉や企業内福祉重視の日本型福祉社会論なども, 政府の役割の大幅な縮小という点で, 反福祉国家の立場に立つ福祉社会論であった[20]。それに対して後者の場合には, 福祉社会なしの福祉国家はあるべきではないが, 福祉国家のない福祉社会もありえないという考え方である。

　両者は, 福祉多元主義の発想, すなわち福祉サービスの供給主体は国家だけではなく, 多元的な主体が存在すべきという発想では共通している。しかし, 前者は福祉国家の必要性を認めず, 後者は積極的に認める点で性格が異なって

---

19)　ベーシック・インカムと類似の構想は,「社会配当」「負の所得税」など以前から存在してきたが, いずれも一部の研究者や政党のレベルにとどまって, 社会保障に取って代わるほどの有力な議論にはならなかった。しかしながら, 近年では, ヨーロッパでは大企業経営者からも積極的な導入論が登場し, 公に議論されるテーマとなっている（ゲッツ・W・ヴェルナー『ベーシック・インカム：基本所得のある社会へ』渡辺一男訳, 現代書館, 2007年, 同『すべての人にベーシック・インカムを：基本的人権としての所得保障について』渡辺一男訳, 現代書館, 2009年, 参照）。

いる。また，前者は，多元的な主体のなかでも民間の市場部門の役割を重視する傾向があるが，後者は，民間の非営利もしくはボランタリー部門を重視する傾向がある。

2 福祉多元主義

福祉の多元的構造，なかでも民間非営利部門の役割を重視する必要性を提起した最初の刊行物として国際的に注目されたのは，イギリスでサッチャー行革が始まる前の1978年に出された『ボランタリー組織の未来』("The Future of Voluntary Organisations")（ウルフェンデン報告）である[21]。この報告は，イギリスの福祉を支えている以下のような4つのサービス供給システムを示すとともに，福祉国家イギリスが一方では市民社会として多様なボランティア組織が発達し大きな役割を果たしている現実に注意を喚起した。

① 家族，友人，近隣が互いに助け合う「インフォーマル・システム」(Informal System)

② 民間企業が市場サービスとして提供する「営利システム」(Commercial System)

③ 中央・地方政府が公共サービスを提供する「法定システム」(Statutory System)

---

[20] 武川正吾は，「福祉社会」という言葉の日本での使われ方を次のようにのべている。「70年代の後半から，日本政府は，各種文書のなかで，それまでの福祉国家というシンボルに代えて，福祉社会というシンボルを積極的に用いるようになった。福祉社会は，当初，経済優先に対して福祉優先というような意味合いをもっていた。しかし1970年代後半に経済成長が鈍化し，政府の財政赤字が拡大していくなかで，福祉社会には『活力ある』ないし『日本型』といった限定が付されて用いられるようになり，次第にそれは『福祉の見直し』のためのシンボルへと変わっていった。80年代の経済政策や社会政策の骨格をしめした臨調答申が日本型福祉社会論を全面的に受容するに及んで，そうした性格はいっそう強まった。」（武川正吾「福祉国家と福祉社会の協働」『社会政策研究①　特集：社会政策研究のフロンティア』東信堂，2000年，37ページ）

[21] The Future of Voluntary Organisations, Reported of the Wolfenden Committee, Croom Helm London, 1978. なお，ウルフェンデン報告については，武川正吾『福祉国家と市民社会』前掲，において詳細な紹介がなされている。

④　民間ボランティア団体がサービスを提供する「ボランタリー・システム」
　　（Voluntary System）

　インフォーマル・システムは，若者や弱者，病人，障害者に対する世話，親から子ども夫婦への住宅・家具の購入資金の援助，離婚等に伴う子育て支援といったさまざまな面で重要な役割を果たしている。ただし，それらはサービスの専門家や専門的施設をもたず，長期間の物的金銭的援助を行うことができるのは裕福な階層に限られ，時期的にも場所的にも安定していない。したがって，その役割には大きな限界が存在する。

　民間の市場で教育，医療，年金，住宅，介護サービスなどを購入する営利システムは，理論的には可能性がありそうであるが，現実にさまざまなサービスを購入することができるのは社会のなかで最も富裕な人々でしかない。大多数の人々には一生に一度住宅の購入に支出できるかどうかであって，あとは行政サービスの上乗せ程度のものにすぎない。また，社会的ニーズに対応する営利部門が将来どの程度成長するのかについてもはっきりした展望がない。

　法定システムは，対象の普遍性，リスクの分かち合いによる困難な少数者に対する多数者の援助，処遇の公平性，標準の維持，選挙民の代表による組織的な計画と管理といった点で他のシステムよりすぐれている。他方，法定システムは人件費や施設に金がかかり，柔軟性がなく新しい試みを嫌うといった官僚制特有の欠点をもち，また一般の人々によるコントロールが困難である。大規模で複雑な社会サービス機関は，利用者には手の届かない非人間的な存在に映り，直接に参加する機会はめったにない。政策や手続きの変更は政治的代表者を通じて試みるしか方法がない。

　それに対してボランタリー・システムは，①新しい種類のサービスや処遇の方法を開発して，既存のサービスを拡張したり，利用者の選択の幅をひろげる，②しばしば法定システムよりも水準の高いサービスを供給して，法定システムの質を改善する，③法定システムが不在の領域で独自のサービスを実施する，といった利点があげられる。ただし，ボランタリー・システムには大きな欠点もある。ニーズがもっとも大きいところでこうしたシステムが実現するとは限らないこと，サービスの水準がいつも維持されるとは限らないこと，さらに全体的な整合性がないことである。

ウルフェンデン報告は，ボランタリー・システムが，一定の欠点を有しつつも，多元的な社会の中で重要な役割を担うことができ，「インフォーマル・システムと法定サービスを補足，追加，拡張し，それらに影響をおよぼす」[22]こと，とりわけ法定システムとパートナーシップの関係を形成して法定システムの限界を積極的にカバーする役割を果たしうることを指摘した。

　ウルフェンデン報告は，国際的に大きな反響を引き起こし，福祉の供給主体をインフォーマル部門，ボランタリー部門，民間営利部門，政府公共部門という4つの部門枠組みで考えるその後の福祉多元主義の出発点となった。インフォーマル部門については，コミュニティ・ケアの重要性，とくに高齢者等に対する介護福祉面での家族の役割とそれを支える地域社会，地方自治体の政策の重要性に対する再認識がなされるようになった。ボランタリー部門については，民間非営利組織（NPO）の役割が注目されることとなり，NPOと政府行政部門のパートナーシップの関係，NPOの育成のための法人化措置や寄付優遇税制のあり方が国際的に関心を呼ぶこととなった。

　ただし，福祉多元主義の一部には，しばしばNPOの役割を積極的に評価するあまり，政府公共部門の役割を消極的に評価し，NPOの拡大が政府公共部門の縮小につながるかのように考える論調があるが，ウルフェンデン報告自体は，民間ボランタリー部門が公的福祉に取って代わるべきといった姿勢ではなく，政府行政部門の福祉領域における活動の強化・拡充について，その必要性を強調していたことに注意する必要がある。

　NPO自体についても，弱点があることを無視するわけにはいかない。国際的なNPO研究をリードしてきたレスター・M・サラモンは『NPO最前線』において，アメリカのNPOは，政府援助が削減され寄付税制のインセンティブが弱まっていることによる財政上の危機，医療分野で営利企業との競争が激化し，一部でNPO自身が市場進出せざるをえなくなっているといった市場競争の危機，NPOの社会プログラムは社会問題を解決していないのではないかという有効性への疑問，一般市民の関心の低下による信頼性の危機，という4つの危機があることを指摘している[23]。それらの点は，他の国でも起こりうる問題

---

22) ibid., p. 26.

であり，NPO が社会的に孤立せず，安定した役割を果たすためには，政府が適正な財政的保護を与え，政府・地方自治体とのパートナーシップの関係を発展させることが重要になっている。

第4節　中央・地方の政府間関係

1　福祉社会における集権・分権

　多元的福祉供給体制の構築と並んで，福祉社会におけるもう1つの問題は公共部門内の関係＝中央・地方の政府間関係をどう考えるかである。福祉国家に対する批判のなかには，福祉国家の中央集権化とそれによる弊害が含まれている。そこから，「福祉社会は分権社会」であるべきとの考えがひろがってきた。

　この福祉分権社会論の考えは，おおむね以下のような論点にもとづいているといってよいであろう。

　第1は，福祉ニーズが多様化しているが，これに機動的弾力的に対応できるのは地域社会である。中央政府の対応は画一的硬直的であって，ニーズの変化に機動的に対応できない。今日，高齢者福祉，保育，医療，介護などケア・サービスの比重が大きくなり，ソーシャル・オプティマムを原則とする保障がますます重要となっている。ケア保障の基準や内容は中央政府が画一的に決定できるものではなく，地方自治体の権限や責任にゆだねて地域社会が処理すべきである。

　第2は，多元的な主体による参加型福祉システムの構築や運営は，中央集権的な制度では不可能である。とくに参加型福祉システムは住民の声が反映しコントロールの手の届く範囲にある地域社会でこそ可能である。また，集権的なシステムは，しばしば国民の利益から離れて官僚・業界・政治家の癒着のもとに政策決定がなされる可能性がある。福祉システムが民主的なシステムたろうとすれば分権的なシステムがのぞましい。

　ニーズの多様化への対応や民主的な参加型福祉システムの構築という視点か

---

23)　L. M. Salamon, *Holding the Center: America's Nonprofit Sector at a Crossroads*, 1997. 山内直人訳『NPO 最前線』岩波書店，1999年，第2章，を参照。

ら，福祉社会のあり方として分権社会を重視する考えは，基本的には正しいといってよいであろう。しかし，福祉国家の中央集権的性格を問題視するあまり，「集権＝悪・分権＝善」とする議論に流れてしまうことは適当といえない。また，福祉国家がすべて集権的国家であるかのような理解も現実に反する。スウェーデンの高齢者福祉サービスの分野は，「住民に身近なサービスは可能なかぎり住民に近いレベルで決定されるべきだという発想の下に，スウェーデン福祉国家の建設と地方分権はほぼ同時に推進されてきた」[24]。

スウェーデンに見られるように，福祉国家は必ずしも地方分権と対立するものではないが，福祉国家の集権性を問題視する前に，なぜ福祉国家は一面で集権的性格を有するのか，また，分権化を進めるにしても地方自治体がどこまでその権限と責任で福祉システムの構築と運営を行いうるか，を考えてみなければならない。

第1に，福祉国家が集権的になったのは，国民の生存権が憲法レベルで認められ，中央政府がナショナル・ミニマム保障を全国的に行う責任をもつ必要があったからである。全国民の強制加入の社会保険制度の創設と運営，地域格差のない福祉行政水準の維持などは，政府による集権的な制度構築と積極的な政策介入を必要とした。これらは，地域社会・地方自治体まかせではほぼ不可能であった。今後分権化を進めるとしても，ナショナル・ミニマム保障に関する基本的な責任は中央政府がもたざるをえない[25]。

第2に，従来財政学者からは，財政には，①資源の配分，②所得の再分配，③景気の調整という3つの機能があり，②と③は中央政府が担当し，①は広域性や効率性にもとづいて中央と地方とのあいだで機能分担をはかる必要がある，と指摘されてきた[26]。社会保障制度や税財政制度を通じての所得の社会的再分配は，全国的な公権力を把握している中央政府でしか本格的に行いえないこ

---

24) 多田葉子・岡沢憲芙「スウェーデン：EU加盟と第三の道のゆくえ」岡沢憲芙・宮本太郎編『比較福祉国家論』法律文化社，1997年，111ページ。
25) 国が生存権を認めてナショナル・ミニマム基準を設定し，所得の再分配によって財源を調達しようとすれば集権化が必然的にならざるをえない理由については，塚原博康「福祉政策の政府間関係——集権・分権の規範的分析」社会保障研究所編『福祉国家の政府間関係』東京大学出版会，1992年を参照されたい。

とである。すなわち福祉国家は，財政的な面からも中央集権的な役割を果たす必要性を有している。今後，財源の分権化をはかるとしても，所得再分配の機能を中央政府がまったく担わないといった状況は考えられない。

以上のように考えると，分権化を進めるとしても，今後とも政府による集権的な対応を必要とする課題が存在する。したがって，単純に「集権＝悪・分権＝善」といった図式で福祉社会における中央・地方の関係を描くことは的を射ていない。

2　中央・地方の新しい関係

中央と地方の政府間関係は，従来「集権・分権」関係でとらえられてきた。この「集権・分権」の概念は，どうしても中央と地方が対立した意味をもちやすい。しかし，中央と地方の政府間関係は，権限と財源をめぐって対立関係もあるが，決してそれだけではないことに留意する必要があるであろう。

1980年代以降の福祉国家から福祉社会への国際的動向を振り返った場合，そこに見出されるのは必ずしも集権から分権へという一方的な流れだけではない。集権を抑制して分権化を推進する流れ，分権の限界を補うかたちでの集権化，あるいは民営化促進のための集権化といった多様な動きが見出される。

たとえばイギリスは，1970年代以前には中央と地方の業務は「横割型」といわれるようなはっきりした区別があり，中央政府は国防，産業経済，社会保障（所得保障），保健・医療（NHS）を，地方政府は対人社会サービス，住宅，環境サービス，初等中等教育などを主な責任分野としていた。サッチャー政権は1980年代に地方交付金の削減，地方の主たる税源であったレートの税率の上限規制，さらに中央政府が定めた水準以上に地方政府がサービスを拡大した場合に住民の税負担が増える仕組みをもつ地方税の導入などを進めた。こうした地方財政に対する中央統制を強めることによって，地方政府が担っていた社会サービスや住宅事業の民営化を推し進めた。イギリスの1980年代の社会政策における政府間関係は，このように，民営化を推し進めるための集権化が展

---

26) 木下和夫・大阪大学財政研究会編『地方自治の財政理論』創文社，1966年，4ページ。

開されたのである[27]。

フランスでは，ミッテラン政権下で1982年に地方分権法，83年に新権限配分法が制定され，分権化が推進された。ただし，それらは福祉国家の見直しというよりも，中央政府の権限が伝統的に大きかった国家構造を地方自治の拡大によって改革する意味合いをもつものであった。したがって，社会保障に関する多くの業務は引き続いて中央政府の責任とされた[28]。

スウェーデンでは，さきに指摘したように福祉国家の建設と地方分権の推進が並行して展開されてきた歴史がある。1992年に，国による年金，県による医者レベルでの医療を除いて，その他の福祉・医療サービスを全面的に地方自治体の責任に移すエーデル改革が実施された。また1990年代になると，協同組合など民間の非営利組織が福祉の供給組織として登場し，福祉多元主義の動向も顕著になっている。こうした動きは，中央政府の役割を従来より抑制する面をもっているが，イギリスのサッチャー政権のような福祉国家否定の新自由主義の道ではなく，「第三の道」をめざした改革である[29]。

アメリカでは，レーガン政権によって連邦政府の負担縮減をはかる州政府への権限移管や，州・地方政府へのAFDC（親の養育が不可能な児童のいる貧困世帯を対象とした現金給付プログラム）やメディケイド，保健一括補助金などの財政補助が削減された。しかし，州・地方政府の依存と自律には大きな変化はなく，政府間関係は分離から融合へ移行しているといわれている[30]。

以上のような状況を見れば，福祉国家における中央・地方の政府間関係は，両者の関係を対立的に見がちな従来の「集権・分権」パラダイムだけでなく，「融合・分離」というパラダイムでも見ていく必要がある[31]。

中央と地方のあいだの分業と協業，すなわちそれぞれの役割分担を明確にす

---

[27] 武川正吾「イギリス社会政策における政府間関係」社会保障研究所編『福祉国家の政府間関係』前掲，参照。
[28] 篠原正博「フランスにおける福祉政策と政府間関係」社会保障研究所編『福祉国家の政府間関係』前掲，参照。
[29] 多田葉子・岡沢憲芙「スウェーデン：EU加盟と第三の道のゆくえ」前掲，参照。
[30] 武智秀之「アメリカの社会政策と政府間関係」社会保障研究所編『福祉国家の政府間関係』前掲，参照。

るとともに，両者のあいだに必要な協力関係を構築することも必要である。中央政府が責任をもつ領域と地方自治体が責任をもつ領域，さらに両者が共同責任をもつ領域を区別し，また地方自治体が責任をもつものであっても，必要に応じて中央政府が財政的に支援する仕組みを整備することがもとめられている。

---

31) 福祉国家の中央・地方政府間関係に関する「融合・分離」視点については，今村都南雄・武智秀之「政府間関係の構造と過程」社会保障研究所編『福祉国家の政府間関係』前掲，第2章，を参照。

第10章　21 世紀の社会政策

第1節　持続可能な社会の構築

　21 世紀の社会政策の課題は，われわれが 21 世紀にどのような社会を構築するかということと関わっている。

　1980 年代から世紀末にかけて，人間社会が 20 世紀に成し遂げた進歩と 21 世紀に引き継がれ，人類が共同で取り組まなければならない目標と課題が，国連などの国際機関で議論された。2000 年 9 月に国連は「ミレニアム宣言」を採択し，世界平和，貧困の撲滅，地球環境保全といった多くのグローバルな目標を提示した。

　それらの議論において，21 世紀を考えるキーワードになったのは「持続可能性」(sustainability) という言葉であり，21 世紀の目標とされる社会は「持続可能な社会」(sustainable society)，またこうした社会を構築するための経済発展のあり方が「持続可能な開発」(sustainable development) とされるようになった[1]。

　「持続可能な開発」という言葉が最初に登場したのは，国連の「環境と開発に関する世界委員会」(ノルウェーのブルントラント首相が委員長。通称ブルントラント委員会) の 1987 年の報告書『我ら共有の未来』("Our Common Future") におい

---

1) "sustainable development" の和訳を，「持続的な開発」とするか「持続的な発展」とするのかは定まっていない。"development" には「開発」「発展」「発達」などの意味がある。「発展」という訳語を選ぶ人々は，「開発」には日本のかつての経済成長志向の「地域開発」政策が公害，環境破壊をまねいたことから，そうしたニュアンスを避けようとする意識がある。本章では，文章上の混乱を避けるために，UNDP の "Human development" の日本語訳 (「人間開発」) に従って「開発」の訳語を選択している。
　　"sustainable development" の意味と課題および訳語問題については，林智・西村忠行・木谷勲・西川栄一『サステイナブル・ディベロップメント』法律文化社，1991 年，を参照してほしい。

てであった。この報告書は，世界経済のあり方を「エコロジー経済のための国際的公共システムの形成」に転換すべきことを提唱した。地球環境問題の深刻さが認識されるにつれて，これまでの大量生産・大量消費・大量廃棄のもとでは地球環境を維持していくことは不可能であり，環境と経済の調和をめざした持続的な開発のあり方が提起された。1992年にブラジルのリオデジャネイロで開かれた「環境と開発に関する国連会議」（地球環境サミット）は，この「持続的な開発」をテーマに開催され，人類の行動計画として『アジェンダ21』が合意された。

　「持続可能な開発」という考えは，以上のように1980年代後半からの地球環境問題の人類的緊急性の認識が高まったことを背景に登場したが，必ずしも自然環境問題に直接関係する対応に限られた意味をもつものではない。地球環境問題は，世界各地の人口問題，食糧問題，貧困問題，資源エネルギーや経済成長，科学技術，地域開発，ライフスタイルなどの問題と密接な関係にある。最初にこの概念を提起したブルントラント委員会の報告書でも，開発の次元として，①貧困とその原因の排除，②資源の保全と再生，③経済成長から社会発展へ，④すべての意志決定における経済と環境の統合，があげられていた。

　「持続可能な開発」を人類の行動計画に移す『アジェンダ21』が地球環境サミットで合意されて以来，21世紀は「持続可能な社会」をめざし，経済発展のあり方は「持続可能な開発」でなければならないという考えは国際的に定着した。他方，「持続可能な開発」の具体的な意味をどうとらえるのか，その定義をめぐってさまざまな意見が交錯してきた。経済発展の際に守られるべき自然条件を重視する理解，将来世代の権利，世代間の公平を重視する理解，発展途上国の貧困の解消とより高い生活の質や社会的正義を重視する理解などが提起されてきた[2]。こうした定義に関しては，さきほどふれたように，地球環境問題を中心に位置づけながら，単に自然環境だけでなく地球上の社会環境にも連動する概念と考えるべきであろう。

　21世紀の社会政策について考えると，いままでのべたような持続可能な社会を構築するための持続可能な開発を経済政策と連携して推進することが基本

2）　植田和弘監修『地球環境キーワード』有斐閣双書，1994年，7ページ。

的な課題であるということができよう。世界の国々は，自国だけではこうした取り組みは困難である。世界中のあらゆる組織の協同的な取り組みが必要である。21世紀の社会政策は，20世紀にもましてグローバルな視点で考えられ，推進されなければならない。

第2節　社会政策のグローバル・ガバナンス

1　グローバリズムとグローバル・スタンダード

20世紀最後の10年は「失われた10年」と呼ばれた。80年代半ばから，世界経済の枠組みを市場競争原理によって再編しようとするグローバリズムの風潮が強まり，こうした風潮が発展途上国までを席巻した。しかし，その結果，90年代には発展途上国の多くは経済危機に見舞われ，人々のあいだに所得の不平等，貧困がひろがり，地球上での富める国と貧しい国との経済的な格差，不平等が強まった。

UNDP（国連開発計画）の『人間開発報告書1999』によれば，世界の人口分布は，富裕国20％，中流国60％，貧困国20％なのに，GDPの配分は富裕国86％，中流国13％，貧困国1％となっている。財・サービスの輸出に占める割合は富裕国82％，中流国17％，貧困国1％，海外直接投資受け入れの割合は富裕国68％，中流国31％，貧困国1％である。インターネットの使用者の分布に至っては，富裕国93.3％，中流国6.5％，貧困国0.2％である[3]。グローバリゼーションの進行はこうした不均衡，不平等を強めているのではないかという批判を背景に，発展途上国のあいだでグローバリズムに対する反発が急激に高まることとなった。1999年にシアトルで開催されたWTO（世界貿易機関）の閣僚会議には7万人の抗議デモが押し寄せ，2001年夏のジェノバでのG8会議も10万人のデモによる抗議を受けるに至った。

グローバリズムは，世界中の国が市場に対するさまざまな規制を緩和し，グローバル・スタンダードを受け入れるべきであるという主張のもとに展開された。グローバル・スタンダードとは，通常デファクト・スタンダード（事実上

3）　UNDP『人間開発報告書1999：人権と人間開発』国際協力出版会，3-4ページ。

図10-1 グローバルな機会に対する富裕国と貧困国の厳然たる格差（1997年の割合）

世界のGDPに占める割合
- 富裕国20%　86%
- 中流国60%　13%
- 貧困国20%　1%

財・サービスの輸出に占める割合
- 富裕国20%　82%
- 中流国60%　17%
- 貧困国20%　1%

海外直接投資受け入れの割合
- 富裕国20%　68%
- 中流国60%　31%
- 貧困国20%　1%

インターネット使用者に占める割合
- 富裕国20%　93.3%
- 中流国60%　6.5%
- 貧困国20%　0.2%

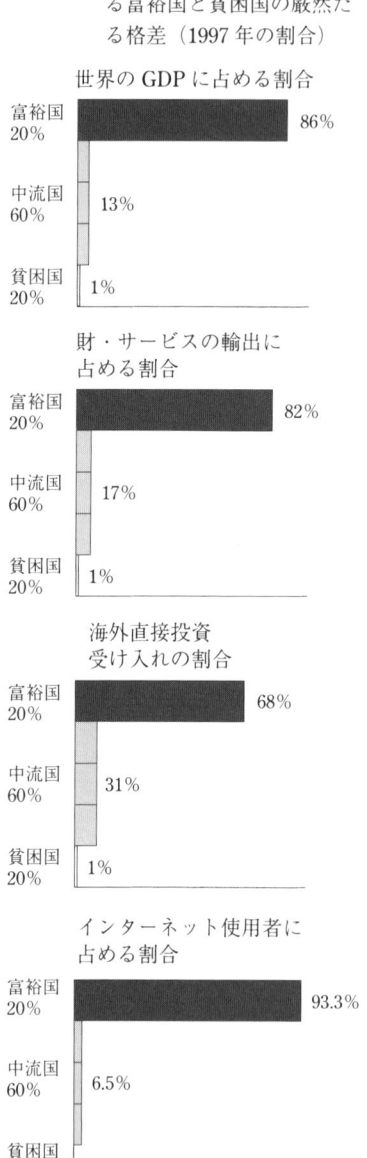

出所：UNDP『人間開発報告書1999』3ページ。

の標準）とデジュール・スタンダード（公的標準）に分けられる。前者は，市場競争原理にもとづき最も強い国際的競争力を得て世界制覇を成し遂げている商品やサービスのことで，マイクロソフト社のコンピュータOSが典型例である。後者は，商品・サービスの設計・製造工程の標準化を示すISO（国際標準化機構）や，BIS（国際決済銀行）の自己資本比率規制，国際会計基準などである。それらは，実際にはアメリカやEUなどの先進工業国，とりわけアメリカにとって都合がよいといわれる基準やルールが多い。

　グローバリズムの本質は，単にヒト，金，モノ，情報の移動をより活発にするためにそれを妨げる国境間の市場障壁をなくそうとするものではない。上記のごとく，世界経済の枠組みを市場競争原理によって再編することは，グローバルな企業とそうした企業が多く存在する国にとって都合のよい国際経済環境を創出することを意味する。いい換えれば，アメリカを先頭とする多国籍企業の新たな世界支配の展開にとってその市場障壁を地球上のすみずみまでなくそうとする意味合いをもっている。UNDPの『人間開発報告書1999』も，グローバル経済の実体に関して次にように指摘している。

　「グローバル市場を圧倒的に支配しているのは多国籍企業である。多国籍企

業の海外子会社は，1997年に推定で9兆5000億ドルの売上があった。その付加価値も1980年代半ばには世界全体のGDPの5％だったのが，1997年には約7％を占めるに至った。世界の輸出総額に占める割合も増え，1980年代末の約4分の1から1995年には3分の1を占めるに至った。米国に本拠を置く多国籍企業は，米国のGDP7兆3000億ドルの4分の1を超える2兆ドルを占めている。そして大規模な多国籍企業は買収や合併を重ねるにつれて，ますます巨大化している。

　巨大企業がしばしば国境を超えて合併するにつれて，資本は地球規模で集中するようになっている。……1990年から1997年にかけて合併・買収の年間件数は1万1300件から2万4600件へと2倍以上増え，このうち国境を超えた合併・買収は1997年には2360億ドルに上った。こうした多国籍企業は，経済力において，いくつかの政府をはるかにしのいでいる。」[4]

グローバリズムに従うと，発展途上国では，海外資本の国内進出を法的に規制することができなくなるので，国内産業を保護することが困難となる。あるいは独自の法制度，経済・労働慣行，はては伝統的な文化や生活様式が変貌し，破壊されてしまうおそれがある。なぜ文化や生活様式までもが変貌するのかといえば，文化が経済的な財，売買可能な商品としてグローバル市場でますます大きな比重を占めるようになっており，グローバル市場を支配する文化財が世界各地の独自文化や生活様式を破壊するおそれがあるからである。

ユネスコの調査では，文化的な性質をもつ財——出版物，文学，音楽，美術，映画，写真，ラジオ・テレビ関連装置——の世界貿易量は1980年代の670億ドルから1991年には2000億ドルへと3倍も増えている。米国をみてみると，「現在最大の輸出産業は航空機でもコンピュータでも自動車でもなく，映画やテレビ番組などのエンターテイメント」という状況にある。発展途上国からのグローバリズムに対する批判は，市場競争原理の導入が国内の不平等と貧困を拡大する一方，独自の社会経済慣行，伝統的文化，生活様式の破壊をまねくという点も含まれている。そのために，文化財を自由貿易協定からはずすべきという主張も強まっている[5]。

4）　同上，40ページ。

他方，グローバル・スタンダードはアメリカン・スタンダードであるという批判とともに，アメリカ自身がグローバル・スタンダードを守っていないという批判もなげかけられている。アメリカは，貿易面で自国に不利が生じると関係国への報復制裁措置を振り回したり，地球温暖化防止の京都議定書の調印や包括的核実験禁止条約（CTBT）への参加を拒んだりしてきた。

グローバリゼーションがいっそう進むと予想される21世紀において，グローバルなスタンダードやルールはますます必要になっていくであろう。とくに環境保全や人権の尊重，不平等や貧困の解消といった諸問題を解決するために，グローバル・スタンダード，グローバル・ルールを形成し普及する努力がたえず必要であろう。しかし，特定のグローバル企業や国家の利益本位に進むことはのぞましいことではない。地球上のさまざまな地域や国が，さまざまな考えや歴史・文化をもとに形成している独自のスタンダードを相互に認め合いながら発展させるべきものである。

2 労働と生活のグローバル・ガバナンス

グローバルな市場経済の拡大が生み出す地球的問題を誰がどのように管理すべきであろうか。今日，これだけ地球温暖化問題への対応の緊急性が叫ばれながら，これに立ち向かう有力な国際的主体はいまだ形成されていない。しかし，

---

5) 同上，42-43ページ。
　日本でも，財界人の中に，グローバリズムに対する日本の無批判な追従に対する反省が見られる。経団連国際協力委員会共同委員長でフジテレビジョンの日枝久社長は，グローバルというものの，内実はアメリカ的であり，「日本はあまりにも無批判，無原則に『日本的なるもの』を排除してきたのではないだろうか」と指摘している。（『月刊 Keidanren』2001年5月号，巻頭言）。
　なお，2002年世界経済フォーラム年次総会（通称・ダボス会議）で発表された「グローバル化」に関する世界25ヵ国の世論調査によれば，19ヵ国では肯定的な評価が多かったが，日本では，フランス，スペイン，ロシア，アルゼンチンなどとともに否定的な回答が多かった。「グローバル化が働く者の権利や労働条件，給与をどう変えるか」では，「良くなる」が16％で25ヵ国中で最低，「悪くなる」は67％もあった。日本人の回答では，「貧困，ホームレスの改善」「環境への影響」「世界の不公平の解消」でも，グローバル化の効果について最も悲観的な見通しが示された（「グローバル化日本人はNO」『朝日新聞』2002年2月3日付）。

グローバルな民主主義と意思決定のシステムを確立する必要性が，環境をはじめとするさまざまな分野で強調されるようになっている。

1992年にドイツのブラント元首相やスウェーデンのカールソン首相等のイニシアティブによって「グローバル・ガバナンス委員会」が発足し，同委員会は1995年に『我ら地球の隣人』("Our Global Neighborhood")と題する報告書を出した。同報告書は，世界には，世界政府は存在しないが，国際的な政策形成・政策協調が存在しており，これをグローバル・ガバナンスととらえて安全保障，経済的相互依存，国連，法の4分野での改革を提言した。

「ガバナンス」とは，公益性や共通の価値観にもとづいて自発的民主主義的に意思決定を行う「協治」を意味する。法制度にもとづく強制力や拘束力をもった意思決定を行う「ガバメント」とは意味が異なっている。こうしたグローバル・ガバナンスの思想が，今日急速にひろまりつつある。さきのUNDPの『人間開発報告書1999』においても，グローバリゼーションを人間開発に役立てるためにグローバル・ガバナンスを構築する必要性を訴え，人間に対する配慮と人権をグローバル・ガバナンスの中心に据えること，経済危機における人間の安全保障を守ること，人間の不安定さを引き起こす他の要因を取り除くこと，グローバル格差を縮めることなどが提起された[6]。

ところで，世界のさまざまな問題分野のなかで，労働の分野は，いち早く戦前は国際連盟，戦後は国際連合のもとにILOが組織され，労働基準に関する国際的な政策形成・政策協調が推進されてきた，いわばグローバル・ガバナンスの先進的な分野である。ILOの国際労働基準は，まさしくグローバル・スタンダードの役割を果たしてきたといってよい。保健医療の領域も同様に，国連の専門部会として組織されてきたWHO（世界保健機構，1946年）がグローバル・ガバナンスの主体として早くから重要な役割を果たしてきた。WHOは，各国の政府が国民の健康の保持に責任をもつように指導と援助を行っている。グローバル・ガバナンスが叫ばれる時代に，あらためてILOとWHOが世界の社会政策，労働と生活の分野で果たしてきた先駆的役割が評価される。

しかしまた，今日の環境保全，貧困と不平等，人口爆発といった地球的問題

---

6) 同上，第5章「グローバル・ガバナンスの再構築」参照。

群を目にすると，ILO や WHO だけの努力では大きな限界があり，社会政策のグローバル・ガバナンスの新たな発展がもとめられている。21世紀における環境政策や社会政策のグローバル・ガバナンスの推進にあたっては，次のような主体を構築する必要がある。

第1は，国連システムの強化とともに，新たにグローバルな中央銀行，世界環境機関を創設し，また WTO に多国籍企業を統制する権限を与えること。

第2は，ILO や WHO だけでなく，国連，国際通貨基金 (IMF)，世界銀行，WTO などが世界の貧困問題の解決に取り組むグローバル・ガバナンスのグループを構成して有効な連携政策を推進すること。

第3は，発展途上国などからは国際的な経済機関が先進工業国本位に運営され，貧困問題の解決といった社会政策の視点が欠落しているとの批判が強い。これらの国際機関に対する発展途上国の発言力を高め，あるいは NGO（非政府組織）の参加を促すといった改革がもとめられている[7]。

第3節　21世紀社会政策のグローバルな課題

持続可能な社会をめざして，21世紀の社会政策は持続可能な開発を経済政策と連携して推進し，同時にまたグローバルな視点から労働と生活の領域における国際的な政策形成・政策協調をいっそう強める必要がある。では，21世紀の社会政策にはより具体的にどのような課題があげられるであろうか。

第2次世界大戦終了後，1945年の国際連合憲章，1948年の世界人権宣言の採択を通じて世界の人々の共通認識となったのは，人権の保障が全世界の責任であるということであった。1990年代には各種の国際会議で，21世紀を見据えてあらためて人権，人間開発，貧困の撲滅という課題のグローバルな重要性が強調されるようになった。

「人間は，持続可能な開発の中心的関心事である。人間は，自然との調和のとれた，健康で生産的な生活を送る権利がある」（国連環境開発会議　リオ宣言，1992年）

---

[7]　同上，149-153ページ，参照。

「人権と，基本的自由は，全人類が持つ生まれながらの権利であり，互いに強化させて行かなければならない」(世界人権会議　ウィーン宣言，1993年)

「ジェンダー平等の原則と女性のリプロダクティブ・ヘルスに対する権利は，人間開発にとって欠かすことができない」(国際人口・開発会議　カイロ宣言，1994年)

「貧困の撲滅は，人類にとっての倫理的，社会的，政治的，経済的至上命題である」(世界社会開発サミット　コペンハーゲン宣言，1995年)

以下では，UNDPとILOの提起を取り上げ，また日本の人権と人間開発の問題状況にも目を向けてみよう。

1　UNDP：人権と人間開発

UNDPは，「人権と人間開発」と題した『人間開発報告書2000』を発表した。この中で，あらゆる文明に共通した特徴は人間の尊厳と自由を尊ぶ精神であり，人権と人間開発はその保障をめざしていることが強調され，人間の自由について，次のような7つの自由をあげている。

① 差別からの自由：人種，民族，国籍，宗教による差別がないこと
② 欠乏からの自由：人間らしい生活水準を享受できること
③ 人間として潜在能力を開発し実現する自由
④ 恐怖からの自由：個人の安全に対する脅威からの解放
⑤ 不正および法の支配に対する侵害からの自由
⑥ 意志決定への参加，思想および表現，結社の自由
⑦ 搾取のない，まともな仕事に就ける自由

「20世紀の輝かしい業績の一つに，人権の進展がある。1900年の時点では，全世界の人口の半数以上が植民地支配の下で生活し，すべての国民に選挙権を認めていた国は一つもなかった。今日，世界人口の約4分の3は民主体制の下で暮らしている。また，人種，宗教，ジェンダーによる差別の撤廃，さらに学校教育を受ける権利および基本的な保健医療を受ける権利も，著しく前進した。」[8]

しかし，『報告書』は，それでもなお未解決の課題が山積しているとしている。

たとえば，差別からの自由に関して，世界の4分の3以上の国が女性差別撤廃条約（165ヵ国）と人種差別撤廃国際条約（155ヵ国）を批准しているが，男性に比べての女性の低賃金が多くの国で見られ，移民や少数民族に対する差別が世界各地で発生している。

欠乏からの自由に関しては，世界中で約7億9000万人が食糧を確保できず空腹な状態にあり，約12億人が1日1ドル未満で生活しており，アメリカだけを見ても約4000万人が健康保険に加入していない。

人間として潜在能力を開発し実現する自由について，世界の10億人以上が高水準な人間開発を達成し，途上国でも平均寿命，就学率，成人識字率の大幅な向上が見られたが，約9000万人が小学校未就学で，1999年末までにサハラ以南アフリカを先頭に約3400万人がHIVに感染している。

恐怖からの自由では，世界中で平均3人に約1人の女性が親密な関係にある男性から暴力を受け，120万人の女性が売春目的で人身売買され，約1億人の子どもが路上生活をしていると推定されている。

搾取のない，まともな仕事に就ける自由については，途上国の労働市場で雇用機会が増加しているが，世界の労働者の少なくとも1億5000万人が1998年末時点で失業し，途上国では2億5000万人以上の児童が働いている。

さらに，『報告書』は，グローバルな所得の不平等は20世紀になってから開く一方であって，最も裕福な国と最も貧しい国の所得格差は，1973年の44：1から1992年には72：1になっていること，さらにまた多くの国の国内で富裕層と貧困層の格差が大きくなっていることも指摘している。

以上のような認識に立って，同『報告書』は，「21世紀にすべての人々に人権を保障するには，大胆かつ新しい取り組みが必要とされている。グローバリゼーション時代の機会と現実，新しく登場してくる行為主体，新しいグローバルなルールづくりに適応することがもとめられている」[9)]として，どの国も，人間の自由を保障し人権を促進するための社会的法制的な仕組みと経済環境を強化し，包括的民主政治を推進すること，貧困の撲滅は開発の目標であるばか

8） UNDP『人間開発報告書2000：人権と人間開発』前掲，1ページ。
9） 同上，8ページ。

りでなく，21世紀の人権推進にとって中心的課題であること，グローバルに統合された世界ではグローバルな司法を必要としていること，これまでの国家中心の説明責任のモデルを企業や国際機関の義務にまでひろげる必要があること，などを提起している。

2　ILO：ディーセント・ワーク

1995年の社会開発世界サミットは，雇用が貧困と社会的排除に対するたたかいにおいて最も根本的なものであることを強調した。2000年9月の国連「ミレニアム宣言」は，貧困者の数を半減させることを含んだ，2015年までに達成されるべき多数のグローバル目標をしめした。これらの動きにあわせて，ILOでは1999年総会で，21世紀におけるILOの活動目標を「ディーセント・ワーク」(decent work) の推進とする提案がなされた。ディーセント・ワークとは，「権利が保護され，十分な収入が得られ，適切な社会的保護が与えられた生産的な仕事」という意味である。

ILOは，2001年総会で，『雇用のためのグローバル・アジェンダ』("A Global Agenda for Employment") を採択した。それは，「21世紀のスタート時における中心的なグローバルな挑戦は，いかなる場所であっても平等，保障そして人間的尊厳を備えたディーセント・ワークを人々のために確保すること，それによって貧困線以下で生きている12億人の人々を貧困から解放することである」とし，「国家と地球規模のアジェンダのいずれも雇用を最上位に位置づけ，ILOと他の国連機関およびブレトン・ウッズ制度のあいだの戦略的提携を築く」ことを趣旨としたものである[10]。

この『アジェンダ』は，今日，発展途上国には5億3000万人の貧しい労働者が存在しており，次の10年間には5億人以上の労働力が新たに加わる見通しであることから，グローバルな雇用への挑戦として，10年間に10億人の生産的な仕事を創出することを提起している。

『アジェンダ』では，グローバルな視点からすると，これまでの政策は失敗したとされる。いくつかの地域では，この10年は貧困とのたたかいでは「失

---

10)　ILO, A Global Agenda for Employment, discussion paper, Geneva 2001, p. i.

われた10年」であった。その原因は，人的資源の役割，雇用の戦略的重要性が理解されず，社会政策が経済にとって重荷，あるいは単に既存の資源をゼロ・サムのゲームで配分する政策であると見なされてきたためである。そのために，教育，訓練，保健，社会的保護などのための諸政策にしかるべき役割と方向性が与えられてこなかった。また，世界銀行やIMFといった国際機関が推進してきた開発戦略も，生産と雇用の成長，貧困の減少についての一致した理解がなかった。

『アジェンダ』は，そうした反省に立って，すべての国が生産的な雇用を経済政策と社会政策の中心に位置づけ，労使関係における社会的対話と合意形成をはかることが必要であり，そうするならば，貧しい労働者の生産性と所得水準を増大させ，安定した経済成長と繁栄を世界的に実現できることを強調している。また，ILO加盟のすべての国がディーセント・ワークについての政策的優先性を認める国家雇用戦略と国内行動計画をもち，国連，世界銀行，およびILOなどの国際諸組織が各国の政府，地域組織と協同する「雇用のためのグローバル連携」を確立する必要性を提起している[11]。

3 日本の人権と人間開発

日本においても，第2次世界大戦後の半世紀，人権と人間開発の分野において著しい進歩があったことは疑いない。

日本の1人当たり国民所得は，高度経済成長以前にはチリ，セイロンの水準にあったが，今日ではGDPはアメリカ，中国に次ぐ第3位にあり，1人当たり国民所得も世界の上位に位置している。戦後の経済成長と所得・消費水準の上昇，教育制度，社会保障制度の整備，保健医療の進歩と普及などによって，半世紀前に比べると国民の生活状態は大きく改善された。衣食住に関する基本的な不充足，あるいは飢餓的な貧困といった状況はかなり影を潜めた。青少年の教育水準は世界の最上位にある。国民の平均寿命は，戦後間もない時期には短かったが，現在では男女とも世界トップの状態にある。

しかし，今日，世界有数の経済大国といわれるにふさわしい生活大国になっているかといえば，そうとはいえない。UNDPは，1990年に『人間開発報告書』を創刊して以来，「人間開発指数」（Human Development Index：HDI．基本的

な人間開発の平均的達成度をひとつの単純な指数で測定し，その数値によって各国を順位づけたもの）を毎年作成し発表している。2005年の人間開発指数では，日本は第8位にランクされている（最上位5ヵ国はアイスランド，ノルウェー，オーストラリア，カナダ，スウェーデン）が，しかし，よく見ると，ジェンダー差別，女性の社会参加度合いの低さなど，重要な立ち遅れが存在している。

日本においてもまた，地球環境問題や高齢社会への対応，ジェンダー差別の解消，低所得者対策，子どもたちの教育をめぐる新たな問題，さらに重大化しつつある失業問題など，取り組まなければならない課題が山積している。

さきのUDNPの『人間開発報告書2000』で提起された7つの自由に関連して，現在の日本の状況を取り上げてみよう。

11）『アジェンダ』は，以下のような課題を提起している。
　① 生産的要素としてのディーセント・ワーク
　ディーセント・ワークは，それ自身が生産性の上昇と経済成長に結びつく要素であること。
　② 貧困の軽減
　あらゆる開発戦略と政策の基礎として，貧しい労働者に対する生産的雇用に優先性を与えること。
　③ 持続可能性
　あらゆるグローバルな戦略と国家的な戦略において経済的社会的環境的な目的を統合し，新しい技術と生産方法，消費パターンに優先性をあたえること。
　④ ジェンダーの平等
　あらゆるグローバルな戦略と国家的な戦略において男女間の平等な機会を基本的な流れとし，女性が経済と社会の発展に完全に寄与できかつそれから利益を享受できるようにすること。
　⑤ 雇用可能性と適応可能性
　人々に現在と将来の仕事に対する準備をさせるために生涯学習に優先性を与える。そして，企業の柔軟性を促進し，労働者に雇用での保障を促すための社会的対話を強めること。
　⑥ 企業家精神と精神的投資
　グローバルな戦略と国家的な戦略において，労働基準と環境基準を尊重しながら，起業と経営をもっと容易にすることについて優先性を与えること。（ILO, A Global Agenda for Employment, op. cit., p. ix.）

(1) 差別からの自由

差別からの自由については，日本における依然として重要な問題として賃金や雇用面でのジェンダー差別が指摘される。それらの具体的状況については，すでに本書の第5章，第6章などでふれたので繰り返さない。日本国内では，ジェンダー差別を解消する目的で，1980年代以降男女雇用機会均等法の制定，男女共同参画社会基本法の制定（1999年）などが取り組まれてきた。しかし，男女雇用機会均等法は，当初は事業主の努力義務とされ，改定後の法律もセクシュアル・ハラスメントの防止を事業主に義務づけたが，全体として強制力を欠き，たとえ機会の均等が進んでも，結果の平等が進んでいるかどうかについては疑わしい。男女共同参画社会基本法にもとづいて政府が2000年12月に策定した「男女共同参画基本計画」（目標年度2010年）は，男女の社会的不平等の基礎にある賃金差別や雇用差別といった経済的不平等の解消を含んでいない。

(2) 欠乏からの自由

日本では低所得や無収入によって最低限の生活が困難である人の数は決して少なくない。不況が長期化するもとで，国民のあいだで所得や資産の格差がひろがり，最下層では生活保護の受給者も増えている（第7章参照）。自己破産は1995年までは5万1000件以下だったが，1998年には10万件を超え，2003年には最高の24万2000件を記録した。住宅ローンの返済が不可能になった者やホームレス，自殺者の数が増えつつある。ホームレスは，2007年1月時点で全国で1万8564人（うち東京23区4213人，大阪市4069人）に達している。自殺者数は，1997年までは2万人台の前半であったが，1998年には3万2863人となり，その後は3万人台が続いている。自殺者の内容と自殺原因では，男性・中高年者の経済生活問題の増加が目立っている。

(3) 個人の潜在能力を開発する自由

まず指摘されるのは，日本の児童・学生の学力低下問題である。また，学力低下を背景に高校中退者の数が増加している。高校進学率は100％近くになっているが，学力不足で学習についていけず，2004年度の中退者は全国で約7万8000人を超え，在学者の2.1％に達している。学力低下だけでなく，学校でのいじめなども原因であるが，小中学校段階での不登校児童の数は2004年現在で約12万3000人にのぼっている。いわゆる「ひきこもり」青年は100

万人を下らないといわれている。若者のフリーターやニートといった現象は，日本社会が若者に潜在能力の開発と実現の機会を十分に提供できていない状況が背景にあるといってよいであろう。

(4) 恐怖からの自由

日本は，かつての「安全社会」が神話となって，いまや事故と犯罪が多発する危険な社会に変貌した。交通事故の年間発生件数は，2004 年には最多の 95 万 2191 件，死者数 7358 人，負傷者数 118 万 3120 人を記録した。犯罪は，1980 年代以降増加する傾向をしめし，犯罪の認知件数は年間 150 万～160 万件であったのが，90 年代に入ると 200 万件を越えるようになった。2000 年は 244 万 3410 件，2006 年は約 287 万 7000 件となっている。殺人，強盗といった重要犯罪は，永らく減少する傾向にあったが，90 年代以降増加する気配となっている。暴力問題で近年社会問題化するようになったのは，親が子どもに危害を加える児童虐待や夫が妻に暴力を振るう DV（ドメスティック・バイオレンス）問題である。後者に関して 2000 年 10 月に DV 防止法が施行された。

(5) 不正からの自由

労働基準法や職安法に違反した企業の不正行為や消費者に被害を与えている悪徳商法，行政による不作為（あえて積極的な行為をしないこと）が国民の権利と生活を脅かしている数多くの現実がある。労働面では，全国の労働基準監督署が行った労基法違反に関する是正勧告は，不払残業をはじめとして 8 万 2430 件（2007 年）に及んでいる。行政の不作為では，たとえば厚生省（現厚生労働省）がすでに海外で危険性が指摘されている輸入血液製剤の禁止措置をとらなかったために，それによって 1980 年代前半に 1500 人以上の血友病患者が死亡し，多くの患者が感染するという薬害エイズ問題が起こった。ヤコブ病，C 型肝炎問題も同様な不作為の問題である。

(6) 参加・表現・結社の自由

日本の女性の社会的地位は，先進国のみならず世界の国々の中でもかなり低い。UNDP は，先の HDI の一環としてジェンダー・エンパワーメント指数（GEM. 政治経済への参加や意思決定の領域におけるジェンダー不平等を測る指数）を作成している。日本は，表 10-1 のように，2000 年には女性の国会議席数の割合（9.0 %），女性の行政職・管理職に占める割合（9.5 %），女性の専門職・技

220

表 10-1 ジェンダー・エンパワーメント指数

HDI順位 人間開発指数上位国		ジェンダー・エンパワーメント指数（GEM）		女性の国会議席数（全体に占める％）	女性の行政職・管理職（全体に占める％）	女性の専門職・技術職（全体に占める％）
		順位	GME値			
1	カナダ	8	0.739	22.7	37.3	52.2
2	ノルウェー	1	0.825	36.4	30.6	58.5
3	アメリカ	13	0.707	12.5	44.4	53.4
4	オーストラリア	11	0.715	25.1	24.0	44.4
5	アイスランド	2	0.802	34.9	25.4	52.8
6	スウェーデン	3	0.794	42.7	27.4	48.6
7	ベルギー	10	0.725	24.9	30.2	47.1
8	オランダ	7	0.739	32.9	22.8	45.7
9	日　本	41	0.490	9.0	9.5	44.0
10	イギリス	15	0.656	17.1	33.0	44.7
11	フィンランド	5	0.757	36.5	25.6	62.7
12	フランス	—	—	—	—	—
13	スイス	14	0.683	22.4	20.1	39.9
14	ドイツ	6	0.756	33.6	26.6	49.0
15	デンマーク	4	0.791	37.4	23.1	49.7
16	オーストリア	12	0.710	25.1	27.3	47.3
17	ルクセンブルク	—	—	16.7	—	—
18	アイルランド	21	0.593	13.7	26.2	46.2
19	イタリア	31	0.524	10.0	53.8	17.8
20	ニュージーランド	9	0.731	29.2	36.6	51.5
21	スペイン	19	0.615	18.0	32.4	43.8
22	キプロス	—	—	7.1	—	—
23	イスラエル	23	0.555	12.5	22.4	52.9
24	シンガポール	38	0.505	4.3	20.5	42.3
25	ギリシア	49	0.456	6.3	22.0	44.9
26	香港（中国）	—	—	—	20.8	36.2
27	マルタ	—	—	9.2	—	—
28	ポルトガル	18	0.618	18.7	32.2	51.1
29	スロベニア	33	0.519	10.0	25.0	52.9
30	バルバドス	17	0.629	20.4	38.7	51.2
31	韓　国	63	0.323	4.0	4.7	31.9
32	ブルネイ	—	—	—	—	—
33	バハマ	16	0.633	19.6	31.0	51.4
34	チェコ	26	0.537	13.9	23.2	54.1
35	アルゼンチン	—	—	21.3	—	—
36	クウェート	—	—	0.0	—	—
37	アンティグア・バーブーダ	—	—	8.3	—	—
38	チ　リ	51	0.440	8.9	22.4	50.5
39	ウルグアイ	45	0.472	11.5	24.0	63.1
40	スロバキア	28	0.533	14.0	29.7	59.7
41	バーレーン	—	—	—	7.3	20.1
42	カタール	—	—	—	—	—
43	ハンガリー	42	0.487	8.3	35.3	60.4
44	ポーランド	36	0.512	12.7	33.6	60.3
45	アラブ首長国連邦	—	—	0.0	—	—
46	エストニア	27	0.537	17.8	33.5	70.3

出所：UNDP『人間開発報告書2000』前掲，206ページより。

術職に占める割合（44.0％）のいずれも国際的に見て低く，GEM値は70ヵ国中第41位でしかなかった。2007/2008年は93ヵ国中第54位に下がった。

(7) 搾取のないまともな仕事に就ける自由

わが国でも，働く能力と意欲のある人々が大量に失業しつつあり，また潜在的失業者が大量に存在している。これについても，すでに第6章で取り上げたので繰り返さないが，女性の多くが低賃金で不安定なパートタイムの仕事しかなくなり，企業から放出された中高年層の再就職が困難になるなかで，ILOの呼びかけているディーセント・ワークの確保は，日本でも例外的な課題ではなくなっている。搾取という点では，今日の日本では強制労働や中間搾取といった前近代的な労働関係はほとんど見かけなくなっている。しかし，日本の企業におけるサービス残業（時間外労働の賃金不払い）や長時間労働による過労死などは，世界に類のない恥ずべき搾取とその犠牲の形態であろう。

第4節　持続可能な社会の構築と社会政策

いままで論じてきたことを，あらためて21世紀の社会政策の役割と課題という視点からまとめてみよう。

第1に，21世紀の人類の目標は，グローバルなレベルでも国のレベルでも持続可能な社会を構築することである。社会政策も，こうした持続可能な社会の構築に寄与することを21世紀の基本目標としなければならない。

第2に，持続可能な社会の構築は，社会政策に対して人権と人間開発，貧困の撲滅，ディーセント・ワークといったグローバルな課題を要請している。社会政策は，それらが国際社会と国レベルの優先的課題として設定されるように，経済政策と連携を密にしあるいは経済政策をリードしていく立場に立たなければならない。

第3に，とりわけ上記の諸課題に対するグローバル・ガバナンスを実効あるものとするために，国連の諸機関，国際経済組織，各国政府，NGOなどの連携による社会政策のグローバル・ネットワークを形成していく必要がある。

ところで，本書の第2章で社会政策に関して，①憲法に規定された社会権，②ILOの国際労働基準，③ナショナル・ミニマムとソーシャル・オプティマ

ム，④機会の平等と結果の平等，⑤ノーマライゼーション，という5つの公準を指摘した。これらの公準は，21世紀を迎えてどれか変更すべき状況が存在しているであろうか。そうした状況は現在のところは何もない。むしろ，上記の人権と人間開発，貧困の撲滅，ディーセント・ワークなどの諸課題は，これらの公準を21世紀も堅持し強めていくことをもとめているといえよう。

同時にまた，21世紀の社会政策は未知，未経験の問題や課題を少なからず抱えることになろう。最後に，その点にふれておこう。

1 経済成長と社会政策

第1の問題は，経済成長と社会政策の関係である。

20世紀後半の社会政策の発展は，多くの国々で右肩上がりの経済成長が長期にわたって続く状況下でなされてきた。そのために，研究者を含めて多くの人々に，社会政策を通じての福祉水準の上昇は「はじめに経済成長ありき」，すなわち経済成長によって国民所得を大きくしてこそ可能であると理解されてきた。事実そうした経済的条件が重要な要素であったことは否定できない。しかし，はるか先のことは不明であるが，今後20,30年間の先進工業国経済は，高成長はおろか中成長も予測することは困難である。一方で，先進国は人口構造の高齢化がさらに進行するとみられており，社会保障に対するニーズは大きくなることはあっても小さくなることはない。こうした低成長と人口高齢化のディレンマから，日本などでは労働生産性の低下，経済成長率の低下，社会保障負担の増大という「高齢化危機」論が叫ばれ，国際的にも「福祉国家」から「福祉社会」への転換，社会政策の「効率化」や「市場活用」が叫ばれてきた。

しかしながら，「はじめに経済成長ありき」という発想には，いまや根本的な転換が必要である。同時に，そうした発想がそもそも基本的に正しかったのかどうかという点も再考を要する。1970年代あたりから，経済成長をめぐって問われるようになったのは，成長率の問題以上にその質の問題であった。地球環境問題が問い直しの中心的な契機となったが，経済発展にも「不良な発展」(mal-development) や「過剰な発展」(over-development) のパターンが存在することが認識されるようになった[12]。そうした認識のもとに「持続可能な発展」の概念が提起されるに至ったのである。したがって，今後の経済成長は人間社

会の持続的な発展を可能とするパターンに質的に変わらなければならない。

ここで，UNDPの報告書の一文を引用しておこう。

「経済成長と人間開発の進展には必然的なつながりはない。経済が急成長しても人間開発の改善にはほとんどその影響が現れない国もあれば，低成長でも人間開発の改善がより進んでいる国もある。同様に『人間開発報告書1997』によると，貧困の撲滅に対する経済成長の影響は，成長率だけでなく経済成長の型によって左右される。

　成長過程が確実に貧困層に恩恵をもたらし，そして生み出された資金が人間の能力の育成につぎ込まれるような政策が必要である。経済成長だけでは不十分である。経済成長は情け容赦なく，敗者を極貧状態に置き去りにするかもしれない。それはまた失業を生み，雇用をほとんど生み出さないかもしれない。それは発言する機会を奪い，人々の参加を確保できないかもしれない。それには未来がなく，これからの世代の環境を破壊するかもしれない。そして，経済成長は国籍不明で，文化的な伝統や歴史を破壊するかもしれないのである。」[13]

われわれは，後世代に何を残すべきか，または残すべきでないかを吟味しながら，持続可能な道を進まなければならない。たとえば，良好な自然環境や歴史的文化財などはいうまでもないが，まもなく世界一の高齢国になろうとしている日本では，社会保障の理念と良好な制度は，現世代が将来の世代に対して残さなければならない，いわば21世紀日本の基本的なインフラストラクチャーの1つともいえる。

他方，人口の高齢化は必ずしも労働生産性の低下をまねくとは限らず，高齢社会においても雇用の拡大や経済成長は必ずしも不可能ではない[14]。環境問

---

12) 成瀬龍夫『生活様式の経済理論』御茶の水書房，1988年，第1章，参照。
13) UNDP『人間開発報告書2000：人権と人間開発』前掲，104ページ。
14) 人口高齢化と経済成長の関係については従来本格的な研究が少なく，科学的な根拠が不明なままに経済活力の低下を主張する議論が多かったが，近年では人口高齢化と経済成長の低下には因果関係はなく，高齢化社会においても経済成長の可能性があることを示す研究が増えつつある。それらに関しては，成瀬龍夫『国民負担のはなし』自治体研究社，2001年，第1章を参照されたい。

題もまた，単純に経済成長の制約要因と考えることは適当ではない。環境保全を優先しながら雇用の拡大と適度な経済成長を追求することは不可能ではない[15]。ただし，それらは，いまのべたように，従来型の成長パターンから抜け出して模索されるべきものである。わが国の「高齢化危機」論や「福祉国家」否定論，「市場活用」論には，従来型の成長パターンに立脚したままでの議論が少なくない。

2 社会政策と環境政策

第2の問題は，社会政策と他の政策，とりわけ持続可能な社会構築の中心に位置する環境政策との関係である。

21世紀社会を環境優先で考えると，従来のような経済成長志向では環境のいっそうの悪化をまねくだけであり，経済成長は極論すればゼロ成長あるいはマイナス成長の方がのぞましいといった見方が成り立つ。他方，福祉志向で考えれば，さきほどのべたように経済成長によって所得再分配のパイを大きくすることが経済条件として有利である。このように，環境志向は非経済成長（経済定常社会）志向，福祉志向は経済成長（経済拡大社会）志向という，両者のあいだで対立した図式が成り立つ。21世紀の持続可能な発展を考えるとき，こうした「環境―福祉―経済」の三者の相互関係をどのように具体的に調整していくのかという問題がある。

これは，すでにヨーロッパの国々で検討され，実施され始めている政策課題でもある。広井良典は，以上のような「環境―福祉―経済」の相互関係の重要性やヨーロッパでの政策的具体化を踏まえて，以下のような「社会政策と環境政策の統合」を提起している[16]。

---

15) 環境保全は，一方で産業・企業のコスト負担を伴うが，他方では公害防止投資の拡大，エネルギー・システムにおける再生可能なエネルギーの利用，新たな環境ビジネスの成長の促進，労働集約型の生産様式への転換がはかられることによって，大量の雇用機会を創出する可能性を秘めている。こうした点に関しては，レスター・R・ブラウン編著，加藤三郎監訳『ワールドウォッチ地球白書』第9章，および成瀬龍夫「環境と文化と人間の発達」基礎経済科学研究所編『人間発達の政治経済学』青木書店，1994年，を参照してほしい。

それは，環境政策として有効性をもつと同時に社会政策にも役立つような，両者をクロスする政策である。たとえば，環境税を創設してそれを社会保障財源として活用する（具体的には，CO_2の排出に注目してガソリンなどの化石燃料に炭素税として課税し，税収を医療，年金，福祉等の社会保障の財源に充てる）といったエコロジカル税制改革があげられる。こうした方式であれば，企業は環境税を負担しなければならないが，社会保障負担は軽減されるので，生産や投資の減退をまねかない。社会政策の充実も，経済成長を前提にのみ考える必要は薄らいでくる。広井は，こうした環境と福祉の政策的なクロスは，国（ナショナル）の政策レベル，地域（ローカル）レベル，地球（グローバル）レベル，臨床レベルでそれぞれ課題があることを指摘している。とくに地球レベルでは，環境保全要求は先進国のエゴではないかといった発展途上国の主張に対応するために，途上国への資金援助を「地球レベルの社会保障」と位置づけ，「地球レベルでの社会保障政策と環境政策」を統一したフレームのもとで考えていく必要性を指摘している。

　人間は，未知・未経験の問題であっても，人間社会自身が生み出した問題であるならば必ず解決できるはずである。20世紀までの人権と人間開発の進歩，それを支えてきた社会政策の歩みがそのことを教えており，21世紀もまたそうした方向を見失わないように，国レベルでもグローバルなレベルでも前に進む必要がある。

---

16) 広井良典「社会保障政策と環境政策の統合」『社会政策研究① 特集：社会政策研究のフロンティア』東信堂，2000年，参照。

参考文献

ここで取り上げた文献は，若干を除いて 1980 年代以降に刊行されたもので，本書で参照したり本書の内容にかかわりの深いものに限られている。

第 1 章
大河内一男『社会政策（総論）増訂版』有斐閣，1970 年
木村毅『社会政策論史』御茶の水書房，1977 年
堀内隆治・今城義隆『現代社会政策論』学文社，1982 年
西村豁通編著『現代のなかの社会政策』ミネルヴァ書房，1985 年
西村豁通・荒又重雄編『新社会政策を学ぶ』有斐閣双書，1989 年
石畑良太郎・牧野富夫『社会政策』ミネルヴァ書房，1995 年
石畑良太郎・佐野稔編『現代の社会政策〔第 3 版〕』有斐閣双書，1996 年
玉井金五・大森真紀編『新版・社会政策を学ぶ人のために』世界思想社，2000 年
Paul Spicker, *Social Policy*, 1995. 武川正吾・上村泰裕・森川美絵訳『社会政策講義』有斐閣，2001 年

第 2 章
竹中恵美子編『新・女子労働論』有斐閣選書，1991 年
浦部法穂『新版 憲法学教室 I』日本評論社，1994 年
高橋幸治『憲法〔第 3 版〕』青林書院，1995 年
N・バルティコス著，花見忠監修，吾郷眞一訳『国際労働基準と ILO』三省堂，1983 年
秋田成就編『国際労働基準とわが国の社会法』（法政大学現代法研究叢書）日本評論社，1987 年
吾郷眞一『国際労働基準法』三省堂，1997 年
ILO 条約の批准を進める会編『国際労働基準で日本を変える』大月書店，1998 年
Amartya Sen, *Inequality Reexamined*, 1992. 池本幸生ほか訳『不平等の再検討——潜在能力と自由』岩波書店，1999 年
Bengt Nirje, *The Normalization Principle*. 河東田博・橋本由紀子・杉田穏子・和泉とみ代訳『ノーマライゼーションの原理』現代書館，1998 年

第 3 章
小川喜一編『社会政策の歴史』有斐閣選書，1977 年

横山和彦・田多英範編著『日本社会保障の歴史』学文社，1991 年
池田敬正『日本における社会福祉のあゆみ』法律文化社，1994 年
毛利健三編著『現代イギリス社会政策史 1945-1990』ミネルヴァ書房，1999 年
美馬孝人『イギリス社会政策の展開』日本経済評論社，2000 年

第 4 章
伊藤セツ・天野寛子・森ます美・大竹美登利『生活時間』光生館，1984 年
基礎経済科学研究所編『労働時間の経済学』青木書店，1987 年
伊藤セツ・天野寛子編著『生活時間と生活様式』光生館，1989 年
基礎経済科学研究所編『ゆとり社会の創造――新資本論入門 12 講』昭和堂，1989 年
Juliet B. Schor, *The Overworked American*, 1992. 森岡孝二・成瀬龍夫・青木圭介・川人博訳『働きすぎのアメリカ人』窓社，1993 年
天野寛子・伊藤セツ・森ます美・堀内かおる・天野晴子『生活時間と生活文化』光生館，1994 年
森岡孝二『企業中心社会の時間構造』青木書店，1995 年
大須賀哲夫・下山房雄『労働時間短縮』御茶の水書房，1998 年

第 5 章
中島通子・山田省三・中下裕子『男女同一賃金』有斐閣選書，1994 年
中村智一郎『日本の最低賃金制と社会保障』白桃書房，2000 年

第 6 章
伍賀一道『現代資本主義と不安定就業問題』御茶の水書房，1988 年
木本喜美子・深澤和子編『現代日本の女性労働とジェンダー』ミネルヴァ書房，2000 年
塩田咲子『日本の社会政策とジェンダー』日本評論社，2000 年
猪木武徳・大竹文雄編『雇用政策の経済分析』東京大学出版会，2001 年
中村博皓『日本経済と外国人労働者政策』税務経理協会，2001 年
根本孝『ワークシェアリング』ビジネス社，2002 年
竹信三恵子『ワークシェアリング』岩波書店，2002 年

第 7 章
『社会保障講座 第 1 巻 社会保障の思想と理論』総合労働研究所，1980 年
高島進『社会福祉の理論と政策』ミネルヴァ書房，1986 年
佐口卓『社会保障概説〔第 2 版〕』光生館，1987 年

西原道雄編『社会保障法〔第3版〕』有斐閣双書，1987年
相澤與一『社会保障の基本問題』未来社，1991年
古賀昭典『新版・社会保障論』ミネルヴァ書房，2001年
宇山勝儀『新しい社会福祉の法と行政〔第2版〕』光生館，2001年
坂脇昭吉・中原弘二編著『新版・現代日本の社会保障』ミネルヴァ書房，2002年

第8章
川口弘・川上則道『高齢化社会は本当に危機か』あけび書房，1989年
岩田正美『老後生活費』法律文化社，1989年
宮島洋『高齢化時代の社会経済学』岩波書店，1992年
社会政策学会編『高齢社会と社会政策』ミネルヴァ書房，1999年
成瀬龍夫『国民負担のはなし』自治体研究社，2001年
国立社会保障・人口問題研究所『社会保障と世代・公正』東京大学出版会，2002年

第9章
William A. Robson, *Welfare State and Welfare Society*, 1976. 辻清明・星野信也訳『福祉国家と福祉社会』東京大学出版会，1980年
西村豁通・松井栄一編『福祉国家体制と社会政策』(社会政策学会研究大会叢書 第Ⅱ集) 御茶の水書房，1981年
成瀬龍夫『生活様式の経済理論』御茶の水書房，1988年
Ian Gough, *The Political Economy of The Welfare State*, 1979. 小谷義次ほか訳『福祉国家の経済学』大月書店，1992年
林建久著『福祉国家の財政学』有斐閣，1992年
武川正吾『福祉国家と市民社会』法律文化社，1992年
Norman Johnson, *The Welfare State in Transition*, 1987. 青木郁夫・山本隆訳『福祉国家のゆくえ』法律文化社，1993年
岡沢憲芙・宮本太郎編『比較福祉国家論』法律文化社，1997年
富沢賢治『社会的経済セクターの分析』岩波書店，1999年
正村公宏『福祉国家から福祉社会へ』筑摩書房，2000年
足立正樹編著『福祉国家の転換と福祉社会への展望』高菅出版，2001年
小沢修司著『福祉社会と社会保障改革——ベーシック・インカム構想の新地平——』高菅出版，2002年
山森亮『ベーシック・インカム入門——無条件給付の基本所得を考える——』光文社新書，2009年
宮本太郎『生活保障 排除しない社会へ』岩波新書，2009年

立岩真也・斉藤拓『ベーシック・インカム　分配する最小国家の可能性』青土社，2010年
ゲッツ・W・ヴェルナー『ベーシック・インカム：基本所得のある社会へ』渡辺一男訳，現代書館，2007年
―――『すべての人にベーシック・インカムを：基本的人権としての所得保障について』渡辺一男訳，現代書館，2009年

第10章
林智・西村忠行・木谷勲・西川栄一『サスティナブル・ディベロップメント』法律文化社，1991年
UNDP『人間開発報告書1999：人権と人間開発』国際協力出版会
UNDP『人間開発報告書2000：人権と人間開発』国際協力出版会
『社会政策研究①　特集：社会政策研究のフロンティア』東信堂，2000年

事項索引

あ行

朝日訴訟 31
新しい貧困 191
アファーマティブ・アクション 43
アメとムチ 53
ILO 34, 56
　——の国際労働勧告 36
　——の国際労働基準 34
　——の国際労働条約 36
　——の3者構成原則 36
　——の労働非商品原則 35

医療保険 151
医療保障 161

ウルフェンデン報告 197

M字型就業パターン 112, 114
エリザベス救貧法 52
エンゼル・プラン 178
NGO 212
NPO 199

王立救貧法委員会 55

か行

解雇権 134
解雇法制 134
介護保険 155
外国人労働者問題 129
外部不経済 20

格差社会 120
機会の平等と結果の平等 41
救貧院 52
救貧法 52
　新—— 52
教育の権利 31
協同組合 53
均一給付・均一拠出 58
勤労の権利 32

グローバリズム 207
グローバル・ガバナンス 210
グローバル・スタンダード 207

ケア・サービス 40
協会けんぽ 151
共済組合 152
健康保険 152
原生的労働関係 49
　日本の—— 59

合計特殊出生率 169
後期高齢者医療制度 152, 162
公共性 22
厚生年金 152
工場法 50
　1833年—— 51
　日本の—— 60
公正労働基準法 56
公的扶助 54, 148
公費負担主義 165
高齢化危機 171
高齢化社会 167
高齢社会 167

高齢者雇用安定法　120
高齢者保険福祉政策　157
国庫負担　146
国民基礎年金　152
国民健康保険　151
国民年金　152
国民扶助法　58
国民負担　180
　　──率　180
国民保健サービス法　57
国連世界人権宣言　183
子ども手当　158, 178
雇用対策法　119
雇用調整助成金制度　120
雇用主負担　146
雇用のミスマッチ　132
雇用保険法　119
コンパラブル・ワース　105

さ行

最低生活水準　150
最低賃金　54
　　──制度　93
　　──の決定方式　95
　　──法　97
　　産業別──　97
　　全国一律──　102
　　地域別──　97
裁量労働制　86
サービス残業　84

ジェンダー・エンパワーメント指数　219
市場原理　17
　　──主義　59
市場の失敗　20
持続可能な開発　205
持続可能な社会　205
失業なき労働移動　120
失業保険　122
　　──法　122

社会権　29
　　日本国憲法と──　30
社会政策　15
　　──と環境政策　224
　　──と経済政策　25
　　──の主体　22
　　──の対象領域　23
　　──の定義　17
　　──の必然性　65
　　──本質論争　65
　　近代──　50
　　国際──　22
　　国内──　22
社会的共同消費　20
社会的弱者　173
社会の編成原理　20
社会福祉　157
　　──基礎構造改革　162
　　──制度　157
　　──事業法　157
　　──の措置制度　160
　　──法　157
社会保険　146
　　──主義　164
　　──の性格　146
社会保険から社会保障へ　144
社会保障　143
　　──と地方自治　158
　　──の対象　143
　　──の理念　145
　　──負担率　180
　　日本の──　150
社会保障制度審議会　144
　　──の1950年勧告　63, 144
　　──の1995年勧告　45, 161
集権・分権　200
少子化対策　178
職業安定法　118
職業訓練　123
職業紹介制度　123
所得再分配　184

所得保障 57
人口構造の少子・高齢化 167

スピーナムランド制度 52
生活時間 73-74
生活保護 148
　——の扶助 156
　——法 149
生存権 30
世代間の公平 172
全国労働関係法 56

ソーシャル・オプティマム 38-39

た行

大西洋憲章 57
団結禁止法 50
男女共同参画基本法 218
男女雇用機会均等法 218
第2次臨時行政調査会 160
WHO 211

地球環境サミット 206
中央・地方の政府間関係 200
長期雇用保障 136
賃金支払いの5原則 95

ディーセント・ワーク 215
テーラー・システム 72,75

都市問題 23
同一価値の労働同一賃金 104-105

な行

内部労働市場 117
ナショナル・ミニマム 39,187
　賃金の—— 94
　老後生活の—— 175

ニート 127,219
ニューディール 56
人間開発指数 216

年金制度のサステイナビリティ 174
年金の財政方式 173
年金保険 152

ノーマライゼーション 44

は行

パートタイム労働 139
　——法 119
バリアフリー 45

ビスマルクの社会保険計画 54
1人1年金 152
標準労働日 71
貧乏線 55

フィラデルフィア宣言 35
フォード・システム 72
福祉国家 59,183
　——に対する批判 186
　——の意義 185
　——の限界 189
　——の特徴 184
　——の行方 190
　日本の—— 63
福祉社会 196
福祉多元主義 197
普遍主義と選別主義 189
フリーター 100,121,127,219

ペイ・エクイティ 105
ベイシック・インカム 193
ベヴァリジ報告 57
変形労働時間制 85

保険原理 146

保険積立金　148
補足性の原則　149

ま行

ミーンズ・テスト　149

や行

揺りかごから墓場まで　58
UNDP　213

ら行

劣等処遇の原則　52
レーバー・ミニマム　66

労働運動
　イギリスの――　50
　アメリカの――　56
　日本の――　61

労働基準法　71
労働基本権　33
労働契約　108
労働災害保険(労災保険)　155
労働3権　33
労働市場　111
　――の類型　115
労働時間　71
　――の最長限度と最短限度　73
　――の短縮　75
労働者派遣事業法　119
労働疲労　76
労働日　71
労働力率　112

わ行

ワイマール憲法　24
ワーキング・プア　100, 120
ワーク・シェアリング　76, 138
ワーク・ライフ・バランス　178

なる せ たつ お
成 瀬 龍 夫

1944年	中国（旧満州国）生まれ
1973年	京都大学大学院経済学研究科博士課程単位取得
1973年	京都府立大学女子短期大学部講師
1975年	同　　　　　　　　　　　助教授
1981年	滋賀大学経済学部　　　　助教授
1989年	同　　　　　　　　　　　教授
2004年	滋賀大学　　　　　　　　学長
2010年	同　　　　　　　　　　　名誉教授
学　位	京都大学経済学博士
専　攻	財政学・社会政策論
著　書	『家族の経済学』（共著）青木書店、1985年
	『生活様式の経済理論』御茶の水書房、1988年
	『福祉改革と福祉補助金』（共著）ミネルヴァ書房、1989年
	『日本型企業社会の構造』（共著）労働旬報社、1992年
	『くらしの公共性と地方自治』自治体研究社、1994年
	『人間発達の政治経済学』（共著）青木書店、1994年
	『国民負担のはなし』自治体研究社、2001年
	『人間発達と公共性の経済学』（共著）桜井書店、2005年
	その他
翻　訳	『労働と管理』（共訳）啓文社、1990年
	『働きすぎのアメリカ人』（共訳）窓社、1993年
	『浪費しすぎのアメリカ人』（共訳）岩波書店、2000年
	『窒息するオフィス』（共訳）岩波書店、2003年

増補改訂　総説　現代社会政策

2002年 9 月30日　初　版
2022年 3 月25日　増補改訂版第 3 刷

著　者	成瀬龍夫
装幀者	加藤昌子
発行者	桜井　香
発行所	株式会社 桜井書店
	東京都文京区本郷 1 丁目 5-17 三洋ビル16
	〒113-0033
	電話（03）5803-7353
	Fax（03）5803-7356
	http://www.sakurai-shoten.com/

印刷・製本　株式会社 三陽社

Ⓒ 2011 Tatsuo NARUSE

定価はカバー等に表示してあります。
本書の無断複写（コピー）は著作権法上
での例外を除き、禁じられています。
落丁本・乱丁本はお取り替えします。

ISBN978-4-905261-02-5　Printed in Japan

二文字理明編訳
ノーマライゼーション思想を源流とする
スウェーデンの教育と福祉の法律
〈スウェーデン型福祉〉その基盤をなす教育と福祉の法律を集成
四六判・定価4200円＋税

テス・リッジ著／渡辺雅男監訳
子どもの貧困と社会的排除
貧困家庭の子どもから見える家族,学校,友人関係,そして自分の将来
四六判・定価3200円＋税

エスピン-アンデルセン著／渡辺雅男・景子訳
ポスト工業経済の社会的基礎
市場・福祉国家・家族の政治経済学
福祉国家・福祉社会研究の基本文献
A5判・定価4000円＋税

森岡孝二著
強欲資本主義の時代とその終焉
ポスト新自由主義の新しい経済社会を探求する
四六判・定価2800円＋税

安藤 実編著
富裕者課税論
日本の税制の問題点を摘出して富裕者課税を提唱
四六判・定価2600円＋税

菊本義治ほか著
グローバル化経済の構図と矛盾
世界経済システムとしてのアメリカン・グローバリズムを分析する
A5判・定価2700円＋税

桜井書店
http://www.sakurai-shoten.com/